The Ashtray
Or the Man Who Denied Reality

库恩砸来的 烟灰缸

[美] 埃罗尔·莫里斯 (Errol Morris)——著

崔丽敏——译

民主与建设出版社

·北京·

我不愿沉没在我不能理解的语言里。

——豪尔赫·路易斯·博尔赫斯

（引自阿尔维托·曼古埃尔，《与博尔赫斯在一起》）

目　录

前　言

　　烟灰缸呼啸着穿过房间，烟头与烟灰喷薄而出。托马斯·库恩，20 世纪最著名的知识分子之一，扔出了一个雕花玻璃烟灰缸。它是朝我的脑袋砸来的吗？我不确定，我只记得它是朝我的方向扔出的。带着恶意。你可能会以为这事儿发生在什么蛮荒的地方——或许在久远的年代——那你可就错了，完全错了。这场突袭发生在新泽西州普林斯顿的高级研究院————所成立于 1930 年、致力于独立的理论研究和知识探索的学术中心，同时也是阿尔伯特·爱因斯坦、约翰·冯·诺依曼和库尔特·哥德尔等大师的学术之家。这种行为与地点的反差给整个事件增添了一番辛辣反讽的意味。在此，这些 20 世纪最伟大的科学家找到了归宿，逃离了纳粹德国的不包容，而今却上演了此等不包容的行为。甚至，岂止不包容——简直是实实在在的暴行。

序　言

所谓现实

是意识到

这个世界已如此真实。

　　　　——艾伦·金斯堡，《我用以思考现实的那些词项》

托马斯·库恩（Thomas Kuhn）的著作《科学革命的结构》（*The Structure of Scientific Revolutions*，以下简称《结构》）出版至今已 50 年有余。在很多人看来，这是 20 世纪具有开创性的著作之一。但我并不以为意。虽然对其理论的追捧已催生出成千上万的文章和书籍，但于我而言，它最多像宠物石（Pet Rock）一样——是一时风尚而已。[1] 当我第一次写下这个观点，立刻收到了来自编辑和其他人的批评：风尚转瞬即逝，然而，对库恩著作的热情却已持续了半个世纪之久。而且，与宠物石不同，《结构》一书从未以治疗后工业社会中城市孤独症的解药——一个抚慰人心的伴侣之名加以售卖。好吧，宠物石不够贴切。或许说邪教更贴切一些。库恩作为领袖，兜售他仅此一家的残害智力的廉价果汁儿［在约翰·米利厄斯（John Milius）的电影《野蛮人

1　加里·戴尔（Gary Dahl）于 1975 年发明的一项广告营销活动，一块宠物石售价 4 美元。戴尔很快就卖出了 150 多万枚岩石。于 2012 年迎来出版 50 周年的《结构》一书，销量也大概与之相当。

宠物石

柯南》（*Conan the Barbarian*）中，关于赛特教（Cult of Set），一个小贩告诉柯南："两三年前，它不过是一个普通的拜蛇教，如今已经无孔不入。"]

那么，邪教：对某个特定的人或事物的盲目崇拜。或许，可以说是《皇帝的新装》的翻版，一个群体疯狂的案例，几乎莫名其妙地渴望相信一些荒谬的东西，只因为别人也相信。《结构》一书本身对旁敲侧击和模棱两可的渣滓甘之如饴。往好了说，它是一部不成熟的著作，不忠实地混合了路德维希·维特根斯坦（Ludwig Wittgenstein）、查尔斯·达尔文（Charles Darwin）、鲁道夫·卡尔纳普（Rudolf Carnap）、诺伍德·罗素·汉森（Norwood Russell Hanson）、亚历山大·柯瓦雷（Alexandre Koyré）、杰罗姆·布鲁纳（Jerome Bruner）等人的作品。往坏了说，这是对真理和进步的无情攻击。

围绕库恩的著作存在很多争议。一些熟悉这些争议的哲学家和科学史家认为，其中的大多数问题都已平息。但我不敢苟同。然而，这些争议究竟是什么？为什么有人需要关心这些？作为读者，你为什么需要关心？我想问题的答案会因人而异。但是，对于我来说，这事关重大——事关语言如何与世界相连，事关真理、指称（reference）、实在论（realism）、相对主义（relativism）、进步的本质。还有更多的问题有待解答。我们能拥有关于过去的知识吗？科学是否正向着使我们更加真切地理解物理世界的方向发展呢？还是这一切仅仅事关意见，是一种反映共识的社会学现象，而非真理？无节制地排放温室气体加速了全球变暖；物种通过自然选择（natural selection）进化。我们能否有效地评估这些论断的真理性？我将就库恩理论的诸多方面加以讨论——指称的不确定性、不可通约性（incommensurability）、由异常引发的科学变异、作为科学发展模型的达尔文进化论（Darwinian evolution）、真理的相对主义、实在的社会建构、库恩的哲学观念论，等等。在其中的每一个方面，我认为他的理论往往多有不足、错谬、矛盾，甚至内容上的空洞。

　　另外一个问题是，他的理论中存在着怀疑论的幽灵。库恩是个伟大的怀疑论者，就像乔里-卡尔·于斯曼（Joris-Karl Huysmans）的小说《逆天》（À Rebours）里的反英雄德泽森特（Des Esseintes）一样（"上帝啊，怜悯一下一个具有怀疑精神的基督徒吧！可怜一下准备皈依您的无宗教主义者……"[1]），他在信仰某事的同时，又希望颠覆它。他的怀疑论滋养了孩童般的疑惑。我们不都曾怀疑过，世界是否真实存在吗？我们是否只是某个人在想象中虚构出来的，或者是某个该死的计算机程序的产物，就像在菲利浦·K.迪克（Philip K. Dick）的小说，或电影《黑客帝国》（The Matrix）里那样？可能吧。为什么不呢？可另一方面，我们不也都对实在论偏爱有加吗？我们在现实世界

1　Huysmans, À Rebours (1972), p. 206.

中徘徊游荡。让我们咨询一下权威。"斯坦福哲学百科"（*The Stanford Encyclopedia of Philosophy*）对实在论的定义是：相信事物的存在"独立于任何人的信念、语言实践、概念图式，等等。"[1] 比如椅子、桌子、地毯，还有世界家具（furniture of the world）。[2] 想象一下，在一张维多利亚时代的桌子上，一本威廉·梅克比斯·萨克雷（William Makepeace Thackeray）的《名利场》（*Vanity Fair*）的精美译本、一条红格子桌布、一个插满鸢尾花的花瓶。世界家具可能是家具——或是那些印在纸上构成了萨克雷小说的第一个（长长的）句子的字母们：

> 本世纪刚过去了十余年，在六月一个晴朗的早晨，契息克林荫道上平克顿女子学校的大铁门前面驶来一辆宽敞的私家马车：两匹肥马套着雪亮的马具，在带着假发和三角帽的肥胖车夫的驱赶下拉着马车以四英里每小时的速度行驶着。

在小说里，我们经常给虚构世界赋予一些看似真实的对象——马、马车、三角帽和假发。但是科学的对象——正电子、中微子、夸克、引力波、希格斯玻色子呢？我们又该如何看待它们的实在性？

接着是真理。存在这种东西吗？我们能毫不含糊地谈论事物的

1　Alexander Miller, "Realism."

2　"世界家具"这个词出自本体论，这一哲学分支主要研究关于什么事物是客观存在的问题。什么是实在的，我曾尝试对这个词追本溯源，但收获甚微。我依稀记得在伯特兰·罗素（Bertrand Russell）的著作中读到过。而且我们的研究员乔什·科尔尼（Josh Kearney）确实在罗素的《数学哲学导论》（*Introduction to Mathematical Philosophy*，1920）第 182 页中找到了一个参考。在解决事物的类是否存在的问题时，罗素说："首先要弄清楚为什么不能将类视为终极世界家具的一部分。"科尔尼还在巴里·桑迪威尔（Barry Sandywell）的 *Dictionary of Visual Discourse*（2016）中也找到了对"世界家具"的描述："约翰·雷（John Ray）在 The Wisdom of God Manifested in the Works of Creation（1717……）中有将'商店和家具'一词应用于世界的用法。在哲学主题中应用的最相关的表述是乔治·贝克莱（George Berkeley）的《人类知识原理》（*The Principles of Human Knowledge*）§6 中……值得注意的是，'世界家具'这一表述是贝克莱的'地球家具'和'世界的巨大框架'两词的合成。"

伊西多尔·斯坦尼斯拉斯·埃尔曼、安托万-让·杜克洛、夏尔·莫内，《处决路易十六》，1794 年，雕刻

真假吗？例如，在历史上，有什么事件是没有确实发生过的吗？路易十六于（Louis XVI）1793 年 1 月 21 日在一个叫作协和广场的地方被砍了头。这事儿是真是假？细节可能会有争议——举一个近期的例子：唐纳德·特朗普（Donald Trump）在 2016 年的选举中以多大优势取得了胜利？抑或，在随后的一月份，究竟有多少人参加了他的就职典礼？[1]但是，我们真的怀疑路易十六血淋淋的脑袋被悬挂示众了吗？抑或，怀疑气泡室中正电子的弯曲路径是否真的存在？[2]尽管有些问题的

1　特朗普政府否认了真理的关联性，并表示存在"可替换的现实"诸如此类的东西——简而言之，就是说历史是可以任人摆布的，并且掌握在当权者手上。我希望本书可以成为这种恶毒观点的解毒剂。在我看来，真理以及对真理的认知是文明和进步的动力。相反，否认这些事实，最终可能会不可逆转地破坏文明。

很多人可能会将本书看成是我对库恩理论的狙杀。事实正是如此。库恩倡导对知识进行社会化建构，这非常令人不安，甚至是有害的。当然，他并不是唯一提出这一主张的人。但是，我的脑中同时被两个画面占据着，一个是库恩在他的高级研究院办公室里闭门造车、著述关于科学中缺乏进步的理论，与此同时，另一个画面是炸弹从东南亚上空落下。读者们可能觉得二者毫不相干。但是于我而言，它们却密不可分。

2　"在图片中心附近即三条曲线相遇的尖点有一个不可见的中性氢原子，另一个不可见的高能电中性光粒子（光子）从图像的顶部向下传播并与其碰撞发生散射。光子与原子（接下页注）

在劳伦斯伯克利国家
实验室的气泡室中，
由伽马射线光子产生
成对的电子与正电子

答案我们可能不得而知——"路易十六被斩首了吗？"或者"存在正电子吗？"——但我们愿意相信答案是存在的。

　　然而，我们读到过真理的无穷变种。真理的融贯论，实用的、相对的真理。你的真理、我的真理。狗真理、猫真理。管他的。我认为这些讨论极度乏味，不尽人意。说一个哲学体系是"融贯的"，没有告诉我任何它是否为真的东西。真理不是封闭的。我不能躲在一个封闭系统中，然后宣布它就是真理。对我而言，真理关系到语言与世界的

（接上页注）的碰撞产生了四个粒子：一个带正电的质子（不可见），一个从氢原子中被撞出的带负电荷的电子（其轨迹为图中继续向下的近似直线），以及两个新粒子，即带负电的电子和带正电荷的反粒子——正（接下页注）（接上页注）电子，其轨迹呈两个螺旋状。"［Henry Greenside, "Creation and Conservation of Charge during Electron-Positron Particle Production from a Photon" (2015).］此类图像直观展示了现代物理学中最重要的成果之一，即能量直接转化为物质。

关系，是一种关于真理的**符合**观念。我对真理的融贯理论几乎毫无兴趣。理由如下：它们讨论的是融贯——而非真理。而我们在说的是，当面对外部世界时，一个句子、一个段落或者几段话是否是真实的。在介绍《名利场》这个虚构世界时，萨克雷引用了他所熟悉的真实世界里的事物——"两匹套着雪亮马具的肥马拉着一辆宽敞的家用马车，在一个戴假发和三角帽的肥胖车夫驱赶下以每小时四英里的速度行驶着"。如果萨克雷描述的是一个真实场景，那么当（且仅当）在马和车夫都很胖、帽子是三角的且戴在假发上、马车确实以每小时四英里的速度移动的情况下，他的句子才是真的。

我们正在接近一个难缠的问题：意义、真理与实在之间的关系。

伊芙琳·德·摩根，《福斯福洛斯与赫斯珀洛斯》，1881年，布面油画

语词与世界。我们所使用的语词与这个世界上的事物是如何关联的呢？又是什么将我赋予语词的信念和联想——我脑袋中那些电凝胶小球的嗡嗡作响——与周围世界中的事物联系起来？严格地说，我们要讨论的不是心灵—身体，而是语言—世界。19 世纪末，哲学家戈特洛布·弗雷格（Gottlob Frege）着手研究了这些问题，他在一篇具有里程碑意义的文章中对含义（sense）和指称进行了区分。[1]当我们使用一个语词时，它与世界的关系是怎样的呢？有没有可能具有不同意义的语词却指向同一个事物？我们以看似简单的专名（proper names）类型为例。例如："马克·吐温"（Mark Twain）和"塞缪·克莱门斯"（Samuel Clemens）——这两个名称指称同一个人，但按照弗雷格的说法，它们却有不同的含义。与之类似，"长庚星"（Hesperus）和"启明星"（Phosphorus）作为昏星和晨星为古人所知，而它们其实指称同一个对象——金星，但二者含义不同。（前拉斐尔派画家伊芙琳·德·摩根（Evelyn de Morgan）将两者描绘成兄弟两个独立的个体。如果纯属虚构，那又有何不可呢？[2]）

现在到了真正麻烦的地方——我们可以将其想成是弗雷格的咒语：语言是将我们与世界相连，还是将我们引回自身？我们头脑中的事物（如：我们对事物的信念）与世界中的事物（如：世界家具）之间有关联吗？还是说，我们无望地受困于自己的头颅中？

书归正传，我们要开始真正的探讨了。

<hr />

1 弗雷格 1892 年论文的标题 "Über Sinn und Bedeutung" 传统上被翻译为《论含义和指称》（"On Sense and Reference"）。详细讨论请参阅 Saul Kripke, "Frege's Theory of Sense and Reference"。
2 赫斯珀洛斯和福斯福洛斯是黎明女神厄俄斯（Eos）的两个儿子。德·摩根基金会网站给这幅画提供了如下描述："福斯福洛斯正在上升，他将手中的灰白火炬高高举起，金色的头发反射着熊熊火光，象征着他身后的清晨微曦将至。赫斯珀洛斯的晚星之光正在退去，他手中的深色火炬火苗渐熄，他渐闭双眼，暗色的头颅预示着他即将迎来安眠。"

第 1 章

最后通牒

> 塞壬唱的是什么歌，阿喀琉斯藏身于宫女之中时用了什么假名，这些问题虽然令人困惑，但也不是全然无法猜想。
>
> ——托马斯·布朗尼，《瓮葬》（*Urn-Burial*）
>
> （引自埃德加·A.坡，《莫尔格街凶杀案》）

"无论如何你都不许去听那些讲座。听到了吗？"

托马斯·库恩，《科学革命的结构》（*The Structure of Scientific Revolutions*）一书的作者，向我下达了最后通牒。彼时，他是普林斯顿大学科学史和科学哲学项目的负责人，而我是他的研究生。1970年，哲学家索尔·克里普克（Saul Kripke）在普林斯顿做了三场系列讲座——讲座内容随后被结集成书，以《命名与必然性》（*Naming and Necessity*）为题出版。1971年秋天，他计划再次在普林斯顿举办讲座，而我希望能够出席。[1]

那时，距离《科学革命的结构》一书在1962年的首次出版大约已

1　索尔·克里普克后来告诉我，他在1971年秋天举行的讲座并不是对《命名和必要性》的重复，而是另一个相关的讲座——很可能是《同一性与必然性》（"Identity and Necessity"）的一个版本，2011年收录在他的新书《哲学难题》（*Philosophical Troubles*）中。

埃罗尔·莫里斯与迪克·索姆在肖瓦岗山脉，约 1971 年

有十年了。这本书遭到了许多哲学家的抨击。克里普克并不在批评者之列。我认为库恩那时对克里普克的理论应该也所知不多。他之所以反对我参加讲座，与其说是出于对克里普克思想的排斥，不如说是他对我能上哪些课程、不能上哪些课程表现出的控制欲。[1] 与此同时，库恩逐渐声名鹊起。他不仅会成为科学史和科学哲学领域的重要人物，还将成为一个偶像。他的术语"范式"（paradigm）和"范式转换"（paradigm shift）将会渗透到文化的方方面面。我在普林斯顿大学的攀岩伙伴、物理学家迪克·索姆（Dick Saum）后来就曾给我发过一张车

1　库恩最终意识到克里普克［以及哈佛大学的哲学家希拉里·普特南（Hilary Putnam）］持有与他不同的哲学观点。他对克里普克和普特南的理论做了讨论。参见 Kuhn, "Dubbing and Redubbing: The Vulnerability of Rigid Designation" (1990)。其后他就对他理论的批判之词所做的其他答复被收录在《结构之后的路：1970—1993 年哲学文献汇总》(*The Road since Structure: Philosophical Essays, 1970–1993*, 2000) 中。二手文献还包括，如 Rupert Read and Wes Sharrock, "Thomas Kuhn's Misunderstood Relation to Kripke-Putnam Essentialism" (2002)，以及 Alexander Bird, "Kuhn on Reference and Essence" (2004)。

尾贴的照片，上面写着"转换发生"。[1]

那时，30 出头的克里普克清瘦、蓄着胡须。他的理论虽然没有广为人知，但他在学术界享有天才的美誉。年仅十几岁时，他就发表了模态逻辑在语义学上的完整证明（用以处理必然性和可能性的问题）——在此过程中还复兴了莱布尼茨（Leibniz）关于可能世界的思想。[2] 关于他，还有一则无从考证的趣闻轶事，据说哈佛大学在他十六岁时曾给他提供过一个教授职位。他回信道："谢谢，但我母亲认为我应该先完成高中学业。"[3]

至少在 20 世纪 70 年代早期，很难说克里普克的理论与库恩有多大关系。模态概念在很早以前就已经存在了。我们的世界是所有可能世界中最好的一个，这是莱布尼茨哲学和信仰的核心，也被伏尔泰（Voltaire）在《老实人》（Candide）讽刺了一把。但是在《命名与必然性》《维特根斯坦论规则和私人语言》（Wittgenstein on Rules and Private Language）以及众多期刊文章中，克里普克所阐述的理论涉及意义、指称、遵守规则（rule-following），等等——这些恰恰是库恩关于常规科学和科学革命理论的核心问题。[4]

1　在寻找索姆的下落时，我得知他已于 2000 年死于脑癌。这实在令人惋惜。在普林斯顿那一年，我与他一起攀岩——在校内的大楼上以及肖瓦岗山脉，度过了很多美好的时光。照片拍摄于肖瓦岗山乌贝尔断崖附近。

2　在考虑可能世界时，我们可以设想一个爱情情境。例如，你可能会问，如果我一文不名你还会爱我吗？如果我失去双臂你还会爱我吗？如果双臂、双腿都没有呢？这些假设就是关于可能世界的：一个你很贫穷的可能世界；你肢体残缺的可能世界；或许，甚至是你贫穷且四肢残缺的可能世界。

3　在克里普克的早期文章里，有一篇是泰勒·布兰奇（Taylor Branch）在 1977 年为《纽约时报杂志》撰写的稿件，文章中大肆宣传克里普克的少年天才，但其中并未提及此事。

4　库恩与维特根斯坦的联系比比皆是。库恩的导师，哈佛大学的詹姆斯·B. 科南特（James B. Conant）的孙子、哲学家詹姆斯·F. 科南特（James F. Conant）写道："库恩……彻底困惑了，他在 MIT 哲学系的大多数同事要么并不看重维特根斯坦的理论，要么他们口中所说的'维特根斯坦'并不是他所认为的维特根斯坦……库恩与（希拉里）普特南的相同之处……是两人都有兴趣将维特根斯坦的理论应用在细致的哲学研究中，但丝毫没有兴趣（至少在那时）对维特根斯坦的哲学构想保持忠诚。" Conant, "On Wittgenstein" (2001), pp. 102–103.

由于我无视库恩的警告去参加了克里普克的演讲，我和库恩的关系结束得非常不愉快。这件事我们后面再说。

克里普克把这二十多个研究生和教授们聚集在一个小会议室里，他曾一度像用望远镜那样拿起一个空玻璃杯，透过杯子看向他们。玻璃杯产生的各种光学扭曲使克里普克的左眼鼓得如同牙鲆鱼眼。我猜杯子对他也有类似的效果，使他研讨会的听众们变成了一个由扁平脸的学者们组成的水族馆。

那时，我还没有真正理解克里普克的理论。大概一年多以后，我才开始在伯克利领会他的思想，这多亏了我的朋友兼研究生同学查尔斯·西尔弗（Charles Silver）的帮助。但其实克里普克理论的核心（虽然他从未言明），是一个简单的思想。他提出了一种彻底的实在论：世界独立于我们的语言和我们自身之外而存在。语言不只是关乎我们以及我们的思想，它**直接地**——不受我们的意见和信念的影响——将我们与世界联结起来。

对我来说，进入普林斯顿在某种意义上是一个安慰奖。那时，我没能被哈佛大学的科学史项目录取，但哈佛大学教授欧文·赫伯特（Erwin Hiebert）写了一封推荐信，将我推荐给了库恩。我本应该知道这会有麻烦的。我曾经把研究生院想象成一座高山上的闪亮城市，但事实证明那里的生活更像是在山洞中与熊长期共处。[1]

那些日子，库恩烟瘾很大，非过滤的骆驼牌香烟和真蓝牌香烟（一个低焦油、低尼古丁的品牌）交替着吸。一根接一根，一天可能要

---

[1]　在科学史和科学哲学领域，亚历山大·柯瓦雷（Alexandre Koyré）的著作令我痴如醉，包括《伽利略研究》[*Études galiléennes*（1939）]、《从封闭世界到无限的宇宙》[*From the Closed World to the Infinite Universe*（1957）]、《牛顿研究》[（*Newtonian Studies*（1965）] 和《形而上学与测量》[*Metaphysics and Measurement*（1968）]。柯瓦雷论述了 16 和 17 世纪科学革命，但对他而言，科学史与其说是社会学的，不如说是一部思想的历史。

吸上六七包。根本不需要火柴。用上一根烟头的火点燃下一根。丢进巨大的雕花玻璃烟灰缸里，燃尽的烟头很快就会堆得小山一样高。一种充满火、烟和灰烬的当代炼金术。

库恩开授了一个关于19 世纪电磁学理论的研讨班，课程分为两部分。主要讨论对象是迈克尔·法拉第（Michael Faraday），开尔文勋爵［威廉·汤姆森（William

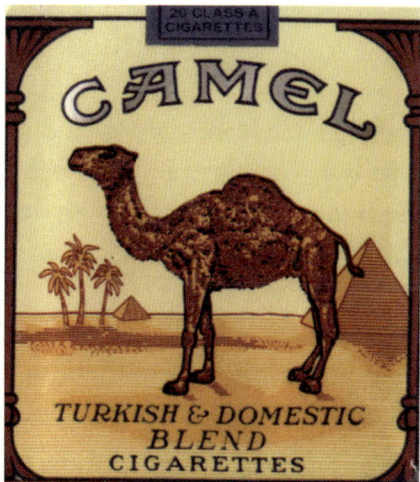

骆驼牌香烟

Thomson）］和詹姆斯·克拉克·麦克斯韦（James Clerk Maxwell）。我选修了第二部分——主要关于麦克斯韦。研讨班上挤满了各色人等。包括他的一些研究生和几位访问学者。那时，库恩已经吸引了世界各地社会科学学者的兴趣，每年都有几个朝圣者前来普林斯顿大学（后来是 MIT）参加他的讲座。其中一个特别热情的追随者从东京远道而来，虽然我认为他不怎么懂英语，但他却如痴如醉。而哲学家们却都不为所动。库恩被任命负责所谓的"科学史和科学哲学项目"，但我不记得曾经有哪怕一个哲学家参与过任何一场相关的研讨或讲座。哲学家们已经开始表达他们对库恩理论的困惑，然而初来乍到的科学史学家却还没意识到自己被填鸭式地灌输了大量杂糅的哲学观念。[1]库恩对哲学家的排斥亦然，最终使这一领域蒙受了损失——导致一代科学

1　在一篇 1965 年伦敦的一次会议上宣读，并最终以"Falsification and the Methodology of Scientific Research Programmes"（1970）为题发表的论文中，伊姆雷·拉卡托斯（Imre Lakatos）担心库恩的理论会使科学史退化成"暴民心理学"（p. 178）。

史学家缺乏足够的哲学背景。

库恩的讲座是蒙昧主义和教条主义的结合，这最令我憎恶。一方面，他极度教条。另一方面，他从来没有真正澄清过他在讨论的是什么。库恩的研讨会俨然成为他抱怨和灌输的论坛。尤其是他对"辉格主义"（Whiggishness）的无尽抱怨。这是辉格式的，那也是辉格式的，什么都是辉格式的。该术语来源于赫伯特·巴特菲尔德（Herbert Butterfield）的《历史的辉格解释》（*The Whig Interpretation of History*），这位未来的牛津大学钦定讲座教授写作此书时只有三十一岁。[1]巴特菲尔德将辉格主义定义为"许多历史学家写作时倾向于站在新教徒和辉格党一方，赞美他们已然取得胜利的革命，强调过去的某些特定的进步原则，并创作出一个即使不算颂扬也可谓认可当下的故事"。或者更简单地说，是"在研究过去时，直接而永恒地参照现在"。对巴特菲尔德来说，"真正的历史认知"只能通过"试图用另一个世纪的而不是我们自己的眼睛来看待生活"来实现。[2]对于库恩而言，这意味着历史学家，特别是科学史学家，在写作时应该戴上眼罩——可能还要带上饲料袋，以避免冰箱造成的现代影响。当你作为一位历史学家写作关于伽利略的书时，绝对不能看伽利略时代之后所写的任何东西。你要将自己限定在 17 世纪上半叶及以前的时代。当一位历史学

1　与拥护国王权力的保守党（Tories）不同，辉格党（Whigs）拥护议会的权利。正如英国历史学家 E. H. 卡尔（E. H. Carr）所写：

　　［巴特菲尔德书的］读者毫不怀疑，辉格解释是一件坏事；对其提出的指控之一是，它"在研究过去时以现在为参照"。在这一点上，巴特菲尔德教授是明确且严格的："在研究过去的时候却用一只眼睛瞄着现在，这可以说是历史上所有罪恶和诡辩的来源……这正是我们所说的'非历史'这个词的本质。"［*What Is History?* (1961) p. 50 ］

但是你该怎么做才能避免这种错误呢？在书写过去的时候，你要如何排除现有知识的干扰？

2　Butterfield, *Whig Interpretation of History* (1931), pp. v, 11, 16. 更多关于辉格历史理论的知识，参见大卫·哈克特·费舍尔（David Hackett Fischer）的《史学家的谬误》（*Historians' Fallacies*, 1970）。费舍尔的书是我的最爱之一——对历史错误和迷思的概要。

家在撰写 19 世纪 60 年代的詹姆斯·克拉克·麦克斯韦时，必须注意不能运用到 19 世纪 70 年代或更远的未来才出现的思想。库恩将巴特菲尔德的概念作为科学史的一项基本原则加以利用——尽管巴特菲尔德本人都从未如此激进过。在《历史的辉格解释》近二十年之后巴特菲尔德又写了《现代科学的起源，1300—1800》(*The Origins of Modern Science, 1300–1800*)。讽刺的是，这本书本质上正是辉格主义的。[1]

眼罩

关于巴特菲尔德的影响，科学史学家兼科学哲学家尼克·贾丁

1　"十二年过去了……巴特菲尔德教授的祖国陷入了一场战争，这场战争经常被认为是为捍卫辉格党传统所体现的宪法自由而战，而领导者正是一位在援引过去时始终'一只眼瞄着现在'的伟大领袖。巴特菲尔德教授于 1944 年出版了一本名为《英国人和他的历史》的小册子，其中他不仅认定历史的辉格解释是'英国的'解释，而且热情洋溢地讲述了'英国人与历史的结盟'以及'过去与现在的结合'。提请大家注意这些观点上的逆转并不是一种不怀好意的批评。我的目的并非是用第二巴特菲尔德反驳原始巴特菲尔德，或者让清醒的巴特菲尔德教授对抗醉酒的巴特菲尔德教授……我的目的只是为了表明历史学家的工作是多么密切地反映着他所处的社会环境。不断在变化的不仅仅是事件，还有历史学家本身。当你着手一项历史研究时，不仅要注意标题页中作者的名字，还要看看出版或撰写的日期——有时这更具启示作用。如果诚然如哲学家所说我们不能两次踏入同一条河流，那么可能同理，两本书也不会出于完全相同的历史学家之手。"(Carr, *What Is History?*, pp. 50–52.)

（Nick Jardine）写道：

> 到了 20 世纪 70 年代中期，科学史学家们在使用"辉格"和"辉格主义的"这两个词时通常伴随着"理想化的""内在论者""必胜主义者"，甚至"实证主义者"，以诋毁科学进步的宏大叙事……特别是，他们甚至对于在两次世界大战之间出现的科学发现和进步激增的盛赞和说教持怀疑态度。[1]

最近，物理学家史蒂芬·温伯格（Steven Weinberg）在《纽约书评》中写道：

> 后代的历史学家们热切地接受了巴特菲尔德的限制。如果被称作"辉格派"，那就像被称作性别主义者、欧洲中心主义或东方主义者一样可怕。科学史学家也没能幸免。科学史学家布鲁斯·亨特（Bruce Hunt）在回忆他 20 世纪 80 年代初期读研究生的情形时说，在科学史中，"辉格主义"一词是一个被滥用的普通术语。为了避免被指控为"辉格式的"，大家不再讲述有关科学进步的故事，或者任何形式的"全局"故事，而变为紧紧围绕着特定时间和空间的小品式叙事。[2]

1　Jardine, "Whigs and Stories" (2003), pp. 127–128.

2　Weinberg, "Eye on the Present" (2015), p. 82. 温伯格经常为辉格主义辩护："在我看来，一位科学史学家忽视现有的科学知识就如同一位历史学家在研究关于国内战争（Civil War）的军事情报时只讲述了麦克莱伦（McClellan）在面对他所认为的势不可挡的联邦军队时，从弗吉尼亚半岛撤退的故事，而完全忽视了麦克莱伦判断失误这一现今已知的事实。即使在历史学家选择感兴趣的主题时也会受到我们现在已知的通往成功之路的影响。赫伯特·巴特菲尔德所谓历史的辉格解释，在科学史上是正当的，而在涉及政治或文化历史时却不适用，因为科学是累积的，并且允许对成功或失败做出明确的判断。"［"Sokal's Hoax" (1996), p. 15.］

我就麦克斯韦的位移电流写了一篇结业论文。论文大概有三十多页、双倍行距。而库恩的答复写在没有格的黄色纸上，三十多页、单倍行距，以库里耶字体从左到右写得密密麻麻。没有任何留白。看上去像是出自精神病人之手。他生气了——非常生气。

库恩的评语基本上都是人身攻击。他总结道："你已经从你开始的那条道路上越轨太多了。"我要求他解释一下。他说，我在研究生第一年的时候还算个"不错"的学生，但是到后面几年就会"没那么好"了。我们的讨论发生在高等研究院的西楼，一幢新建大楼里。那时库恩从普林斯顿休假以撰写《黑体理论和量子不连续，1894—1912》（ *Black-Body Theory and the Quantum Discontinuity, 1894–1912* ）。

我们的讨论很快就变成了争吵。库恩攻击我对术语"位移电流"的使用，认为这是辉格式的。在他看来，我错误地理解了麦克斯韦第一部分理论产生的历史背景。特别是在麦克斯韦不愿放弃机械解释这个问题上。[1]而另一方面，我感觉库恩不只是错误地解读了我的论文，他甚至拒绝阅读它。[2]我认为对麦克斯韦进行辉格解读的是他，而不是我。我说："你拒绝用我的望远镜看问题。"他严肃地说："你用的那不

1　当麦克斯韦发明位移电流的概念时，他坚持使用电磁学的机械模型——涡旋、静止惰轮等。但这些术语对现代物理学家来说意味着完全不同的东西。在许多时候，这样做便于大家有效地聚焦在相同的参照和信念下讨论问题。自麦克斯韦的时代以来，我们对位移电流的信念已然发生了变化，可这难道就意味着我们的所指会有所不同吗？或者意味着我们不能就麦克斯韦的早期思想与现代非机械模型电磁学之间的差异加以探讨？参见 Daniel Siegel, *Innovation in Maxwell's Electromagnetic Theory* (2003), pp. 85f。

2　西格尔写过一本关于麦克斯韦的书，在该书的前言中，他写道："由不懂现代史的人来书写科学史，这种空想广受欢迎，他们认为这样才可能不加偏见地理解过去的理论精神。"像卡斯帕·豪泽尔（Kaspar Hauser）这样的科学史学家被锁在一个洞穴或地下室中，受过某种程度的教育（对于一位研究麦克斯韦的历史学家而言到 1865 年为止），但不能再多了。西格尔继续写道：然而，这样的人在向那些熟悉现代理论的读者解释过去的理论时，处于非常不利的境地，而且也难以认识到引领过去走向现在的发展模式。与此相对的，还有一些熟悉现代科学的科学史学者。他们所面临的问题是学会超越自身固有的、因掌握了现代科学知识而产生偏见，客观地感知过去，避免歪曲……人们希望通过这种努力，可以形成连贯的现代科学文化，过去与现在都被看作人类奋斗的一部分，并相互启发。[*"The Origin of the Displacement Current,"* (1986), p. 101]

叫望远镜，埃罗尔，那是一个万花筒。[1]

我们的争论变得令人厌恶起来。我怀疑，究竟我的问题是关于他的哲学还是关于**他这个人**？

对我而言，"不可通约性"这一术语——库恩《结构》一书的基石，没有它，他关于科学变革的哲学理论不过是炒冷饭式的社会学——的使用加剧了我们的争论。库恩认为，你不能简单地将两个理论中的术语进行比较，因为它们是不可通约的。你可以将其视为约翰·多恩（John Donne）《冥想 第十七章》（*Meditation XVII*）的变体。"每个**理论**都是一个孤岛，只关乎它自己……"

我问他："如果范式真是不可通约的，那怎么会有科学史呢？难道我们不是只能透过现在的启发去解读过去吗？对我们来说，过去难道不是无法接近的吗？"

我想："我们任何人怎么可能知道知道麦克斯韦的所思所想呢？"

我说："……除非有人把自己想象成上帝？"一个创造了一门哲学，又不坚信自己应该受其约束的自大狂。

他把头埋进双手里，喃喃自语道："他这是要杀了我。他这是要杀了我。"

然后，他抬起头，把烟灰缸扔向我，但是没砸中。

我看到了弧线、轨迹。好像烟灰缸形成了一个它自己的太阳系——有轨道、行星和小行星（烟头）以及星际气体（烟灰）。我想道："等一下，爱因斯坦（Einstein）的办公室就在这附近。**这里可是高等研究院！**"

1　这个故事的一个版本出现在 1989 年马克·辛格（Mark Singer）在《纽约客》上发表的"Predilections"一文中，具体出现于对我的简介中。虽然我很乐意承认我的某些思路确实如万花筒般纷繁，但其实这是一个无意为之的暗讽：库恩的多种范式及范式转换理论比我所拥有的任何想法都更像万花筒。

重现飞行中的烟灰缸

　　我把库恩的回应称为"烟灰缸论证"（The Ashtray Argument）。要是某人说了某些你不爱听的话，就扔东西砸他。最好是某个又大、又沉，还有棱角的东西。彼时，我们或许正在就意义与现实的本质进行辩论。或许，我们只是想杀死对方。

　　库恩没能意识到不可通约性带来的问题吗？我表示怀疑。实际上，我认为他其实深受其扰。或许，他正是被我狂妄自大的建议所激怒。结果就是，我被库恩从普林斯顿大学扫地出门。他有权力这样做，而且确实这样做了。而我原本将在第二年或第三年持有什么观点也只有上帝知道了。那时，我认为他毁了我的生活。但是现在，我想他反而是把我从一个并不适合我的事业中解救出来。

第 2 章

范式转换

这个故事中的英雄是我全心全意热爱的。我要把他的美尽心尽力地描绘出来，因为不论过去、现在和将来，他永远都是美好的。这英雄不是别的，就是真实。

——列夫·托尔斯泰，《塞瓦斯托波尔故事》

哲学家们对索尔·克里普克《命名与必然性》的重要性和内容争论不休。针对那**三场**讲座而作的期刊论文没有数千也有数百篇之多。[1] 这些讲座重新整合了我们关于语言是如何与世界"联结"的思想，并且，证实了一种明确非后现代（或者你更愿意称其为非相对）的关于意义、指称和真理的思想。在克里普克看来，一些词语通过指称的因果（或历史）链与**世界上的**事物相联系。[2] 虽然在《命名与必然性》的

---

[1] 这三场讲座分别在 1970 年 1 月 20 号、22 号和 29 号于普林斯顿大学举行。讲座被录音、转录和编辑，并作为一部文集的一部分于 1972 年出版。我第一次见到的还是一套被反复复印的装订本。最终，讲座内容作为一本单独的书出版，就是《命名与必然性》（1980）一书，其中在前言部分中他就原版受到的一些批评做了讨论，以及九页的《附录》和脚注。克里普克在给我的书中寄语："感谢你对我工作的认可，知己难觅，2009 年 2 月。"

[2] 普林斯顿大学哲学家、克里普克的朋友约翰·伯吉斯写道："克里普克的图景理所当然地被称为'历史链'图景。有时也被称为'因果链'图景，但这个标签并不适宜。因为……克里普克认为，原始命名者与被命名对象之间不需要存在任何因果关系。任何可以被描述的对象都能被命名，例如，克里普克列举过的几个因果惰性的数学对象。"［"Saul Kripke: Naming and Necessity"(2006), pp. 172–173.］后面章节中会出现的的 $\sqrt{2}$ 就是一个"命名"数学对象的例子。

索尔·克里普克的《命名与必然性》讲座的录像带

第一部分，克里普克专注于一些专名，如"尤利乌斯·恺撒"（Julius Caesar）或者"库尔特·哥德尔"（Kurt Gödel），但是到了论文的第三部分，他将这些思想延伸到了科学概念以及通名中——如"水"和"黄金"。

克里普克的专名图景为人们熟知的描述语理论提供了替代选项。描述语理论是戈特洛布·弗雷格、伯特兰·罗素、路德维希·维特根斯坦、P. F. 斯特劳森（P. F. Strawson）和约翰·塞尔（John Searle）思想的杂糅——在该理论中，决定指称的是一个明确的描述语或一簇描述语。［一个明确的描述语是形如**那个如此这般的什么东西**的表达式：**那个《韦弗利》**（*Waverley*）的作者（沃尔特·斯科特爵士）或**那个将十诫带下西奈山的人**（摩西）］。[1] 现代描述语理论是由伯特兰·罗素在其 1905 年的论文《论指示》（"On Denoting"）中提出的描述语主义计划变化而来，后被维特根斯坦收录在《哲学研究》

---

[1]　克里普克并未声明他提供了一种指称理论，而只是为指称的运作原理提供了一个"图景"。参阅：Kripke, *Naming and Necessity*, p. 93. 我无意在此引发争议，但我还是会视其为一种理论并如此加以称呼。

14

（*Philosophical Investigations*）的第 79 段：

> 　　我们可能会追随罗素说："摩西"这个名称可以通过各种各样的描述语来定义。例如，"那个带领以色列人穿越旷野的人""那个生活在该时该地并在那时被叫作'摩西'的人""那个在孩提时由法老的女儿从尼罗河中抱起的人"等等……但是，当我做出一个关于摩西的陈述时，——我是否总是用这些描述词中的某一个来替代"摩西"？我也许会说：我所理解的"摩西"就是那个做了圣经中归于摩西的那些事的人，或至少是做了其中很大一部分的人……而这可以表述如下：我使用"N"这个名称并没有**固定**的意义。（这一点也不会损害它的使用，正如一张桌子站在四条腿而不是三条腿上会因此有时会摇摇晃晃一点，但也不会损害桌子的用途一样。）

　　与维特根斯坦相比，四条腿的桌子给我造成的麻烦显然要更多一些。

　　在这里，我们用如下方法将克里普克关于指称如何运作的图景与它之前的各种描述语理论加以区分：

　　鱼缸里有两条金鱼，品种是金鲫鱼，一条是金色，另一条是绿色。我们取名为"小金"和"小绿"。或许，当你说使用"金鱼"这个**描述语**时所指是金色的这一条，而当你说"小金"时所**指称**的也是这条。然而，随着时间流逝，小金的颜色开始变化。六个月后，小金不再是金色的了，它变成了绿色的。与此同时，小绿变成了金色。小金不再是"金鱼"了，而小绿是。但小金仍然是小金。描述语理论赋予小金的**意义**是"那条金色的鱼"。如若如此，那当我们说起"小金"，现在所指称的就变成了另一条鱼。但是很显然，小金没有变成另一条鱼；

小金和小绿

小绿和小金

小金只是改变了他（或她）的外表而已。[1]

如果描述语理论是正确的，那么小金就成了右边这条原本是绿色的鱼。如果克里普克的历史链指称理论是正确的，那么无论颜色如何，小金**仍然**是小金。[2]

这个想法经常会追溯到约翰·斯图亚特·密尔（John Stuart Mill），

---

1   这个例子来自西摩尔·"桑迪"·科恩（Seymour "Sandy" Cohen）一篇写于 1967 年的未发表论文，借由我的朋友查尔斯·西尔弗获得。

2   这个例子并不完美。沃伦·戈德法布（Warren Goldfarb）就曾提醒过我，这个例子具有误导性——对"小金"的恰当的确切描述语应该是"缸里此时此刻是金色的那条鱼"。但是添加一个时间标签来拯救描述语理论并不是个高明的特别设定，就像加入本轮以使得托勒密的宇宙图景与证据相符一样。因为这样仍然错失了一点：如果"小金"是此时此刻金色的那条鱼，那么小金就不可能是绿色的。这显然违背了克里普克的思维方式。

可能世界是克里普克最有可能会引述的。他会问，能否存在一个小金是绿色的但依然是小金的可能世界呢？他的回答（以及我的）是肯定的。克里普克对专名的研究，核心在于概念的必然性。不是说小金可以变绿，而是小金可以是绿色的但依然是小金。根据克里普克的说法，"小金"是一个严格指示词。"小金"指向的是所有可能世界里的小金。

其在著作《逻辑体系》（*A System of Logic*）中写道：

> 一个人可能被命名为约翰，因为这是他父亲的名字；一个小镇可能被命名为达特茅斯，因为它位于达特河口。但是所谓谁的父亲也有同样的名字并不是约翰这个词意义的一部分；甚至连达特茅斯这个词的意义也不是位于达特河口。如果沙子堵住了河口，或者地震改变了河流的路线，将其移至远离城镇的地方，那么城镇的名称却不一定要改变……**专名是与对象本身相关联的，并且不依赖于对象任何属性的连续性。**[1]

达特河口与城堡，英格兰达特河口，约 1900 年，光致变色技术，彩色

　　密尔告诉我们，名称依附于**事物**本身，但他却没说究竟是如何做到的。或许就如同一个黏性标签，写着："你好，我的名字是约翰·斯图亚特·密尔。"

1　Mill, *A System of Logic* (1881), p. 36.（黑体是我加的）。

克里普克理论的核心直觉是这样的：一个描述语可以**固定**一个指称，但不能**决定**该指称。描述语可以帮助我们将名称依附于一件事物之上。我们可以利用一个描述语来识别一条特定的鱼——例如，那条在缸中游弋的金色的鱼。我们随后对小金的描述或信念可能都是错的，但我们仍然能指称小金。我们可以抓到小金，这完全不依赖于我们对它抱有怎样的信念或理论。而且，我们还可以说出关于它的或真或假的事情。（小金是绿色的吗？还是金色的？还是红色的？）因为因果（或历史）链将词语链接回了事物本身。[1]

从另一种角度来看，我们许多人，如约翰·斯图亚特·密尔，都有一种强大的直觉，认为我们可以超越信念、思想，去把握世上的事物。正如密尔所说，名称依附于事物本身。

克里普克的论证也可以用反事实来构建。问自己一个反事实的问题——一个涉及与事实相反的条件的问题。小金是金色的，但小金有可能是绿色的却仍然是小金吗？对我来说，答案是肯定的。反事实也可以在可能世界的语境下来考虑。是否存在一个小金是绿色的（并且仍然是小金）的可能世界呢？小金可能是其他颜色（任何颜色），但仍然是小金吗？（另一个类似的例子是我在奥哈尔国际机场的一次不愉快经历。"莫里斯先生，请拿起白色服务电话。"但附近只有一个红色电话。客户服务代表好像遇到了白痴一样，向我解释道："白色服务电话不是白色的，是红色的。"）[2]

名称、事物和描述语之间的关系使我们深入到哲学探究的诸多领

1　克里普克的指称理论可以说是一种对指称加以保留的理论，基于他的模态理论——可能性和必然性。在这种观点中，专名被认为是严格指示词（rigid designators）。也就是说，在所有可能的世界中，"小金"都指称小金。克里普克理论中的麻烦在于其所涉及的历史（或因果）链。是什么让链条完好无损？是什么使得链接不被打破？对克里普克而言，是意图，指称的意图。如果甲与乙所意图指称的对象相同，那么就会有一条牢不可破的意图链指引我们回到，比如，小金本身。

2　白色服务电话是一种特殊用途电话，一般设在机场、火车站等客流量巨大的场所，无拨号盘，只连接一个特定的号码。它可以是多种颜色，但在美国，一般是白色的。——译者注

域，关于世界，每个领域都有自己的根深蒂固的概念：

形而上学（metaphysics）考虑了**必然**（不可能是其他情形）以及**可能**或**偶然**（可能是其他情形）的概念。

认识论（epistemology）对**先验**（经验之前）和**后验**（经验之后）加以区分。

语义学（semantics）将语句分为**分析的**（通过对词语以及表达的语法规则的定义而成立）和**综合的**（通过求助于经验而成立）。

以一个三角形为例。"三角形有三条边"这句话依照定义为真。这就是分析的。这句话也必然成立；一个三角形的边少于（或多于）三条，这样的可能世界是不存在的。这就叫作先验，不需要参考外部世界。你不需参考窗外就能知道三角形是有三条边的。

但在有些情况下，你必须要看看窗外。"今天下雨了"这句话可能是真也可能是假，取决于今天是否确实在下雨。这可能为真，但不必然为真。这就是综合的——仅根据定义不能判定为真。我们称之为**后验**——经验之后。我必须先看看窗外以观察这恶劣的天气。

克里普克对这些概念做了重新调整。[1]

伊曼努尔·康德（Immanuel Kant）在《纯粹理性批判》（*Critique of Pure Reason*）中写道："经验告诉我们一个东西是如此这般，但不并不是说它就不可能是别样那般。"正如约翰·伯吉斯所说："经验**可以**告诉我们一个必然真理为真；但是经验并不能反过来告诉我们它就是必

---

[1]　约翰·伯吉斯将这种重新调整称为克里普克对分析哲学最大的贡献，见 *Saul Kripke: Puzzles and Mysteries* (2013)，pp. 1–7.

然的。"[1]与广受认可的哲学思想相反，克里普克欣然拥护了**后验必然的**想法——除了我们从经验中所知道的那样，某事不可能会是别样的。对克里普克来说，这也包含了同一性（identity）的必然性。某事必然与他自身相同一。怎么可能不是如此？拿弗雷格关于长庚星和启明星的例子来说，我们了解到昏星就是晨星，长庚星就是启明星。而这是我们从经验中获知的。需要借助观察来表明它们是同一颗星体。这是综合的，但也是必然的。如果长庚星就是启明星，那么长庚星必然是启明星。

克里普克列出了一个清单——起源的必然性［例如，伊丽莎白二世（Elizabeth II）的亲生父母是伊丽莎白鲍丝-莱昂（Elizabeth Bowes-Lyon）和乔治六世（George VI）］，自然类成员的必然性（例如，亚里士多德是一个人，老虎是动物，以及正如我们将要看到的，血吸虫是犰狳），构成或组成的必然性（例如，水是 H_2O，金是那种原子序数为 79 的元素）。克里普克将这些称为**形而上学的**必然性。如果金确实具有原子序数 79，那么就**不存在**情况**并非**如此的可能世界。[2]

库恩是不会赞同的。

库恩的《科学革命的结构》一书之所以远比克里普克的《命名与必然性》更具影响力，大概就在于它与当下这种认为事物在文化上取决于个人"参考系"的流行文化不谋而合。[3]其理论围绕它自己产生了

---

1 Kant, *Critique of Pure Reason*, p. 43; Burgess, "The Origin of Necessity and the Necessity of Origin" (2012).

2 想象一个必然性的层级：物质的必然、逻辑的必然、形而上学的必然。它们可能共处于同一个东西之上，也可能不会。物质的必然是自然法则的必然。自然法则告诉我们金的原子序数是 79，但我们可能生存于遵循着不同自然法则的宇宙中吗？原子序数 79 这件事可以是自然的必然但不是形而上学的必然吗？

3 《结构》一书已被列入一些"前 100 名"书单里，包括马丁·西摩-史密斯（Martin Seymour-Smith）的《有史以来最具影响力的 100 本书》[*The 100 Most Influential Books Ever Written*（1998）] 以及《时代文学副刊》（*Times Literary Supplement*）评出的"The Hundred Most Influential Books since the Second World War"(October 6, 1995), p. 3.

一个新的"学术作坊",并且被后现代主义者奉为圣经。[1]

　　库恩在书中引入了一套自创的术语——常规和革命科学、范式、范式转换、异常、不可通约性,等等。他的科学变革的机制可简要地概括如下:科学分常规科学和革命科学两种。在常规科学阶段,"从业者们"有一套固定的定义和解决问题的方法、一个概念图式——**范式**。他们自有一套看待世界的方法,并且大致对这套方法感到满意。但是**异常**出现了——事物不再完美地嵌合在这个概念图式中。[2]这种异常可能是一个意想不到的实验结果或者内部矛盾。总之,**异常**使得事情不能再照常运行了。[3]一两个异常或许还能被忽略,但是随着异常的积累,旧的范式宁静不再。不明原因的异常导致危机,危机导致革命,革命导致范式的转换。

　　库恩的理论中最重要也最具争议性的是"范式转换"和"不可通约性"这两个概念。在范式的转换过程中,原有范式与新范式中的科学术语**不可通约**。范式变了科学术语的意义也随之发生变化——革命发生了。[4]虽然库恩所获得的很多荣誉与之相关,但是他对"范式"和

1　在我看来,后现代主义(postmodernism)的本质是意义的社会建构:如果存在现实和真理这样的东西,它们至多是社会建构的产物。

2　库恩写道:"发现始于对异常的认识,例如,支配着认识到大自然在某种程度上违反了支配正常科学的范式引导的期望。"[*Structure* (1962), pp. 52–53.]

3　"异常"的实验结果,例如,水星近日点的岁差或迈克尔逊—莫雷实验(Michelson-Morley experiments)的否定结果经常在广义和狭义相对论的历史中被引用,但目前还不清楚它们在爱因斯坦理论的发展中起了什么样的历史作用。库恩特别喜欢用氧气的发现做例子;见 Structure (1962), pp. 53f.

4　徘徊在这个理论之上的幽灵是库恩在伯克利的同事保罗·费耶阿本德(Paul Feyerabend)。他也是我的老师。怪异而讽刺的是,他们大致同时提出了"不可通约性"的概念——在 1960 年左右。他们都提供了自己关于此事的回忆。首先,费耶阿本德回忆道:

　　我不知道我们俩谁是第一个使用"不可通约"这个术语的人,在某种意义上是存在争议的。与之相关的库恩的《科学革命的结构》和我的论文《解释、简化和经验主义》("Explanation, Reduction, and Empiricism")都是 1962 年发表的。我仍然记得,我们不仅持有类似的理念,甚至连使用的词语都完全相同,这种不约而同的默契令人惊叹不已。这种巧合远非神秘事件。我曾读过库恩的早期草稿,并与库恩就其中的内容进行过讨论。(接下页注)

"不可通约性"这两个词的用法却不甚统一。有一篇文章就分出了"至少二十一种不同的理解"。[1]甚至连库恩自己好像也被吓到了,他的概念恐怕会这么无休止地变迁下去。[2]哈佛大学前校长、库恩的早期导师、

（接上页注）["Consolations for the Specialist,"(1970)p. 219.]

库恩回忆道:

> 我想我记得一次与费耶阿本德的谈话。他坐在办公桌后面,而我紧挨着立在他办公室的门边。现在,我不确定这是真的,我的意思是我可以轻松建构出这种事。我对他说了一些我的观点包括不可通约性这个词。然后他说:"哦,你也在用这个词。"他向我展示了一些他正在做的工作,然后《结构》与他在《明尼苏达研究》杂志上的大作同一年发表。我们所谈论的东西在某种意义上是相同的。(*Road since Structure*, pp. 297-298.)

虽然两人都强调相似性,但他们的观点来源并不相同,而且气质也完全不同。库恩往往是缺乏幽默感的,而且完全不带讽刺意味。费耶阿本德是一个荒诞派——对任何事,包括他自己,都表现出完全的蔑视。第二次世界大战期间他在国防军服役时受伤,他部分瘫痪靠拐杖行走,就像奥逊·威尔斯(Orson Welles)的电影《上海小姐》(*The Lady from Shanghai*)中的辩护律师一样。我的朋友查尔斯·西尔弗曾给费耶阿本德做过一段时间的助教,他回忆起关于费耶阿本德的一个小故事:他只为了好玩,让一个自称是魔法师的人替他做了几场演讲。而一个俄罗斯的访问学者竟完全相信做演讲的就是费耶阿本德本人。

1　Margaret Masterman, "The Nature of a Paradigm," p. 61.

2　来自1995库恩对亚里斯泰迪斯·巴尔塔斯(Aristides Baltas)、科斯塔斯·加夫罗格(Kostas Gavroglu)和瓦西利基·金迪(Vassiliki Kindi)的访问:

> 被邀请来参与进一步讨论的人中包括一个人,马蒂尔德·马斯特曼(Margaret Masterman)——我本原没有见过她,但应该听说过她,传闻不太好,都说她是个疯女人。她从讨论室后排站起来,大步走向讲台,转身面向观众,双手插兜然后说:"在我的领域,社会科学领域,"(她正在运营一个叫作剑桥语言实验室的机构)"每个人都在谈论范式。就是这个词。"她说:"我最近住院期间浏览了一下这本书,我想我发现了二十一种或许是二十三,随便吧,不同的用法。"好吧,你知道,确实是这样。但她接着说,这一点人们并没有注意到,虽然她的文章里或多或少提到过。"我想我知道范式是什么了。"她接着列举了四五个范式的特征。我坐在那里说,我的上帝呀,如果我能讲上一个半小时,或许就能把这些都讲进去,或许不能。但她是对的!这一点我记得特别清楚,而我却没能完全解决的要害在于:范式就是当理论暂未成型时你可以使用的东西。(*Road since Structure*, pp. 299-300.)

激进的原则常常衍生出大量变体——人择宇宙学原理(the cosmological anthropic principle);萨丕尔-沃尔夫假说(the Sapir-Whorf hypothesis);图灵测试(the Turing test);不可通约性。在《人择宇宙学》[*The Anthropic Cosmological Principle* (1986)]一书中,约翰·D. 巴罗(John D. Barrow)和弗兰克·J. 提普勒(Frank J. Tipler)就提出了至少五种不可通约性的变体。而在《修辞和不可通约性》[*Rhetoric and Incommensurability* (2005)]一书中,兰迪·艾伦·哈里斯(Randy Allen Harris)又提出了另外四种。我猜想那些最有力的变体并没有什么意义,它们表述模糊,以致适用于任何情况。那些强有力的原则虽然往往是错误的却很有趣。而那些较弱的变体信息量越来越少,很快就变成陈词滥调或空洞无物的东西。

现代科学史的奠基人之一詹姆斯·科南特就曾经警告过自己的爱徒："恐怕那些持反对观点的人会藐视你，把你说成是抓住'范式'这根语言魔杖用以解释一切的神棍。"[1]

库恩本人确实也在不断尝试改变和修改以厘清他的这些概念。[2]比如在《结构》一书中，不可通约性是统觉性的，不同范式中的人们看待事物的方式不同，他将之比作格式塔转换（Gestalt-switch）——著名的鸭兔错觉。这个例子出自维特根斯坦（作为《哲学研究》的一部分出版的《心理学哲学——片段》），随后出现在罗伍德·罗素·汉森（Norwood Russell Hanson）的《发现的模式》（*Patterns of Discovery*）一书中。汉森是一个被忽视的杰出的哲学科学家，他殒命于坠机事故时才四十出头年纪。[3]奇怪的是，作为芝加哥大学出版社《结构》一书手稿的早期审稿人，他在版前评论中就指出了库恩的推理中存在着固有问题：如果将革命定义为范式的变化，又将范式的变化定义为革命，那这一切又怎么能够被证伪呢？在其发表的一篇文章里他是这样回复那些早期质疑者的：

> 我们假设一个火星学者在深夜前来叨扰库恩的研究。这位火星历史学家问库恩："什么是范式？"
>
> 库恩回答："范式是这样一种概念承诺，如果遭到严重的挑战就会引发科学革命。"

1　科南特于 1961 年六月五号写给库恩的信，见 Daniel Cedarbaum, "Paradigms" (1983), p. 173。

2　在《结构》第二版（1970）的后记中，库恩认为问题出在哲学身上。"然而，他们中有些人报道说我相信下面这些说法：不可通约理论的支持者彼此间根本无法沟通；其结果，在关于理论选择的辩论中，不可能诉诸健全的理由；相反，理论的选择最终必然基于个人的和主观的理由"（pp. 198–199）。在努力反驳他人的抱怨时，库恩经常含糊其词，有时甚至偷换术语（例如，"范式"变成"学科矩阵"）。

3　汉森驾驶着他的螺旋桨式战斗机格鲁曼 F8F-2 "熊猫"，以有史以来最快的速度从耶鲁大学飞到康奈尔大学，在途中因风暴坠机。

火星人："那么什么是科学革命呢？"

库恩："科学革命是对固有科学代谢的一种撼动，当其中一种范式被挑战时就会发生。"

在这段陈述中，这位火星历史学家一定感受到了某种循环。他将察觉到"范式"和"科学革命"这两个概念在语义上是如此互锁，以至于如果试图理解其中之一就必须先两个都理解。[1]

汉森总结道："如果我的这些早期反馈（在1961年）是对的，那么库恩的理论就不会成为真正的历史性理论……它甚至没有提供任何信息——而只是一个精致的定义集合。"

显然，汉森对库恩的《科学革命的结构》有所保留。然而讽刺的是，库恩实际上借用了很多汉森理论核心的观点。[2]汉森的格式塔转换示例，用他的话说"事物不止肉眼所见那样"（there is mone to seeing than meets the eye），以及他认为观察是理论负载的（theory-laden）这一信念都对库恩影响巨大。[3]但是汉森与库恩之间有着重要不同。汉森告诉我们，观察是理论负载的。这并不是说因为观察是理论负载的，所以就没有指称，没有实在，没有进步，没有真理。认为理论影响了我们看世界的方式与认为理论决定了我们看世界的方式之间有很大不同。

回到格式塔转换的例子上来。看着这幅画，我们即使不能同时看出鸭子和兔子，也并没有失去看见兔子或者鸭子的能力。先看见兔子，

---

[1] Hanson, "A Note on Kuhn's Method" (1965), pp. 371–372.

[2] 《结构》更像是一个碎片粗略拼接起来的布偶。常规科学的保守主义来自皮埃尔·杜赫姆（Pierre Duhem）；隐性知识（tacit knowledge）来自迈克尔·波兰尼（Michael Polanyi）；"看作"来自罗伍德·罗素·汉森；翻译的不确定性来自蒯因（Quine）；知识的社会建构来自维特根斯坦。在大卫·伍顿（David Wootton）在其权威著作《科学发明》（Invention of Science, 2015）中详述了库恩是如何征用汉森对"范式"一词的用法的（pp. 585–586）。

[3] 汉森的理论对我写摄影书也产生了巨大影响，见 Believing Is Seeing (2011)。

**Welche Thiere gleichen ein-
ander am meisten?**

Kaninchen und Ente.　　鸭兔错觉

再看见鸭子。或者先鸭子，再兔子。兔子，鸭子。鸭子，兔子。但库
恩在《结构》中写道："革命之前科学家世界中的鸭子在革命之后就成
了兔子。"[1] 什么？这句话来自名为《世界观的改变》的章节，但是恐怕
该叫《世界的改变》更贴切。[2] 纽约市立大学（CUNY）的科学哲学家
彼得·戈弗雷-史密斯写道：

　　［一些人］认为库恩理论在这个问题上是混乱不堪的。当
　　范式改变，思想就改变。标准也在改变，或许我们体验世界的
　　方式也随之而变了。但是，这同声称世界本身**依赖**范式仍有很
　　大不同。我们看待事物的方式发生了变化，但世界本身并没有

1　*Structure* (1962), p. 110.

2　一种常识实在论有时通过库恩乌烟瘴气的术语显露出来：公平地说，他告诉我们，"环境中的
任何事物都没有变过"，我们"都在注视这个世界，而世界并没有改变"［*Structure* (1962) pp. 113,
149］。他动摇——或者说看起来他的话相互矛盾——的原因很简单。他的世界观容不下一个固定
的、不可变的现实世界，甚至根本不容许他谈论现实这件事，不管是固定的还是可变的。

25

改变……第 X 章是库恩的大作里最糟糕的部分，纯属末流。如果他能犯一下作者们常犯的典型小错误之一，误把这部分落在出租车里，恐怕会比把它发表出来要更好。[1]

库恩的大多数粉丝都会辩解说，他并不是真的说鸭子会变成兔子。这世上有鸭子也有兔子，但是一个无法变成另一个，瓶中并无精灵。但是，《结构》中的许多段落却暗示并非如此。例如，"我们可以说：在革命后，科学家们所面对的是一个不同的世界"[2]。那么哪一种说法才是对的？科学革命改变的是这个世界还是我们对这个世界的信念？如果我们拥有的只是我们的信念，我们又将如何把它们与现实区分开来？正如 W. B. 耶茨（W. B. Yeats）在《学龄儿童》（*Among School Children*）中所写的那样："我们如何从舞蹈中了解舞者？"

库恩写道："试想……那些因为哥白尼（Copernicus）宣称地球会运动而叫他疯子的人们。他们并非错了，或者大错特错。'地球'这个词对他们来说部分意味着固定的位置。至少他们的地球是不能运动的……相互竞争范式双方的支持者们在不同的世界中从事着他们的事业。"[3]

五十年来，《结构》已经历经四版（1962 年版、1970 年版、1996 年版以及 2012 年版）——但是兔子们和鸭子们都还在。[4]月亮依然还是 100 多万年前那个月亮，只是上面多了一两面美国国旗。

库恩也告诉我们说观察是理论负载的。如我所述，这是汉森的深刻见解之一。但是接下来库恩脱离了轨道，尤其提到指称也是理论负

1　Godfrey-Smith, *Theory and Reality* (2003), p. 96.

2　Kuhn, *Structure* (1962), p. 110.

3　同上，pp. 148–149。

4　新版本没有带来太多变化。大卫·伍顿告诉我说："我在 1962 年版和 1970 年版之间没看出什么差异——当我检查时，发现除了后记的添加，没什么其他变化。库恩说有一些小变化，我想应该非常小吧。例如，他说 1970 年版添加了对波兰尼的引用，这很荒诞——它明明一直都在。我不认为 1970 年之后的版本会有任何变化，除了索引的增加。"出自 2016 年 1 月 31 日致作者的电子邮件。

载的。在这一点上，我确信他完全错了。[1]

将知觉与指称相关联，这是库恩的核心错误之一。我可以看到一只鸭子或一只兔子，但这并不意味着我指称的是鸭子或兔子。在汉森的想象中，约翰内斯·开普勒（Johannes Kepler）和第谷·布拉赫（Tycho Brahe）在黎明时分坐在山顶上，看着太阳冉冉升起。此时有两种不同的太阳系概念在起作用。对于开普勒来说，移动的地球围绕着固定的太阳旋转。而对于布拉赫来说，太阳围绕着固定的地球旋转。汉森问，黎明时分的东方正在发生的事在开普勒和第谷的眼中是同一回事吗？他的结论是否定的。观察是一种理论负载的获得。因此，他将"看"（seeing），"看作"（seeing as）和"看到"（seeing that）加以区分："看见黎明对第谷来说……是看到地球闪耀的卫星在我们周围开始昼夜环绕，而对于开普勒和伽利略来说是看到地球带着他们旋转回我们恒星的光线里。"[2]但是汉森并没有将开普勒和布拉赫由于对太阳系的观念不同而导致看见的（或知觉）有所不同，与他们实际所指称的事物之间加以混淆。他们的知觉可能不同，但当他们谈到地球时，他们指称的是地球，当他们谈到太阳时，他们指称的是太阳。

库恩写道："两个人以不同的方式感知同一情形，而又使用同样的词汇去讨论，他们必然以不同的方式使用这些词汇。这就是说，他们按我所说的不可通约的观点来交谈。"[3]人使用相同的名称（例如"地球"），但他们所谈论的是不同的事物（例如，哥白尼式的地球与托勒

1　讽刺的是，诺姆·乔姆斯基（Noam Chomsky）并不认同一般语言中的指称，但是与库恩不同，他对科学中的指称深信不疑。（这一点将在第 7 章《世界家具》中加以探讨）我认为科学中的指称不是理论负载的。说观察（或知觉）是理论负载的是一回事，而说指称——指代物理世界中的事物——是理论负载的是完全另一回事。这可能是令人困惑的，可能会引发他人的异议。难道一个正电子或欧米伽负粒子的指称不是理论负载的吗？不。这些粒子存在于现实世界。克里普克会说我们对他们的指称独立于我们对它们的观念。

2　Hanson, *Patterns of Discovery*, p. 20.

3　Kuhn, *Structure* (1970), p. 200.

约翰·巴普蒂斯特·奥曼,《太阳与行星系统》,1716年

密式的地球)。同样的词汇,不同的世界。[1]

1980年,在圣母大学举办的三场系列讲座中,库恩讨论了从托勒密天文学到哥白尼天文学的过渡:

试想一下这个复合句,"在托勒密的系统中行星们围绕地球转动;在哥白尼系统中它们围绕太阳转"。如果严格分析的话,这句话是不自洽的。第一句中的词"行星"是托勒密式

---

[1] 库恩写道:"在发现氧气之后,拉瓦锡(Lavoisier)在一个不同的世界里工作。"[*Structure* (1962),p. 117]。我要稍微修改一下。只有上过断头台,拉瓦锡才会在一个不同的世界里工作。

的，第二句中的是哥白尼式的，两者在自然界中的所指并不相同。对"行星"一词缺乏统一的解读可以使这个复合句成立。[1]

但是这两次出现（第一次是复数"行星们"，然后是代词"它们"）在自然界所指代的事物真的不同吗？在克里普克的哲学里可不是这么说的。"地球"是指行星地球，不管我们认为它是围着太阳转的、远离太阳系中心，还是坐落于超人漫画里的比扎罗世界（Bizarro World）。库恩不满足于研究 15 世纪的科学，又将其研究对象转向了 20 世纪。关于牛顿和爱因斯坦对于质量的不同定义，他写道：

> 爱因斯坦理论中的概念与牛顿学说中相应的概念虽然拥有相同名称，但其物理指称却不可能相同。（牛顿理论中的质量是守恒的，而爱因斯坦理论中的质量可以与能量相互转化。只有在相对速度很低的情况下，两者才能以相同的方法测量，但即使这样二者也不能说是相同的。）[2]

爱因斯坦和其他很多人并不这样认为。[3]

1　Kuhn, "What Are Scientific Revolutions?" p. 15.

2　Kuhn, *Structure* (1962), p. 101.

3　我们凭什么说牛顿质量与狭义相对论中的质量是不可通约的呢？史蒂芬·温伯格辩称：

在捍卫自己的立场时，库恩认为在科学革命前后我们使用的词和方程式中的符号所承载的意义发生了变化；例如，在相对论出现的前后，物理学家所说的质量的意义是不同的。在爱因斯坦革命期间，关于质量的概念存在很大的不确定性，这是事实。有一段时间，人们谈论"纵向"和"横向"质量，其值取决于粒子的速度，并且能够抵抗沿着运动方向和垂直于运动方向的加速度。但这些如今都得到了解决。今天没有人再谈论纵向或横向质量，事实上今天的"质量"一词最常被理解为"静止质量"，一种不随运动状态而改变的固有属性，这也是爱因斯坦之前人们通常所说的质量。意义可以改变，但一般来说是为了增加丰富性和定义的精确度，因此我们也不会失去理解过去常规科学时期理论的能力。（"Revolution That Didn't Happen," p. 49）

爱因斯坦本人在多次回应这个问题时进行了权衡，例如亚瑟·费恩（Arthur Fine）（接下页注）

事实证明，指称问题是库恩很多论证的核心。当我们使用一个词，这个词所指称的是现实世界中的某个事物吗？尤其是一个名称？或者一个科学术语？这与索尔·克里普克的哲学有什么关系？有好几位科学哲学家和科学史学家曾提醒过我，克里普克和库恩所研究的问题并不相关——他们称之为"苹果反对橘子"。他们问道，库恩的范式、不可通约性等等观点与克里普克的可能世界和严格指示词有什么关系？库恩所写的不是科学变革吗？而克里普克写的不是有关专名和自然种类名称的指称，例如黄金吗？

我想试着解释一下。通常，库恩以不同的方式使用"意义"这一术语。（在这方面，他并不孤独。）对于许多哲学家来说，意义存在于头脑，而指称存在于外部世界。那他们是如何关联的呢？如果问弗雷格，你会得到一个答案。而问伯特兰·罗素，你又会得到另一个答案。问维特根斯坦，第三个。问索尔·克里普克，你得到一个明确的答案（虽然很多人对此存有异议）。对克里普克来说，专名**没有**意义，只有指称。

另一方面，库恩认为，当语词具有不同的意义时（也就是说，我们对它们持有不同的信念），它们就不可能指称同**一个**事物。这显然是不对的。太阳系的托勒密模型和哥白尼模型就是一个明显的例子。不管我们认为是太阳围绕地球运行还是地球围绕太阳运行，我们所指称的都是**地球**和**太阳**。我的信念如何并不重要。我所指称的是那个**东**

> 我发现，运动中物体的质量因速度而增加这种说法并不恰当。用质量一词专指静止质量更为妥当。静止质量与分子的速度无关，比如铜分子，它的静止质量总是不变的。
>
> 引入一个依赖于速度的质量概念并不明智，因为这样的概念不够清晰。
>
> "质量"m 应该始终作为一个与运动无关的量。
>
> 我想令人不快地补充一点，质量概念经常被认为依赖于速度这一点是非常具有误导性的。
>
> 质量依赖于速度这一说法并不可取。质量的概念最好还是限定在"静止质量"上。

西——地球。[1]

为了便于理解，我有必要对这些不同的观点加以说明。描述语主义者们将名称的意义与一个描述语或一簇描述语相关联，而名称的**指称**与符合这些描述语的对象相关联。"斯科特"是那个"写《名利场》的人"。如此来看，意义决定指称。在库恩的理论中，描述语和描述语集合无休止地变化——在一个范式里有一个描述语集合，另一个范式里有另一个描述语集合。我们在哥白尼范式里所说的"地球"与托密勒范式中的"地球"意义并不相同。而且我们无法对这两种意义加以比较。我们被困在语言迷雾中，没有任何出路。

对克里普克来说，专名和通名，比如"金"和"水"，没有任何意义，只是指称。而对库恩来说，科学术语有着不可通约的意义，而**没有**不依赖于意义的指称。指称和真理是相对的。对克里普克来说，存在必然的真理（和本质属性）。金的原子序数是金的**本质属性**。（如果金的原子序数是 79 **为真**，我们可以想象一个金的原子序数不是 79 的世界吗？）对库恩来说，意义依赖于范式。不存在本质属性。在库恩看来，"小金"意味着"我对**我的范式中**的小金的看法"。依照该观点，伽利略对宗教裁判所的反驳将是"然而它是移动的——在我的范式中"。

这里存在一个真正的问题。很严重的问题。事关真理。库恩的思

1　克里普克举了一个神圣罗马帝国的例子，它既不神圣，也跟罗马没关系，还不是一个帝国（*Naming and Necessity*, p. 26）。匹兹堡大学的科学史学家和科学哲学家 J. D. 诺顿（J. D. Norton）举了一个三种描述语相互矛盾但指代相同的例子："对于我们所知的耶路撒冷城有很多种不同的描述：犹太人所说的'神庙所在的城市'；基督徒所说的'上帝的儿子耶稣被钉死的城市'；穆斯林所说的'上帝的真先知穆罕默德升天的城市'。这三个宗教有着各自的彼此矛盾的背景假设。矛盾不会立刻显现，但确实存在。例如，基督徒会反对穆斯林对穆罕默德的描述；穆斯林会同样如此回敬耶稣。然而他们指称的是同一个城市。温度就像这些专名一样，即使出现在两个背景假设相互矛盾的理论——理论热力学和统计力学中，这个术语所指代仍然是同一个东西"（"Dense and Sparse Meaning Spaces"）。

想促使我们否认真理，这是很危险的。这不只是一个空洞的学术主张。这个问题不是无视究竟是上帝还是自然选择催生了地球上生命的复杂性，或者二氧化碳和其他温室气体的排放是否正在引发全球变暖。这些论点不仅仅是关乎启发——学科矩阵、问题解决、拼图集、交易区，等诸如此类，也不仅仅与社会习俗有关，而是关乎真理与谬误。正如史蒂芬·温伯格（Steven Weinberg）所说："简单地说，如果科学家们在谈论什么真实的东西，那么他们所说的要么为真要么为假。"[1]不能任由库恩贬低科学真理的价值，他得对此负起责任来。

库恩写道：

> 人们经常听说连续的理论会逐渐逼近真理……也许有其他方法可以挽救这个适用于所有理论的"真理"概念，但这种方法显然是行不通的……爱因斯坦的广义相对论与亚里士多德理论的接近程度，要大于二者与牛顿理论的接近程度。虽然将这种立场描述为相对主义的诱惑是可以理解的，但这种描述在我看来是错误的。反过来，如果这个立场就是相对主义的，那么我看不出相对主义者在诠释科学的本质和发展时欠缺了什么。[2]

这段话包含了许多令我感到沮丧——并且错误的——内容，关于库恩以及他为自己辩护的意图。如果科学理论没有逐渐接近真理，那么这种主张本身就会导致相对主义。爱因斯坦的理论跟亚里士多德的理论的距离比二者与牛顿的理论距离还要近？也许如果亚里士多德拥有张量微积分和协方差的计算知识，他早就在两千年前发展出广义相对论了？

---

1 Weinberg, "Sokal's Hoax," p. 14.
2 Kuhn, *Structure* (1970), pp. 206–207.

在《结构》的最后，库恩写道："更精确地说，我们可能不得不放弃这种或明确或含糊的观念：范式的变化会使科学家以及向他们学习的人越来越接近真理。"[1]在《结构》中，真理和指称不仅要被放弃。他们简直是被驱逐出了哲学王国。

没有进步。没有客观真理。没有现实世界。在他生命的最后十年于哈佛大学所做的罗斯柴尔德讲座中，库恩宣称或者说重申了"信念三叉戟"。第一，超然于历史之外、时间和空间之外的阿基米德的讲坛已然远去。第二，由于它的缺席，我们能做的就只有对比评价了。这里面存在什么必然的因果关系吗？我想没有。第三，真理："真理无论如何都不是对实在的反映。"[2]好吧，那真理是什么呢？库恩提出的观点是科学的发展是达尔文式的——大概是因为没有特定的终点。[3]"科学发展与达尔文进化类似，是一个后方驱动的过程，而不是被牵引着向特定的目标前进。"[4]我称这种观点为"似是而非之物的起源"。美洲的发现是一个"后方驱动而非前方牵引的过程吗"？并不尽然。[5]实际上，历史的急迫性也在起作用。美洲本可以在 1392 年或 1592 年被发现。发现者也可能是欧洲人而不是哥伦布（Christopher Columbus——实际上是他）。但它之所以能被人发现（discovered）是因为它就在那里。不是被谁发明（invented）的。正电子或欧米伽负粒子也是如此。

想象有一群岛屿——比如孟加拉湾的安达曼群岛（Andaman

1　Kuhn, *Structure* (1962), p. 169.

2　Kuhn, "The Trouble with the Historical Philosophy of Science," p. 115.

3　"《物种起源》（*The Origin of Species*）不承认由上帝或自然设定的某个目标。相反，只有在既有环境中运用现下实存的有机体进行的自然选择才能逐渐而又稳步地产生机能更为复杂、进一步级联以及更加特化的有机体。"［Kuhn, *Structure* (1962), p. 172.］

4　Kuhn, "The Trouble with the Historical Philosophy of Science," p. 115.

5　当然，对于发现的特征我们可以从多种角度来描述。汉森提出了他对发现活动所做的分类，用以区分翻转发现、回溯发现、谜题发现等等。但物质世界中的发现本质上是发现一个已经存在的事物，即使那时我们对其一无所知。Hanson, "An Anatomy of Discovery" (1967).

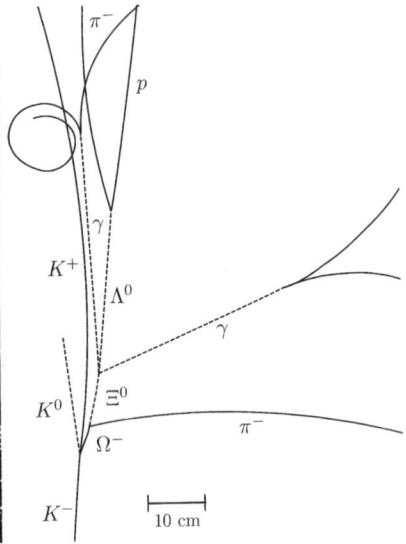

欧米伽负粒子

Islands）。据记载该群岛有 572 个岛屿。这是由某人数出来的。假设他们数得准确无误。可能他们还绘制了地图。在 15 世纪初期，一本法语书《奇迹之书》（*Le livre des merveilles*）将其描述成居住着狼头人的岛屿。在"发现"安达曼群岛的过程中，探险者被**牵引**着直到发现狼人——那样的犬状头颅——根本不存在。

发现与发明相对。发明这一概念有助于一种社会学科学观。然而，库恩在他的演讲中，试图让自己与纯社会学"强纲领"的实践者们保持距离，他将其特点描述如下：

自然本身无论为何物，看上去都与任何关于它的信念的发展毫无关系。谈论证据、由证据得出的理性论断以及这些论断的正确性或可能性，都被视为胜利一方掩盖其权力的修辞而

布锡考特大师，《印度洋安达曼群岛上的狼头人》，出自《奇迹之书》，约 1410—
1412 年，牛皮纸蛋彩画

已。科学知识所传递的只是胜利者的意志。[1]

　　但这与库恩的"信念三叉戟"中所表达的有何不同呢？他所说的
"只有比较评价"与"科学知识所传递的是……胜利者的意志"又有
何不同？你能二者兼得吗？库恩希望他的系统能够为"理性"和"证
据"提供特权，或者至少他认为应该如此。但是他并没有说明**为什么**
要这样，反而令人怀疑我们能否确定究竟是什么构成了"理性"或
"证据"。

　　在《结构》一书中，此种科学的社会学构想一次又一次地浮出
水面。相对主义、社会建构……对某些人来说，这些观点是库恩最
重要的贡献。但对我来说，这令人憎恶。用科学哲学家约翰·埃尔曼

1　Kuhn, "The Trouble with the Historical Philosophy of Science," p. 110.

（John Earman）的话说是库恩的"华而不实的段落"：

> 就像在相互竞争的政治制度之间做选择一样，在相互竞争
> 范式之间做选择实际上是在不可兼容的共同体生活模式之间选
> 择……当不同的范式进入关于范式选择的辩论时，它们的角色
> 就必然是循环的。每个群体都在使用自己的范式做范式辩护。
> （p. 94）
>
> 像政治革命一样，在范式选择中——除了对相关共同体的
> 认同以外，没有其他标准。（p. 94）
>
> 在这些问题上，既没有对也没有错。从忠于一种范式到忠
> 于另一种范式，这种转换是不能强制的。（p. 151）[1]

不出所料，与真理一样，《结构》一书又对实在的概念发起了攻
击。库恩又来了。"我要强调一下，我并不是在暗示存在一个科学所触
及不到的实在。我的观点是，实在的概念没有什么意义，因为它在科
学哲学中的作用平平无奇。"[2]

上帝啊。读者可能会想，库恩的观点是不是被故意抹黑了？一点
都没有。如今范式和范式转换随处可见。[3]相对主义几乎已成为这个领

1　Earman, "Carnap, Kuhn, and the Philosophy of Scientific Methodology," p. 19.

2　Kuhn, "The Trouble with the Historical Philosophy of Science," p. 115. 就像罗伯特·穆齐尔
（Robert Musil）的小说《没有个性的人》（*The Man without Qualities*）中的主人公乌尔里希（Ulrich）
一样，他的目的就是废除实在。

3　我最喜欢的对范式转换的解释来自 DBC·皮埃尔（DBC Pierre）赢得了 2003 年布克奖的小说
《维农少年》（*Vernon God Little*）：

> 莱德斯马退却了。"不要低估了普通大众，维恩——他们想看到正义被伸张。我说，那就
> 给他们想要的。"
>
> "但是，我什么都没做。"
>
> "对，谁会知道呢？又没有事实，人们都会做决定的——如果你不去描绘自己的范式，就
> 等着别人给你描绘吧。"（接下页注）

域的法则。对于那些认为库恩和克里普克所研究的问题毫无关联的人，我想说它们都是关于指称和真理的。指称和真理就是一切。

朱塞佩·阿钦博尔多，《图书管理员肖像》，约 1566 年，布面油画

（接上页注）"我的什么？"

"范——式。你没听说过范式转换吗？例如：你看见有个男人把手放在你奶奶的屁股上，你会怎么想？"

"杂种。"

"对。但是当你知道是因为有一只致命的小虫爬进了那里，而事实上这个男人不顾恶心在救你的奶奶。你又会怎么想？"

"英雄。"

"就是这样的。这就是范式转换。行为没有变——是你用以判断行为的信息发生了变化。你准备钉死那个人，因为你不知道事实。现在你却想跟他握手。"

"我不这么认为。"（pp. 33–34）

第 3 章

恐惧的集中营

"真高兴我不喜欢芦笋,"小女孩对一位富有同情心的朋友说,"因为如果我喜欢,我就得吃——真难以忍受!"

——刘易斯·卡罗尔

(引自 W. W. 巴特利三世,《刘易斯·卡罗尔关于逻辑的失落之书》)

对于库恩来说,语词的意义处在无尽的流变之中。换一种范式可不像换润滑油这么简单。你最终得到的是一组与先前完全不同的意义——只是你无法理解它,因为新的意义是你所触不可及的。对我来说,这无异于一场噩梦。就像一个豪尔赫·路易斯·博尔赫斯(Jorge Luis Borges)的地狱式寓言。其实,库恩就如同一个愚蠢版本的博尔赫斯——少了那种讽刺、幽默和玩世不恭。

在《巴别图书馆》("The Library of Babel")中,博尔赫斯写到了"这个发疯的图书馆,它里面那些危险的书卷,常有变成其他书卷的危险,所以它们肯定一切,否定一切,扰乱一切,就像精神错乱的神。"[1] 库恩创造了自己的巴别图书馆,他自相矛盾的论点——尽管他自己从

1　Borges, *Collected Fictions*, p. 117.

不这样认为。[1]如果意义在变化且范式之间不可比较，那何不想象每个人都在其个人宇宙的孤岛上呢？（就像哈姆雷特，他可以在一种范式里自视为无限空间之王。但是，这样一来他还会做噩梦吗？）其实，库恩似乎至少在一个例子中承认了这种可能性：

> 我假设存在两个托马斯·库恩。库恩一号是这篇论文以及这本书前一部分的作者。他还在 1962 年出版了一本著作《科学革命的结构》。库恩二号则是另一本同名书籍的作者……

这两本书有相同的标题并非偶然，因为书中的观点多有重叠，并且都使用了同样的语汇表达。但是书中的核心观点可以说非常不同。库恩二号的批评者们报道说（遗憾的是我没有原始资料），他的观点似乎颠覆了另一个库恩所阐述立场的基本方面。[2]

对库恩而言，两个库恩以及两本标题相同、库恩所著的书，这个例子进一步证明了他的核心理念，那就是持有不可通约观点的人们难以对话。也就是说，他们活在不同的世界里。他写道："这本论文集（《结构之后的路》）……为我在别处称之为部分的或不完全的交流——

1　有很多哲学家都认为库恩的哲学理论自相矛盾，其中最著名的是唐纳德·戴维森（Donald Davidson），他的论文《论概念图式这一观念》（"On the Very Idea of a Conceptual Scheme"）发表于 1973 年，跟库恩向我扔烟灰缸时间相近（虽然我后来才意识到）。戴维森写道："概念相对主义的主要隐喻似乎背离了一个潜在的悖论。不同的观点说得通，但仅当是在一个标示它们的共同坐标系中；然而，一个共同的信念系统的存在，又与悬殊的不可通约性的主张相左。"他接着说，"概念相对主义是一个令人兴奋又新奇的学说，如果我们能使其言之有理的话……库恩理论中的科学家们，就像需要查阅韦伯斯特词典（Webster's dictionary）的科学家们一样，并没有活在不同的世界中，他们之间或许只是词汇上的隔阂"（pp. 5–6）。另见 Hilary Putnam, *Reason, Truth and History* (1981)。这些批评归结为一个简单的观点：如果概念图式是不可通约的，你要怎么写关于它们的事呢？

2　Kuhn, "Reflections on My Critics," pp. 123–124. 高等研究院的理论物理学家弗里曼·戴森（Freeman Dyson）写道："几年前，我偶然在一个学术会议上遇见了库恩，并抱怨那些和他的名字联系在一起的废话。他的反应很愤怒。他用大厅里所有人都能听见的音量大叫道：'你需要明白一点，我可不是什么库恩学家。'" Dyson, *The Sun, the Genome, the Internet* (1999), p. 13.

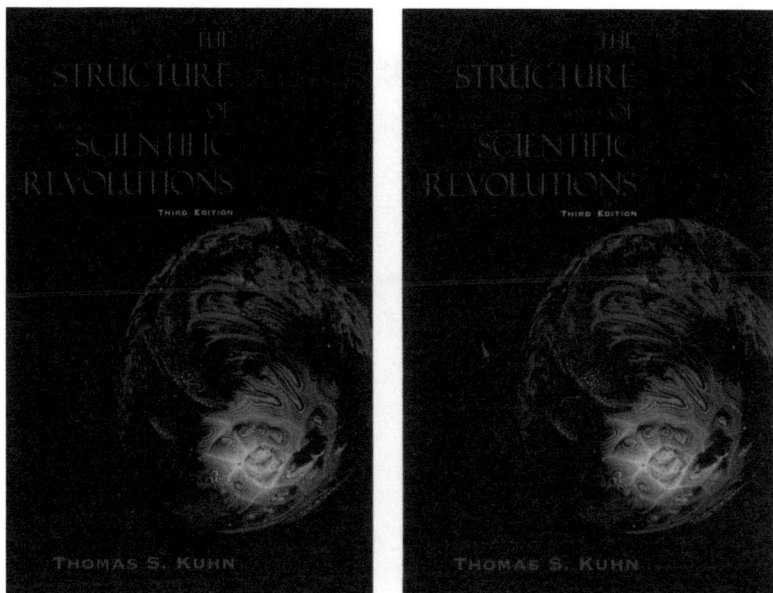

库恩著作《科学革命的结构》第 3 版的封面

通常指持有不可通约观点的参与者之间进行的无效交流——提供了更多例证。"[1]但是，这难道不是语词的误用吗？这是不可通约的观点还是不融贯的哲学？

　　我想起了博尔赫斯的另一个寓言《〈堂吉诃德〉的作者彼埃尔·梅纳德》（"Pierre Menard, Author of the *Quixote*"）。我第一次读到这个故事是在七十年代初新方向出版社的平装版《迷宫》（*Labyrinths*）中。我与当时的女友，艺术家雪莉·莱文（Sherrie Levine）就此文进行了详细的讨论。这个故事对我们两人都产生了深远的影响，但她以此作为随后某些艺术创作的基础这一点却是有待辨明的。这是众多主题中的一个，作者身份的问题。

　　故事涉及**两个**作家。博尔赫斯想象出了一个虚构的作者彼埃

1　Kuhn, "Reflections on My Critics," p. 124.

沃克·埃文斯,《艾利·梅·巴勒斯》,摄影版画(原版:埃文斯阴式硝酸盐摄影),约 1936 年

雪莉·莱文,《追随沃克·埃文斯:4》,明胶银印,1981 年

迈克尔·曼迪伯格,*AfterSherrieLevine.com*(追随雪莉·莱文),数字文件,2001 年

尔·梅纳德。他在塞万提斯之后约三百年开始逐字复制(或者说重写)《堂吉诃德》的一部分。博尔赫斯警告说:

> 如果有谁暗示梅纳德毕生致力于撰写一部当代《堂吉诃德》,那就是对他清名的诽谤。彼埃尔·梅纳德并不想创造出**另一个**吉诃德,这样做容易得很——他要创造的就是吉诃德。毋庸赘言,他的目标从来就不是机械地照搬原型;他无意于**复制**原著。他值得赞扬的壮志是写出一些同米格尔·德·塞万提斯——逐字逐句——不谋而合的篇章。

作者沉浸在他的创作中:

> [梅纳德]决心抢在人类的所有艰辛化为乌有之前,着手进行一项极其复杂、事先就知道是无足轻重的工作。他殚精竭虑、焚膏继晷地用一种外语复制一部早已有之的书。草稿的数

量越来越多；他顽强地修订，撕毁了成千上万张手稿。他不让任何人看到它们。[1]

在博尔赫斯的故事——一个精心设计的文学难题——中，梅纳德创作了一部全新的艺术作品。我们拿出两段来对比。一段出自塞万提斯的《堂吉诃德》：

>……历史所孕育的真理，是时间的对手，事件的储存，过去的见证，现在的榜样和警诫，未来的教训。[2]

另一段出自梅纳德的《堂吉诃德》：

>……历史所孕育的真理，是时间的对手，事件的储存，过去的见证，现在的榜样和警诫，未来的教训。

两段话在文字语言上完全相同。但是按照博尔赫斯的说法，它们的意义却截然不同。在塞万提斯的版本中，"这段排比只是对历史的修辞的赞扬"。而在梅纳德的版本中，历史就是"**真理之母**"：

>梅纳德是和威廉·詹姆斯（William James）同时代的人，他给历史的定义不是对现实的**探索**，而是现实的**根源**。对他

1　Borges, "Pierre Menard, Author of the *Quixote*," in *Collected Fictions*, pp. 91, 94–95.

2　这一段的延伸阅读如下："因为历史学家的责任应该是保持确切、真实和冷静，无论是兴趣、恐惧、怨恨还是情感都不应该使他们偏离真理的道路，**历史所孕育的真理，是时间的对手，事件的储存，过去的见证，现在的榜样和警诫，未来的教训**。我确信在这部作品中，读者将会以愉快的阅读方式获得可能需要的一切；如果有任何形式的缺失，我认为这是作者而非主题的错。" Cervantes, Don Quixote, p. 83（强调部分是我的标注）。

来说，历史真实不是"已经发生的事情"，而是我们认为已经
发生的事情。结尾的句子——现在的榜样和警诫，未来的教
训——是明目张胆的实用主义。[1]

博尔赫斯的对比涉及历史真理的本质。塞万提斯是个实在论者
（"发生之事"），梅纳德则是个相对主义者、社会建构主义者（"我们
认为已经发生的事情"）。真理与信念之争。[2]

我们到底在这儿争论什么呢？每段文本都被无休止地重新解
读？每个读者都会重写（或至少是重新解读）他们所读的书？就如
埃德蒙·威尔逊（Edmund Wilson）在《三重思想家》（"The Triple
Thinkers"）的前言中所说，"人们永远无法阅读作者最初写作的那本
书，也不可能两次阅读同一本书"？博尔赫斯在其中又扮演着什么角色

1　Borges, "Pierre Menard," pp. 91, 94.
　　另一个版本的梅纳德—塞万提斯"冲突"来自卡尔·罗夫（Karl Rove）的一段引用，它将那
些受到事实影响的人与那些（你可以自选一个）创造或编造事实的人对立起来：

　　　　助手（后来被确认是罗夫）说像我这样的人就像"生活在一个我们称之为以现实为基础
　　的社会"，那里的人"相信解决方案来自你对显著现实的审慎研究"。我点头并就启蒙原则和
　　经验主义小声嘀咕了几句。他打断了我："这已经不再是如今世界的运作方式了，"他继续说：
　　"我们现在有如一个帝国，当我们行动时会创造出自己的现实。当你审慎地研究这个现实的
　　时候，我们继续行动，继续创造新的现实，然后你可以接着研究，事情就是这样。我们是历
　　史的践行者，而你，你们，只能研究我们做了什么。"[Ron Suskind, "Faith, Certainty, and the
　　Presidency of George W. Bush" (2004)]

　　到底是历史创造了我们还是我们创造了历史呢？如果是我们（我）创造了历史，那何苦还要
去研究它呢？罗夫的相对主义当然现在已经被唐纳德·特朗普及他轮番上场的辩护人所取代，对
他们来说真理无足轻重。
2　还有另一种看待梅纳德—塞万提斯冲突的方式——即，看作库恩（或维特根斯坦）与克里普
克冲突的版本。对克里普克来说，指称是历史性的——有一个历史链条能回溯到初始的事实。而
对库恩和维特根斯坦来说，指称是一种社会约定，语言使用者之间就指称对象达成的约定。对克
里普克来说，意义可以改变但指称不变；对库恩和维特根斯坦来说，指称（不管在他们的体系里
指称到底是什么）改变了。

艾利尔多·约瑟夫·比萨，翻刻自古斯塔夫·多雷的插图，《堂吉诃德在他的图书馆》，约 1868 年，雕刻

呢？是梅纳德？塞万提斯？两者都不是？抑或两者兼具？[1]

博尔赫斯阐述了这**两个版本**——塞万提斯的和梅纳德的。并且将两者加以比较。如此一来，《梅纳德》俨然成了一篇关于翻译和解释的论文。我们不只在不同语种、不同理论之间做翻译；我们还会把一个文本翻译成它自身。全都归结为翻译。翻译又翻译。塞万提斯的《堂吉诃德》到梅纳德的《堂吉诃德》，反之亦然。或许不完全是翻译，但也差不离。我们还可以相当详细地描述这种翻译的得失。[2]

博尔赫斯创造了一个语言学的噩梦。语词的意义处于恒常的流变。语词、书籍和图书馆消失了。无限的图书馆。《梅纳德》在 1939 年 5 月问世——就在马德里被弗兰西斯科·弗朗哥（Francisco Franco）的军队攻克后不久。博尔赫斯一直深情疾书反对法西斯势力占领欧洲——尤其反对反犹太主义。"我徒劳地引用马克·吐温的智慧之语：'我没有种族歧视……我唯一在意的是知道一个人他属于人类——这就足够了；他不是别的什么劣种。'"[3]他的书中反对否定实在。在博尔赫斯 1941 年发表的《公民凯恩》（*Citizen Kane*）的影评中，他称这部

1　博尔赫斯的传记作者阿尔贝托·曼古埃尔（Alberto Manguel）详细记述道：

　　在《彼埃尔·梅纳德，〈堂吉诃德〉的作者》中，[博尔赫斯]认为一本书会随着读者的属性而改变……当然，彼埃尔·梅纳德是一个发明，一个精妙又滑稽的想象，但是一个文本会随着读者的设想而变化这一点已不合时宜……有一次，注意到我们现在以一种他难以想象的方式解读但丁，博尔赫斯回忆起 19 世纪神秘主义者斯科特斯·爱留根纳（Scotus Eriugena）的一项观察。根据《自然分裂》（*On the Divisions of Nature*）一书的作者所说，有多少读者就有多少种文本解读。（*With Borges*, pp. 63–66）

　　再多说一点。故事继续，晚年的埃里金纳后来前往英格兰继续教学。在那里，他被学生用长针刺死。学生与老师之间还真是以暴制暴，以牙还牙。

2　博尔赫斯关于哥特体小说《瓦泰克》（*Vathek*）写道："威廉·贝克福德（William Beckford）在 1782 年的冬天只花了三天两夜的时间来写下他的哈里发悲剧故事。他用法语写作；亨利于 1785 年将其翻译成英文。原文没有忠于译文；森茨伯里（Saintsbury）认为比起英语，18 世纪的法语不太适合传达这个不寻常的故事中的'不可名状的恐怖'（这个词来自贝克福德）。""On William Beckford's *Vathek*," in *Selected Non-Fictions*, pp. 238–239（强调部分是我的标注）。

3　"Two Books," in *Selected Non-Fictions*, p. 208.

电影《公民凯恩》截图，奥逊·威尔斯执导，1941 年

电影为：

> 一个形而上学的侦探故事……电影中充满了多样化却不协
> 调的表现形式：第一个场景记录了凯恩聚敛的巨大财富；而到
> 最后其中一幕，是一个奢华而痛苦的穷女人在一个既是宫殿又
> 是博物馆的地方，在地板上玩着巨大的拼图游戏。最后，我们
> 终于意识到那些碎片并没有一个隐藏的统一主题：被憎恶的查
> 尔斯·福斯特·凯恩是一个幻影，一种表象的混沌。[4]

博尔赫斯引用 G. K. 切斯特顿（G. K. Chesterton）的话作为总

4　"An Overwhelming Film," in *Selected Non-Fictions*, p. 258. 不管《公民凯恩》是不是一部伟大的
作品，但这一定是一篇最伟大的电影评论。博尔赫斯表面上评论的是《公民凯恩》，但他所做的更
像是关于他自己书的评论。关于语言、时间和记忆的形而上学的侦探故事——出于对他个人的文
字迷宫没有中心而只是一个幻影的恐惧。

结——"没有什么比一个没有中心的迷宫更令人恐惧了。"（出自切斯特曼的故事《恺撒之首》："'我们最害怕的是'牧师低声说，'一个没有中心的迷宫。这就是为什么无神论不过是一场噩梦。'"[1]）

没有中心的迷宫。对于信教的切斯特顿来说，它是无神论的噩梦，一个没有上帝的宇宙。对于世俗的博尔赫斯来说，它是表象的混沌——拼图的碎片永远无法组合成有意义的现实图景。而对于我这个来自长岛的世俗犹太人来说，它是一个无法解答的谜团。一场没有凶手的谋杀案。一个没有答案的世界。是主张没有客观真理的哲学带给我们的一场噩梦。究竟发生了什么？什么时候发生的？是谁做的？这些问题的答案究竟是什么呢？没有答案。

我最喜爱的书之一是伯特兰·罗素的小说《显要人物的噩梦》（*Nightmares of Eminent Persons*）。这是一部富有想象力的小说，写于他经济拮据，设法支付抚养费期间。[2]"接下来这个'噩梦'可称之为'理智的路标'"，罗素写道：

> 孤立地来说，每个孤立的激情都是疯狂的；理智可以被定义为疯狂的综合体……如果有谁希望在一个危险的世界中保持理智，他就应该在头脑中组织起一个恐惧的议会，将这些恐惧

1　Chesterton, *The Wisdom of Father Brown*, p. 150. 博尔赫斯大概将切斯特顿的话先翻译成西班牙语，再以略微不同的形式重新翻译回英语。这段话仍然是完美的智慧之语。但我更喜欢博尔赫斯两次翻译之后的切斯特顿。

2　关于1953年圣诞节前后的经济窘迫，罗素回忆道："那时的经济负担沉重且令人不安：我已经将价值超过1.1万英镑的一万英镑诺贝尔奖支票支付给我的第三任妻子，现在我要继续向她和我的第二任妻子支付抚养费，还要负担小儿子的教育和度假的费用。除此之外，与大儿子医药费相关的支出也很高；他多年来漏缴的所得税如今也落到我的头上。无论前景多么令人愉快，支持和教育他的三个孩子都是困难重重的。*The Autobiography of Bertrand Russell*, vol. 3, *1944–1969*, p. 89. 另参见 *The Collected Stories of Bertrand Russell*, p. 211。

查尔斯·W. 斯图尔特，伯特兰·罗素《显要人物的噩梦》中的插图之《存在主义者的噩梦》，1955 年

逐一地被其他恐惧投票否决。[1]

在罗素的众多噩梦中，他个人的恐惧议会包括"斯大林的噩梦""精神分析师的噩梦""形而上学者的噩梦""鲍德勒博士的噩梦"——一个充满假设的目录。以及"存在主义者的噩梦"。假如存在先于行动且存在主义者无论如何都存在，那么会如何呢？即使坐在一个黑屋子里什么都不做，他依然是存在的。最终，存在主义者尖叫着："我不存在。我不存在。"坡（Poe）的乌鸦出现了，用一种法国诗人史蒂芬·马拉美（Stéphane Mallarmé）的腔调说：你**当然**存在。你**当然**存在。是你的**哲学**不存在。

1　Russell, *Nightmares* (1955), introduction.

罗素虽然没有写过"后现代主义者的噩梦",但是其实也不难想象他会怎么写。后现代主义者坐在椅子里。一个空洞的声音一遍又一遍地重复着:"真理存在。实在存在。"这位后现代主义者尖叫起来:"不,不存在。"那个声音严厉地回答:"哦,是的,存在。如果你不信,那你何不试试从那个窗户里跳下去呢?我们在三十九楼。"

接下来是我最喜欢的部分,"形而上学者的噩梦"。方舟教授(Professor Squarepunt)结束了对毕达哥拉斯(我对这些不熟)一天的研究,进入了梦乡。戏剧性的一幕出现在他的梦里。如罗素所描述的那样,这场噩梦中的数字"并不是他先前所认为的那般无血肉。它们是有生命、会呼吸的物种,具有他习惯在他的数学家同事们身上看到的所有激情。"奇数是男性,偶数是女性。但是在正中间站着一个蒙面的 π。他是典礼的司仪。用一双犀利的眼睛带着冷酷的寒光望向大众。就像蛇发女妖一样令人无法注视,夺人性命。"数字们围着方舟教授和 π 在一场巨大而复杂的芭蕾舞剧中翩翩起舞。"一场整数的芭蕾舞剧。然后,数字们彼此争吵了起来。这位数学家看向 π 以寻求帮助。π 用洪亮的声音宣告:"安静!否则你们就会变得不可通约了。"[1]

刘易斯·卡罗尔——19世纪伟大的逻辑学家之一——创造了他自己的语言寓言并对意义、语言和真理做了考察。[2]这些主题贯穿于他大部分的工作中。在《爱丽丝镜中奇遇》(*Through the Looking-Glass*)爱丽丝与矮胖子的对话中,矮胖子——一枚坐在墙上摇摇欲坠的矮胖的蛋——提出了一个问题,我们是否可以随心所欲地决定语词的意义呢?如果不能,那么又是由谁——如果有的话——来决定言语的意义呢?他

1　*Nightmares*, pp. 42, 45.
2　如果要我提供一个哲学入门课程,我的教学大纲将只包括四本书:罗素的《显要人物的噩梦》和《哲学问题》,以及《爱丽丝梦游奇境》和《爱丽丝镜中奇遇》。

的回答脱口而出。如果你想知道一个词的意思，就问矮胖子。语词的意义矮胖子说了算。很容易把它视为烟灰缸论证的一个早期版本：

　　"我不知道你说的'荣耀'是什么意思。"爱丽丝说。

　　矮胖子轻蔑地笑了笑。"你当然不知道——除非我告诉你。我的意思是'我有一个压倒性的漂亮论证来对付你！'"

　　"但是'荣耀'的意思不是'我一个压倒性的漂亮论证'。"爱丽丝反驳道。

　　"当我使用一个词的时候，"矮胖子用一种相当轻蔑的口吻说，"它的意思就是我给它选定的意思——不多也不少。"

　　"问题是，"爱丽丝说，"你怎么**能使语词**意指那么多不同的事物。"

　　"问题是，"矮胖子说，"哪个要被掌握——就这么简单。"

　　爱丽丝困惑得说不出话来，一分钟后矮胖子又开始了。"他们都有自己的脾气。有些语词特别是动词，很傲慢；形容词你让它们怎么样都行，但是动词不行——但是，**我**能统领一切！不可侵犯！这就是**我要说的**！"

不可侵犯就像不可通约一样！

　　"能不能请你告诉我，"爱丽丝说，"那是什么意思？"

　　"现在你说起话来像个理性的孩子了。"矮胖子说，看上去很满意。"我说的'不可侵犯'是指我们已经受够这个话题了，你最好说说下面要做什么，因为我想你也不会想要就此停下，如此度过余生吧。"

　　"对一个语词来说这意思可有点多。"爱丽丝用深思的语

HUMPTY DUMPTY

Lewis Carroll

Illustration by Sir John Tenniel

Humpty Dumpty
  sat on a wall:
Humpty Dumpty
  had a great fall.
All the King's horses
  and all the King's men
Couldn't put Humpty Dumpty
  in his place again.

约翰·坦尼尔,《矮胖子》,刘易斯·卡罗尔所作童谣的插图,雕刻

气说。

"当我让一个语词像这样承载太多的时候,"矮胖子说,"我通常会额外付钱的。"[1]

但卡罗尔没有告诉我们矮胖子对指称的看法。(可能他从墙上摔下来之后就对语言哲学失去了兴趣。)不过,有一个奇怪的段落可能受到

1　*The Annotated Alice*, p. 213. 马丁·加德纳(Martin Gardner)给这段话做了两个注释:(1)"在他的文章《指称的舞台与精神》("The Stage and the Spirit of Reverence")中,卡罗尔这样写道:'语词并没有一个与之相联的不可分的意义;一个语词的意义取决于说者的意图和听者的理解,仅此而已……'"(2)"刘易斯·卡罗尔充分地意识到矮胖子异想天开的论述背后在语义学上的深刻性。矮胖子秉持的是中世纪被称为唯名论的观点;共相词项并不指称客观存在,而不过是空谈、口头的发言……"

位于伊利诺伊州克里斯特山的斯泰特维尔惩教中心，1928 年 4 月 7 日。这座监狱由呈环形分布的牢房和中央警卫塔组成，遵循英国哲学家和监狱改革者杰里米·边沁的圆形监狱设计

了密尔的影响，并预示了克里普克的一些想法。爱丽丝对矮胖子的反驳。名称（或集合词项）一定得有什么意义吗？

　　"别那样傻站着，自言自语个没完，"矮胖子说，并第一次看着她，"告诉我你的名字和你要干什么。"

　　"我的**名字**叫爱丽丝，但是——"

　　"真是个蠢名字！"矮胖子不耐烦地打断她。"这名字的意义是什么？"

　　"名字**一定**要有什么意义吗？"爱丽丝疑惑地问道。[1]

1　*Annotated Alice*, p. 208.

对我来说，库恩就是那个专横的矮胖子，大（但终究是脆弱的）独裁者。刚愎自用的独裁者。一个控制过去的独裁者——他将历史调整为一个巨大的监狱——类似于杰里米·边沁（Jeremy Bentham）的圆形监狱，一种沿圆周分成一个个小隔间的圆形建筑。"这些**隔间**彼此独立，这样从圆周指向中心以**半径**形式竖起的**隔板**就阻隔了犯人们之间的所有交流……监狱巡查员的房间设在中心位置，如果你愿意的话可以叫它**巡查员的小屋**。"[1]犯人彼此之间无法交流，有话只能和巡查员说。

设想一座**时间**和**空间**的圆形监狱。在这座历史范式的监狱中，只有库恩设在建筑中心的小屋才能将一个范式中词语的意义与另一个范式中的加以比较。

但是谁给了库恩这个作为终极观察者的特权呢？

而且，这难道不是一个更为久远的故事？起源于圣经？像不像巴别塔的故事？

詹姆士王（King James）钦定本，《创世纪》第 11 章：

> 1 天下人的语言和口音都是一样的。
>
> ……
>
> 5 耶和华降临，要看看人子所建造的城和塔。
>
> 6 耶和华说："看哪，人民都是一体的，他们都用一样的语言；他们既已做起这事来：如今他们想做的事就没有做不成的了。"
>
> 7 走，我们下去，在那里混淆他们的语言，使他们不能理解彼此的话。
>
> 8 于是耶和华使他们从那里分散在全地上：他们就停工，不造那城了。

1　Bentham, *The Panopticon Writings*, p. 35.

阿萨内修斯·基歇尔,《巴别塔》,1967 年

9 所以那城就叫作巴别城;因为耶和华在那里混淆了天人的语言:从那时起,主将众人分散到全部大地上。

将不可通约性和巴别塔相比较是不是有点夸张(或者不合理)?上帝对那些妄想建造一个直抵天堂之塔的狂妄自大者们感到震惊,而库恩披着造物主的伪装,对科学家们妄图对宇宙逐渐理解并趋向真理而感到震惊?从高处射来的第一支箭将交流分割成多种语言(和意义),

"使他们不能理解彼此的话。"科学是人类的**通用语言**吗？是通往进步和真理的路吗？库恩是邪恶之神吗？他否认科学家可以相互交流，尽管很显然他们可以交流。[1]

奥地利犹太作家斯特凡·茨威格（Stefan Zweig）在20世纪二三十年代所写关于巴别塔的论文中说：

> 人类最痛苦的时刻来临了。突然一夜之间，在工作中人们无法彼此理解。他们大喊大叫，却对彼此的话语没有任何概念，以至于彼此暴怒起来。他们扔下砖头、镐头和泥刀，开始争论和吵嚷直到最终荒废了他们的公共事业，都各自回到自己的家园。他们分散于田野和森林里，在那里各自建起既够不到云也够不到上帝的房子，只能给各自的身体和睡眠提供庇护。巴别塔，这个巨大的建筑，被荒废了；风和雨逐渐撕开了快要抵达云霄的护栏，整个建筑一点一点地崩塌、倾倒、毁灭殆尽。很快，这件事成为只在颂歌中出现的传奇故事，人类青年时期的丰功伟业就这样被彻底遗忘了。[2]

人类最痛苦的时刻——但人类没有学会将一种语言翻译成另一种吗？难道我们不理解自己的惯用语吗？那么最后的异端邪说：我们不是都在交流吗？

1　真理是相对的这个观念还不是真正的妖魔鬼怪。问题在于相对真理的多个封闭系统——数据的无政府状态、托马斯·库恩地狱般的圆形监狱。创世纪中巴别塔的故事还不足以说明问题。奥古斯丁《上帝之城》（City of God）第16卷，第6章中讨论了这个问题，"因此，我不需要在这里继续解释上帝的话语。因为永恒真理要么亲自以难以言喻的方式对理性生物进行精神诉说，要么通过形式不定的生物进行诉说，不管是通过无形的图像传达我们的头脑还是通过有形的声音传达我们的感官"（vol. 5, p. 37）。跟随奥古斯丁的脚步，我们应该相信上帝的惩罚并没有剥夺人类获得"永恒真理"的权利。上帝不过是从人类原始语言中创造了一个方言大杂烩。

2　Zweig, *Messages from a Lost World*, pp. 54–55.

第 4 章

听着，老爸，这到底是怎么回事？

"如果能够统治这个世界一天的时间，你会做什么？"

"我猜除了废除现实我别无选择。"

——罗伯特·穆齐尔，《没有个性的人》

如果翻译是不可能的，那么译者们怎么会每天都好像在做这件事呢？这个问题是在我和希拉里·普特南讨论时浮出水面的，他曾经是库恩的批评者之一。[1]我问他范式转换、不可通约性、指称和信念，这些可以统统归结为翻译问题吗？我们能否将一种语言翻译成另一种语言？一种理论翻译成另一种理论？一种语言（比如塞万提斯的西班牙语）翻译成它本身？

普特南逝世于 2016 年，他一直在马萨诸塞州的剑桥市周边工作，曾是普林斯顿大学以及 MIT 的教授，而后于 20 世纪 60 年代来到哈佛大学。在犹太新年和赎罪日等犹太假日，哈佛大学的桑德斯剧院会举

1　2011 年 9 月 4 日，我在普特南位于马萨诸塞州阿灵顿的家中采访了他，并于 2015 年 11 月在那里进行了第二次采访。我们的交谈持续数小时之久，普特南给我做了一杯又一杯浓缩咖啡我才得以坚持下去。而他似乎不知疲倦。在第二次访谈时，《希拉里·普特南的哲学》（The Philosophy of Hilary Putnam）一书刚刚由在世哲学家图书馆出版发行，这本大部头的印刷品就堆在餐桌上。令人难过的是，在那之后不久，普特南就过世了。没了他，世界少了一点聪明才智。

行礼拜仪式，这是一座壮观的维多利亚—哥特式建筑，内部饰有精美的木雕。而普南特会与领唱者、拉比以及其他官员一起主持仪式。在那样的场合看到他总让我深感欣慰，这种感觉难以完全用语言来形容。我将他看作能引领我进入人生之书的人。

很少有哲学家能坚持如此长期地与一系列如此复杂的哲学问题搏斗。1970—1971年间，也就是我去普林斯顿大学的前一年，我曾住在剑桥市并旁听了普特南的授课。

希拉里·普特南：那么你怎么会来哈佛听我的课？你并不是哈佛的研究生。

埃罗尔·莫里斯：不是。那时我正申请科学史系。而您正在教授有关哥德尔证明的课程。

普特南：但是，我从没——我教的是一门关于哥德尔和科恩证明的高等数学系课程。

莫里斯：那原本应该是一门哥德尔的课，但您那时用的是毛的《红皮书》（*Little Red Book*）。

普特南：（大笑。）那一定是在六十年代，因为我72年就从PL（进步劳工党）退出了。[1]

莫里斯：那是1971年。

普特南：可能是。那时作为一个忠诚的进步劳工党员，我非常不愉快——很矛盾。我退了党，然后在72年冬天，我坐下来，用我的第一台电子打字机愉快地打起了字，开始写《"意义"的意义》。

莫里斯：是字球式的？

普特南：它上面有一个球。在那之前我只有传统打字机，像我父亲一

1　进步劳工党被看作一个毛主义政党。但是它在1972年终止了对"文化大革命"的支持，与中华人民共和国决裂。

样，他也是个作家。那是我的第一台字球式打字机。哦，我可喜欢它了！因为在那个时期我备受煎熬——试图做个忠诚的毛主义者，却变得越来越矛盾。如你所知，我有重新审视自我想法的习惯——

莫里斯：在这方面您是个传奇。[1]

普特南：我被毛主义所吸引，或者说至少是进步劳工党所秉持的左倾版本，因为他们声称没有任何实际存在的国家符合理想的共产主义。我一直致力于寻找的是一种符合传统马克思—列宁主义的信仰，而不是一个法西斯主义者或者斯大林主义者。那是一段恐怖时期。我处在极大的压力下，一方面是因为不知道收集那些政治材料是否会让我在监狱里待上几年。我犯了重罪，直到卡特总统特赦之前，我都可能要为此付出代价。[2]

莫里斯：当政府让你发疯时，怎么做是个问题。

普特南：我仍然认为自己是一个爱国的美国人。爱你的国家和爱政府是两码事。但是如果选一个茶党当总统的话，我就不知道还能不能将两者严加区分了。

莫里斯：从很多方面说，六十年代末七十年代初都是一个疯狂的时期。原则上来说，是因为越南，我那时是威斯康星大学麦迪逊分校的本科生。

1　普特南以反复改变自己在几乎所有方面的立场而闻名。他是赫拉克利特（Heraclitus）谚语的化身——不可能两次踏入同一个哲学。

2　吉米·卡特（Jimmy Carter）与1977年1月21日就职当天赦免了越南战争中的逃兵役者。兰斯·希基（Lance Hickey）在《美国哲学家，1950—2000》（*American Philosophers, 1950–2000*）的文章《希拉里·普特南》（pp. 226–236）中，详述了这个时期的普特南："1963年在MIT执教时，他组织了第一个由教师和学生组成的反战委员会。他对于大卫·哈伯斯坦姆（David Halberstam）的……声称美国正在通过毒害他们的稻米来'拯救'越南南部的农民，感到格外愤怒。随着战争继续，普特南的愤怒愈加强烈，1965年搬到哈佛大学后，他在那里组织了各种校园抗议活动，并结合马克思主义教授课程。他是那时校内最主要的反越战组织——民主社会学生联合会的官方顾问。"

普特南：那曾是一个风暴眼。

莫里斯：那曾是一个风暴眼。我在 1967 年参加过几次游行示威，1970
年夏天我在麦迪逊，当时反战激进分子炸毁了陆军数学研究中心。
我距那里只有四五个街区远。我记得听到了爆炸声。

1967 年示威游行非常凶猛。当时历史系研究生理查德·切尼
（Richard Cheney）和他的妻子林恩（Lynne）安全地住在校园另一边的
已婚学生宿舍。我正在巴斯科姆山上参加游行。校警和麦迪逊城警都
来了。学生被殴打和被催泪弹袭击。我安然无恙地下了山。

根据威斯康星大学历史学会网站上的一篇论文记载："有超过
57000 名威斯康星州人在东南亚服役；其中 1239 名没能回来。"总体而
言，美国共有 58 000 人死亡，150 000 人受伤。仅在 1969 年就有超过

威斯康星大学麦迪逊分校的反战抗议活动，1965 年

反陶氏化学抗议活动，通过威斯康星大学麦迪逊分校商务楼的一扇破窗看到的场景，1967 年

50 万士兵驻扎在越南，另外 120 万人驻扎在东南亚其他区域。[1] 在整个冲突中，超过 200 万越南人被杀。[2] 1200 万加仑的橙色药剂，一种化学落叶剂，被空投在越南。[3] 环境的破坏致使数百万越南人陷入贫困。

在 20 世纪 60 年代末 70 年代初，很难在谈论哲学时避开越南战争。这是当时每个人思考的一部分，不论是支持还是反对。这是一切的背景。普特南的激进主义可能与库恩的接受现状形成鲜明的对比。尽管库恩代表作的标题中有"革命"二字，但在他自己看来他的大作是"相当保守的"。在他死后出版的《结构之后的路》中包含了和瓦西

---

1 Wisconsin Historical Society, "Vietnam and Opposition at Home."

2 Robert S. McNamara, "The Post–Cold War World" (1991), p. 111.

3 Paul L. Sutton, "The History of Agent Orange Use in Vietnam" (2002). 另见 Michael F. Martin, *Vietnamese Victims of Agent Orange and U.S.-Vietnam Relations* (2008), p. 16。

利基·金迪的自传式访谈中库恩说道：

> 在［金迪］的一篇文章中，谈到了那些使我在六十年代不
> 受欢迎的事情是如何又让我在八十年代广受欢迎的。我认为这
> 是一个非常具有启发性和十分贴切的评价，但另一方面并不正
> 确：六十年代是一个学生反叛的时代。而且有人告诉我说："库
> 恩和马尔库塞（Marcuse）是旧金山［州立大学］的英雄。"这
> 就是那个写过两本关于革命的书的人……学生们常来找我说诸
> 如"谢谢您给我们讲解范式——既已了解，我们就可以摆脱它
> 们了。"所有人都自视为被压迫了。但我完全不这样看。我记
> 得在麻烦时期受邀参加一个普林斯顿大学本科学生组织的研讨
> 会，并做了演说。我不断地说："我不是那个意思！我不是那个
> 意思！我不是那个意思！"最终，我的一个学生，也可能是一
> 个参与了项目并引导我也参与进来的学生，来听我的演讲，并
> 对学生们说："你必须意识到根据你的想法，这是一本相当保
> 守的书。"是的；我的意思是说，在某种意义上认为我试图将
> 它描述成最严谨的学科，在某些情况下最具权威性，抑或最具
> 创造性的新奇事物的话，那么，确实过于保守了。为了找到解
> 决这个**疑难**（aporia）的办法，我必须先将它建立起来；当然，
> 将它作为一个**疑难**建立起来又会遇到各种各样的阻碍。所以，
> 很难说清我那时的感受。我想我被——我本想说被苛刻地对
> 待——严重地误解了。[1]

1　Kuhn, *Road since Structure*, p. 308. "aporia" 这个词的使用具有提示性和讽刺性。我查阅了一下以确保我的理解具有坚实的基础："An irresolvable internal contradiction or logical disjunction（一个无法解决的内部冲突或者逻辑分离），"这是第三版《新牛津美式英语词典》上的定义。而《牛津英语词典》（*OED*）提供的定义要模糊一些——"a perplexing difficulty（一个令人困惑的难题）"。库恩坚定地抱怨自己被误解和苛刻的对待——但误解恰恰来自他自己理论中的内部冲突。为什么我感觉库恩大部分时间都在恐惧中奔跑？像一个随时要被揭发的南郭先生？

第 4 章　听着，老爸，这到底是怎么回事？

普特南和我继续讨论他的激进主义和他那名不副实的哥德尔课程。

莫里斯：您那时从没讲过哥德尔。但您讨论过赫恩斯坦和 IQ 测试。（理查德·赫恩斯坦（Richard Herrnstein）撰写了一本富有争议的关于智商遗传的书。）您举了一个例子——我想那是一个多选题——关于"Angler"这个词。您还记得吗？

普特南：不记得了。这些过去的故事对我来说像是一个我会想要认识的有趣家伙的故事，或者正相反。

莫里斯："Angler"。选项里面有"（A）渔民"，然后是"（B）登山者"。来自哈莱姆山区的学生会回答（B）登山者。

普特南：沿着一个角度向上走。我们甚至意识不到这是一种文化偏见。或许是因为人们根本不想知道。

莫里斯：是的，人们总是倾向于**不去**了解。

普特南：圣阿奎纳（St. Aquinas）用过一个词。我得去查查。意思是"因为你不想知道某事，所以才会**不知道**"。

我们坐在普特南位于马萨诸塞州阿灵顿的堆满书的客厅里。与他结婚五十余年的妻子，韦尔斯利学院教授露丝·安娜·普特南（Ruth Anna Putnam）正在厨房里写作。一个女性的声音传来："故意的无知（Willful ignorance）。"毫无疑问，他们就是这样单独工作、又彼此配合着度过那些漫长岁月的。一屋之隔。我认为这一定就是真爱的奥义了。

普特南：故意的无知？我不确定。我记得是一个拉丁语词。我得去查一查。[1]

1　引自 Thomas Aquinas, *Summa Theologica*, 第 I—II 部分，第 76 题，文章 1—3。

莫里斯：我想与您谈话的原因之一——一方面是希望重温那个时期：六十年代末，七十年代初；另一方面是想正视我作为库恩研究生的那段经历。在《理性、真理与历史》(*Reason, Truth and History*)中，有一段您提到库恩对不可通约性的使用不融贯。

普特南对库恩的批评中有很多观点与我相通。（我真希望当烟灰缸扔向我的时候他能在那里替我防卫。）他写道：

> 不可通约性理论是这样一种理论，即在一种文化中所使用的术语，比如，17 世纪科学家所使用的"温度"这个术语，无法在意义和指称上与**我们所掌握的术语或表达相对等**……如果这个（不可通约性）理论是正确的，那么我们是根本无法翻译其他语言的——甚至是我们自己语言的过去阶段……既说伽利略持有与我们"不可通约的"概念，**然后又继续详尽地对其加以描述，这完全是不融贯的**。[1]

我把这一段读给普南特听。

普特南：是的。我仍然坚持对库恩的这一看法。对我来说他太反实在论了，超出了我能容忍的极限。

莫里斯：对您来说太反实在论了？

普特南：是的。他总是用各种方法逃避问题。在我们漫长的辩论过程中——这么多年了，我很了解他——我最初的问题是"瞧，我们可以谈谈草。对于具有平均教育水平的人来说，植物依靠光合作

1　Putnam, *Reason, Truth and History*, pp. 114–115. 从本质上说，他告诉我们，应该对那些劝说禁欲然后又试图引诱听众的人始终保持怀疑态度。

用生活这是一个必然的事实。"

莫里斯：茶党可不会接受。

普特南：（大笑）如今，"草"的概念与诸如"叶绿素""光合作用"等概念相互关联。所以，如果全部不可通约，那么"草"就无法翻译——教科书无法翻译，出现在一本18世纪英文小说里的"草"这个词也无法被翻译成20世纪的英语。约翰·奥斯汀（John Austin），我非常钦佩其文字天赋，关于哲学家们曾经这样说道："在哪说的，在哪收回。"[1]所以，库恩说不同的理论寓于不同的语词，然后他又收回了他的话。从一个分析哲学家的角度看，他搞错了。根据库恩的说法，要想说清一段古文的含义，你得在现代科学用语中找到这个旧概念的同义词才行——其实不然。绝对不是这样的。我父亲就是一位翻译家——塞缪尔·普特南版的《堂吉诃德》就是我父亲翻译的。现代图书馆出版。每个译者都知道，你必须对人们在说什么加以解释，即使是在**找不到**准确同义词的情况下。这方面的典型例子是本杰明·李·沃尔夫。

美国语言学家本杰明·李·沃尔夫（Benjamin Lee Whorf，1897—1941）一生中的大部分时间都在哈德福德保险公司工作，就像诗人华莱士·史蒂文斯（Wallace Stevens）。沃尔夫在他去世后十几年才得以发表的语言学论文，被纳入一本名为《语言、思想与实在》（*Language, Thought, and Reality*）的书中。沃尔夫的核心思想——有时被称为"语言相对论"或萨丕尔—沃尔夫假说，以他和他的老师爱德华·萨丕尔命名。这一假说认为我们所看到的世界是由我们所使用的语言决定的。不同的文化——例如沃尔夫所研究的霍皮族和萧尼族——拥有不同的语

1　J. L. Austin, *Sense and Sensibilia* (1964), p. 3.

言意味着族民们所看到的世界是不同的。

分别用英语和萧尼语表达我用推弹杆清理枪支的示意图（来自本杰明·李·沃尔夫，《语言、思想与实在》，第 267 页）：

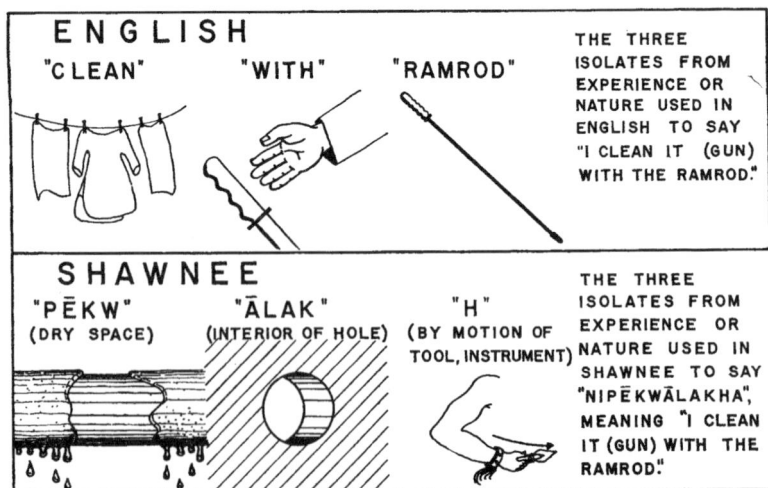

```
ENGLISH
"CLEAN"      "WITH"      "RAMROD"          THE THREE
                                           ISOLATES FROM
                                           EXPERIENCE OR
                                           NATURE USED IN
                                           ENGLISH TO SAY
                                           "I CLEAN IT (GUN)
                                           WITH THE RAMROD."

SHAWNEE
"PĒKW"       "ĀLAK"           "H"          THE THREE
(DRY SPACE)  (INTERIOR OF HOLE)  (BY MOTION OF   ISOLATES FROM
                              TOOL, INSTRUMENT)  EXPERIENCE OR
                                           NATURE USED IN
                                           SHAWNEE TO SAY
                                           "NIPĒKWĀLAKHA",
                                           MEANING "I CLEAN
                                           IT (GUN) WITH THE
                                           RAMROD."
```

不同的语言以不同的方式切分自然。以用推弹杆插入枪膛清理枪支这一经验性动作为例，在英语和萧尼语中的表述在含义（思想）上有三处明显不同。而代词作为符号在两种语言中彼此映照。萧尼语中的"ni"和"a"对应英语中的"I"和"it"

事实上，沃尔夫认为霍皮族因其语言的结构而对时间有不同的概念。霍皮族、萧尼族以及我们（用库恩的话说）生活在不同的语言世界：

> 我们按照我们的母语所设定的方式来切分自然。然而从现象世界中分离出那些范畴和类型我们无须刻意为之，因为它们对每个观察者来说是显而易见的；与之相反，世界以万花筒般的印象漩涡呈现在我们面前，我们必须靠自己的意识将其组织起来——这很大程度上依赖于我们头脑中的**语言体系**。[1]

1　Whorf, *Language, Thought, and Reality* (1956), p. 213.（黑体是我加的）。

第 4 章　听着，老爸，这到底是怎么回事？

　　沃尔夫的观点是我们的语言体系限制了我们能思考什么、不能思考什么。[1]实在必然来自我们的语言体系，而不是相反。沃尔夫是库恩思想的先驱吗？沃尔夫写道：

　　　　因此，新的相对性原理被引入，相同的物理证据不会在所有观察者中产生相同的宇宙图景，除非他们拥有相似的语言背景，或者他们的语言背景能够以某种方式公度。[2]

　　那么普特南是怎么想的呢？

普特南：库恩说，既然你不能将牛顿物理学用同义词逐字逐句翻译成相对论物理学，那么——按照库恩的说法，无论如何——两者都是不可通约的。库恩在回答你的反驳时可能会变换立场说："是的，但这不是说我不能描述牛顿物理学的世界是什么样子的。**不可通约并不意味着我们不能描述它。只是说，我们不能翻译它。**"

莫里斯：你可以描述，但你不能翻译？！

普特南：是的。对库恩来说，最终取决于他的反实在论，他拒绝谈论任何现实对象。因为，如果你认为我们现在的术语指向的是外部世界中真实的东西，那么你就能知道牛顿时代的人在谈论距离时所指称的是什么。

莫里斯：这是一种慰藉——当你在谈论什么（something）时，你真

1　史蒂芬・平克（Steven Pinker）在《语言本能》（*The Language Instinct*, 2000 , pp. 48–57）中，一针见血地批评了萨丕尔—沃尔夫理论。哲学家唐纳德・戴维森也嘲讽沃尔夫语言的相对主义理念，将其与库恩联系起来："为了试图证明霍皮人应用了一种与我们截然不同的形而上学，使得霍皮语和英语之间，按他所说的，不能'公度'，沃尔夫使用英语来表达了霍皮语例句中的内容。库恩就非常精通于用革命后的语言——不然还能用什么呢？——来表述革命前事物的样子。"（*Inquiries into Truth and Interpretation*, 1984, p. 184. ）

2　Whorf, *Language, Thought, and Reality*, p. 214.

的在谈论**某个东西**（*some thing*）。即使我们的信念变了，我们的指称却不会！正如您所说，语言被译了又译，语词有增有减。我们的信念处于流变之中，但这并不意味着指称也会随波逐流。在《命名与必然性》中，存在着一种实在论，一种感觉你在紧握着——

普特南：对。那正是克里普克的用意所在。

莫里斯：您是什么时候知道克里普克那三场讲座的（即《命名和必然性》）？

普特南：是我在写《语义学是可能的吗？》（"Is Semantics Possible?"）时，那时我在哈佛大学教授一门语言哲学课程——非毛主义的语言哲学课程，那是我第一次试着表述意义不在头脑之中等观点。此前，我在 MIT，并在那儿建立了哲学系。杰里·福多（Jerry Fodor）是我聘用的教员之一。福多和我在如何研究语义学方面争论不休。他们谈论了一系列语义学规则，那也正是我与费耶阿本德所争论的。[1] 但后来我想："等等。我用这一系列语义学规则谈论的是什么呢？在这一系列的语义学规则下，我要如何抓住'黄金'这个词的意义？"我开始思考。我想道："不，我依赖于范例。我依赖于专家。我依赖于这世上的其他人。"这些就是我在哈佛的课堂上所概述的探究。我当时完全不知道克里普克也在思考这个问题。

在 1968 年西雅图举行的夏季研讨会上，我发表了自己的看法。[2]

1　普特南在他 1965 年的文章《如何不谈论意义》（"How Not to Talk about Meaning"）中对费耶阿本德进行了批评。

2　"大卫·卡普兰（David Kaplan）出席了我的演讲，并写信给我说：'我记得你迅速使我醒悟，一个自然类词的含义（决定了它在可能世界中的延伸）是我们所"抓住"的东西，正如卡尔纳普原本要说的那样。如你所言，它并非存在于头脑里。在你说出来的那一刻，就让人感觉是对的。'" Putnam, "Intellectual Autobiography," in *The Philosophy of Hilary Putnam* (2015), p. 78.

而后，我在密歇根大学做了相关演讲。实际上，我们在全国各地巡回。后来，我卷入了反越战风波，所有这一切都被搁置了。但我意识到，我渴望哲学。我向我的"同志们"宣布退出之后——我没有说的是，比起他们我宁愿活在尼克松统治下——我在打字机前坐下来，打出了《"意义"的意义》。基本上，我与克里普克形成了统一战线。我们成为了盟友。[1]

《"意义"的意义》——普特南最著名的论文——是一个哲学问题的聚宝盆。跨可能世界的同一性；关于指称的一个外在主义理论；意义的恒定性；自然类词的本质或天性——很多的思想和观点，令人叹为观止。[2]但是如果说克里普克摒弃了指称的描述语，那么普特南又将其吸收回来。他定义了一个四元组 $<x_1, x_2, x_3, x_4>$ 来反映我们用"意义"所意指的东西。只有 x_4 指向我们头脑之外的某个事物，其他项都存在于我们的头脑。我称其为"杂物袋方法"。[3]克里普克的进路则截然不同。克里普克的理论类似一个犹太厨房——描述语和信念在一个水槽中，而指称在另一个里。语言学上的饮食禁忌限制了两者的混淆。

1　伊恩·哈金（Ian Hacking）在《普特南关于自然类及其名称的理论与克里普克不同》（"Putnam's Theory of Natural Kinds and Their Names Is Not the Same as Kripke's," 2007）一文中对此进行了讨论。

2　后来有整本的书籍、无数的杂志文章专门研究普特南的论文《"意义"的意义》。例如参见 Andrew Pessin and Sanford Goldberg, *The Twin Earth Chronicles* (1996), p. xi:

　　"心理状态并不决定外延这件事现在可以借助一点科幻来呈现。"1975年希拉里·普特南用这句简单的话改变了哲学的面貌。孪生地球假设就像恐龙时代传说中的流星一样带来了爆炸性的影响；自那时起，它一直在哲学领域激荡。由于它的影响远远超出其原始领域语言哲学和心理学哲学，几乎没有任何现代分析哲学领域是不受其影响的。孪生地球假设以及使之闻名于世的文章《"意义"的意义》大概谱写了半个世纪以来最具影响力的哲学篇章。因此在1995年，为庆祝其诞生20周年，我们在本卷中收集了一些由那些最优秀哲学家所撰写的关于孪生地球及其影响的杰作。

3　我微不足道的见解是，这种进路给已经混乱不堪的问题又增添了混乱，并催生了修正版的描述语理论。不同于约翰·塞尔的簇描述语理论，普特南提出了一个四重描述语理论。两者都反对克里普克对一般而言的描述语理论的怀疑论论证。

在标题为《意义存在于头脑中吗？》的章节中，普特南做了一个思想实验——孪生地球（Twin Earth），目的是说明"（说话人的）心理状态不能决定外延。"（普特南将**外延**等同于弗雷格的 *Sinn* 或"含义"，将其与**内涵**区分开来，类似于弗雷格的 Bedeutung 或"指称"。）

> 作为下面这个科幻例子的基础，我们假设银河系的某个地方有一颗行星，我们称作孪生地球。孪生地球与地球非常相像；实际上，孪生地球上的人甚至也说**英语**。实际上，除了我们在这个示例里特意提到的区别之外，孪生地球与地球**完全**相同。[1]

普特南写下"**完全**"二字时，他假设我们与孪生地球上的人在任何方面都如出一辙——大脑处于同一状态；使用相同的语言，相同的语词。然而，他们语言**意指**不同的事物：

> 孪生地球的一个特别之处在于那种被称作"水"的液体并不是 H_2O，而是一种化学式非常冗长而复杂的液体。我将其化学式简化成 XYZ。我假设 XYZ 在常温常压下与水并无二致……如果有一艘太空船从地球前来造访孪生地球，那么起初就会认为地球上的"水"与孪生星球上的有着相同的意义。当发现孪生地球上的"水"是 XYZ 的时候，这个错误设想才会被纠正，然后地球太空船会发送类似下面的报告：
> "在孪生地球上，'水'的意义是 XYZ。"[2]

普特南将这个科幻例子的时间设置倒回至 1750 年以增加筹码。

[1] "The Meaning of 'Meaning'," p. 223.
[2] 同上。

1750 年无论是在地球上还是在孪生地球上，没有人知道水是 H_2O 还是 XYZ。普特南仍然认为，"水"指向的是（由于对普特南来说指称是意义的一部分，意味着）两种不同的东西。

如果孪生地球与地球**完全**相同，因而孪生地球上的人与地球人也**完全**相同，那么我们与孪生地球上相对应的人也处于相同的心理状态。我们不是规定了没有任何不同吗？但是，我们头脑中所想却不能决定指称，因为在地球上我们说到"水"时指向的是 H_2O，而在孪生地球上却指向了不同的东西，也就是 XYZ。**外部**世界是必须要加以考虑的。

论文后面的部分，普特南放下"科幻例子"转而讨论"可能世界"。他将此举视为与克里普克统一战线。但是，尽管普特南初衷很好，这部分却产生了混乱。克里普克在《命名与必然性》中竭尽全力地澄清他所说的可能世界的意义。他还明确警告我们：可能世界是一种想法，而不是一个地方。重要的是，那不是一个你能乘坐太空船抵达的地方：

> 在这本专著（《命名与必然性》）中，我反对那些对可能世界这个概念的误用，即将其描述为遥远的行星，或者在另一个空间里存在的、与我们周围景物相似的东西……我认为用"世界的可能状态（或历史）"，或者"非真实的情形"来形容可能更恰当。一个人至少应该提醒自己，"世界"词常常可以用模态的说法——"……是可能的"来代替。

他在几页之后继续写道：

> 当然，使用"可能世界"的哲学家必须小心，他的技术手段不会促使他去问这样的问题，其之为有意义，并不为有关可

能性的原初直觉所支持，这种直觉使其手段有其精要。[1]

普特南告诉我们"意义不在头脑之中"，但他的内在逻辑可能表述为"意义不只在头脑中"更为合适。[2]将克里普克与普特南加以比较是困难的，一部分原因是他们持有不同的意义和指称理论。普特南一只脚踩在心理（或语义学）世界，另一只脚踩在现实世界。而克里普克是单声道的。他有且只有一个立足点。（像只蜗牛？）对克里普克来说，自然类词像专名一样，有指称却无意义。因为意义（即头脑中的任何事物）无法确保指称，他认为直接从他的宇宙学中摒弃意义要更为简便。"黄金"的"意义"就是"黄金"的指称——世上存在的那个东西就是金。仅此而已。[3]（就像《爱丽丝镜中奇遇》中爱丽丝问矮胖子："名字一定要有什么意义吗？"）我们并非要访问别的行星——无论是不是想象中的。我们在探讨的是关于必然性和可能性——关于这个世界中的事物本性。

普特南：我试图为克里普克式的语言辩护。所有这些关于可能世界的问题。我想：一个可能世界只是一个故事。[4]我曾经说过，那些我认为是某些事物本质的东西——我现在还是会这样说——有赖于一个科学研究的传统。克里普克并不同意："不，科学关乎对本质的发现。你把事情弄反了。"

1　Kripke, *Naming and Necessity*, pp. 15, 18.

2　当普特南打出（用他的 IBM 字球式打字机）"意义不在头脑之中"时，就像是一个口误。尽管他嘴上说的是"意义是指称"，与克里普克的《命名与必然性》相一致。但是他走向相反的方向，重新陷入他的多维度意义理论里。

3　此学说引发了无止境的混乱。克里普克并不是说我们缺乏对命名对象或者对于名称的信念——只是这些信念并不牵涉指称。

4　我会对此加以限定。一个可能世界是某种**类型**的故事。有些可想象却不可能的故事。

确实。对克里普克来说，科学是用来发现**本质**（或者说必然的属性）的。看来对于普特南来说，库恩太过反实在论，而克里普克又太过实在论了。

普特南：从微生物学家的观点看，老虎的本质是拥有某种 DNA。而对进化生物学家而言，本质隶属于某个群体。他们可能并不总能达成一致。有些生物体可能在某种定义下是一只老虎，在另一种之下却不是了。[1]在我看来，人类的旨趣在于在世界中扮演某种角色，而非某种程度上所暗示的，我们造就了这个世界。克里普克更形而上学。不过，如果你把可能世界局限在**物理上**可能的世界的话，克里普克的理论似乎运转良好。一旦你开始试图问有关**形而上**的可能世界，我不确定我理解**那是什么**。

讽刺的是，普特南的孪生地球并不是**物理上**可能的。（但并非不可设想或不可想象的。毕竟，普特南设想并想象了它。）有没有一个世界，一切事物都与我们的世界在物理上相同，除了"水"这个词指称 XYZ 而非 H_2O 呢？不，我想没有。这样一个世界的存在与所有已知的自然法则相抵触。记住，普特南要求一切保持不变，除了**一件事**。（莱布尼茨，可能世界的首倡者会反对。）你可以想象不可能之事，或自以为能想象不可能之事，而无关乎它在物理上或形而上是可能的。[2]

在《命名与必然性》中，克里普克写道：

1　基于杂交和表面形态学的林耐分类学思想已被基于基因和分子生物学的新思想所取代。整个物种思想可能都会被质疑。我会在第 8 章《进步的化身》对这个问题进行讨论。

2　对可想象性和可能性的混淆也会危及心灵 / 大脑同一性之争。我可以想象哲学上的僵尸，但是这意味着它们是可能的吗？莱布尼茨意识到了这一点。莱布尼茨权威尼古拉斯·雷切尔（Nicholas Rescher）写道："莱布尼茨哲学的一个基本原则是，纵使全能者也无法实现不可能之事。"［*On Leibniz* (2003)，p. 69］。

显然，黄金的原子序数是 79。具有原子序数 79 是黄金的必然属性还是偶然属性？我们当然有可能发现我们搞错了。这些观点所基于的关于质子、原子序数的整个理论，以及关于分子结构、原子结构的整个理论，**都**可能被表明是错的。的确，我们不是自古以来就知道这个的。因此，在这个意义上说，黄金可能被表明并不具有原子序数 79。假设黄金**确实**具有原子序数 79，那么不具有原子序数 79 的某种东西有可能是黄金吗？[1]

克里普克的答案是否定的。我们的物理法则（如果正确）不允许这种情况发生。那么，另一个与地球一模一样——除了"水"指称 XYZ——的行星，孪生地球，可能存在吗？我的回答是否定的。（我相信克里普克也会同意。）鉴于我们对科学——任何科学——的理解，不可能存在孪生地球。[2]

这一点为何重要呢？如果可能性仅仅是可想象性（或者可设想性），那么任何事都是可能的。仅凭想象一个世界，然后就此推导出一些关于**现实**世界的规律，这是一种欺骗。如果不存黄金的原子序数不是 79 的可能世界，那么我就断定了一些关于黄金本性的东西。一些关于我们这个世界的东西。（令克里普克获得其名副其实声名的观点之一，即存在一种**后验**的必然性——我们可以从经验中获知某些东西是必然的。）如果我们说（事实如此）黄金的原子序数为 78，那么它是铂金而**不**是黄金。如果我们说（事实如此）黄金的原子序数是 80，那

1　Kripke, *Naming and Necessity*, p. 123.
2　我对普特南的解读基于我对克里普克关于本质主义论证的理解。有人可能会说，普特南只是举例说明，不同语言中的同音异义词是如何指称不同种类的事物的，即便它们在质上是相同的。对我来说，性质相同而种类不同，这个想法本身就招致问题。如果水不可能是 XYZ，那么我认为在性质上与水无法区别的物质也是不可能存在的。这种物质要么就是水，要么它在质上就不可能和水一样。感谢巴里·林（Barry Lam）让我注意到这一点。

么它是铅。我们无法直接去重新定义"黄金"这个概念。我们得去修正我们对整个物理宇宙的理解。我们可以想象无数个孪生地球，那里除了一个显著的细节外，与地球别无二致。随你挑选。但想象某物并不能使之成真或成为可能——要不然我们可能都生活在一个托勒密式的宇宙里。[1]正如《亨利四世：第一部分》（*Henry IV, Part One*）中欧文·格伦道尔（Owen Glendower）与霍茨波（Hotspur）的交谈。

格伦道尔：我能从无尽深渊呼唤幽灵。

霍茨波：哈，我也能，任何人都可以；但是当你呼唤他们，他们真的会来吗？

格伦道尔：哈，表兄，我可以教你怎么使唤魔鬼。

霍茨波：那我可以教你怎么羞辱魔鬼，讲真话：讲真话就能羞辱魔鬼。

我们的谈话回到翻译上来。

莫里斯：这些关于语言和翻译的观点一定来源于您父亲吧？

普特南：我父亲翻译的《堂吉诃德》与之前的版本非常不同，然而随后的版本都与他趋于一致了。

莫里斯：我与莉迪亚·戴维斯（Lydia Davis）是朋友，我们很多年前一起在帕特尼中学读书。她现在已经是一位杰出的作家和翻译家。她最近翻译了《包法利夫人》（*Madame Bovary*）。她在《巴黎评论》（*Paris Review*）杂志上有一篇文章讨论了将福楼拜的法语翻译成英语时在很多用词上所遇到的困难。[2]她相信，即使在翻译中

1　托勒密宇宙图景显然是可想象的——至少有一个人，托勒密，想象了它。可它是可能的吗？宇宙可能是一个以地球为中心的宇宙吗？

2　这篇发在杂志博客上的讨论文章列举了福楼拜所用的 *bouffées d'affadissement*（接第 77 页注）

约翰·海因里希·傅斯礼,《霍茨波、华斯特、摩提默和格伦道尔的争论》(《亨利四世：第一部》,第3幕,第1场),1784年,布面油画

无法找到**精确的**同义词，你仍然可以精确地谈论这种不精确。你可以解释为何某个短语在某种意义上不恰当；你希望你可以作何改进，为何你没能把它用好。这可能也同样适用于科学术语。

普特南：我想在这个问题上稍稍回顾一下库恩的理论。这与库恩在不可通约性观点上的谬误有关。任何实在论者都有一点为库恩所不容，因为他不能容许一个现实世界的存在。事实上，库恩明确**否认**现实世界的存在。世界是变化的。某种意义上他是个观念论者。一旦你怀有**现实**世界这个概念，问题就不在于牛顿所指的是什么了。没有必要在我们的物理学语言中找到与牛顿具有**完全同义**的表述。或许那根本就是不可能的。但我们可以通过列举一个词的用法来说明这个词在其他语言中所表达的意思。

这就是我们吸纳外来语的一大原因，比如法语 flair（嗅觉，洞察力）这个词。我们时而引申，时而部分地改变它们的意义。例如，在英语中，某人的**魅力**（*allure*）是褒义的。但这只是它在法语中的用法之一。在法语中，某人走路的方式是他们的**魅力**。我们只取了它的用法之一。我们缺乏一种简短的方式来表达这些外来语所代表的意思。类似地，还有些词来自西欧语言，英语中没有词语能精确地表达那种含义。

当你与物理学家谈话时，问题在于你们使用的词汇是否有相同的指称。有些哲学家辩称牛顿物理学中的术语"质量"是含混不清的，现在我们在某些经典物理学语境中提到质量一词时指的是"**静止质**

（接第 75 页注）这个短语的多种翻译："厌恶的阵风 / 一种腐臭之气 / 陈腐的阵风 / 令人作呕的翻涌 / 令人作呕的沉闷 / 令人反胃的乏味阵风 / 停滞的沉闷 / 难闻的恶心 / 翻涌的恶心。"Davis, "Why a New *Madame Bovary?*" 另参见戴维斯关于翻译普鲁斯特（Proust）的文章，一篇关于语言的无限延展和可塑性的文章——词汇如何引领我们进入一个迷宫般彼此联系的世界，"Loaf or Hot-Water Bottle" (2004)。

量"，而在其他语境中是指"**相对论质量**"。好吧，即便这是**对的**，你仍然可以在给定语境的情况下确定它的指称，或者确定它的指称在两者间含混不清。所以，问题是这里是否存在保向的转移——

莫里斯：并不是说它们是不可通约的——

普特南："不可通约"这个词凭空制造了麻烦。库恩的意思是有一个术语它的**指称**无法用现有的词汇表达，还是有一个现有词汇表中的术语无法用另一个词汇表中的术语来确切描述出与其相同的**含义**？第二种说法更合理些，但是没有形而上的后果。库恩所**需要**的是指称的不可通约性，但他却无法提出一个论证来支持这一点，因为他根本不愿承认有指称这样的东西存在。

普特南意识到可设想性、可想象性和可能性之间的区别。并且意识到，并不存在一个水是 XYZ 的可能世界。他在《"意义"的意义》中如是写道。[1]但他认为，无论孪生地球的存在是否可能，都不影响他的论点。[2]我不同意。我始终留有这个论证是循环的疑虑。如果你想断言意义不只在头脑中，就去构造一个恰当的反例。通过构造一个想象

---

[1]　库恩对孪生地球假设的批判正源于此，在这一点上我同意他的观点。见 Kuhn, "Dubbing and Redubbing," pp. 309–310。但库恩误认为他可以通过批判普特南来否认克里普克。他通过将克里普克与普特南的理论混为一谈来对付克里普克（如果他确实对付过他的话）。他不是唯一这样做的人，但普特南与克里普克的观点其实完全不同。查尔斯·西尔弗（Charles Silver）在《意识的无效性》（*The Futility of Consciousness*）中写道："尽管如此，想象一个孪生地球仍然是有趣的，虽然它不可能存在，也因此不能作为例子来说明任何事。"用克里普克的话说，一个除了水是 XYZ 外，其他一切都与地球相同的可能世界是不存在的。就如同不存在一个 $\sqrt{2}$ 可以被表达成两个整数相除的可能世界。如果 $\sqrt{2}$ 不可通约为真，那么其必然为真，因此在**所有**可能世界都为真。

[2]　引自普特南 2011 年获得肖克奖的论文："不存在这样一种（可能的）化合物 XYZ 也没有关系，因为我们可以无论想象奥斯卡还是孪生奥斯卡都不懂这种深奥的知识（事实上，我都不确定我自己**知道**这一回事，除非被一位称得上'知道'的专攻科学哲学的前化学家告诉我这是如此）。问题在于，在一个完全可想象的情况中我们会怎么说，而不是那在化学上或物理上可不可能。"（"The Development of Externalist Semantics," p. 209.）

中的、不可能的可能世界，在那里"水"这个词指称 XYZ——即便我们不知道那是什么——我们并未解决我们如何**指称**事物的最根本问题。语词与事物之间是什么关系？克里普克和普特南，以及更早之前的伯特兰·罗素都写到过通过亲知获得知识。我们**亲知**水。我们也知道水就是 H_2O。克里普克没有问水是否可以是 H_2O 以外的东西。他问的是，如果"水是 H_2O"为真，那么这是否是必然为真？他用本质属性（由科学建立的本质）而不是描述语来锚定指称。如克里普克所书："'奶牛'和'老虎'这两个词当然**不会**像密尔所认为的那样，是字典用来定义它们那些属性的合取的缩写。科学是否能通过经验发现某些对于公牛或者老虎来说是**必然的**属性，这是另外一个问题，我会做出肯定的回答。"[1]

对我来说，最好是用克里普克自己的术语去批评他，而不是构造不恰当的例子（或反例）——即便这些论证似乎支持克里普克的观点。克里普克的例子是用来梳理关于指称能做到什么的直觉的。最终，我们想要把握并最终确定的是事物的本质。我们要确保指称绝对坚固。实际上，克里普克要告诉我们的正是他要使指称独立于理论。

熟知库恩著作的学生可能会反对这一观点。我看到教室后面举起了一只手。（哦，但愿他能快点说。）"普特南反对的只是**早期**的库恩，"这个学生说，"在后来的著作中，库恩修正了他的立场。"当然，库恩对第一版中的多个世界的设想在第二版的后记中做了修改——"鸡同鸭讲的交流参与者们要……把彼此看作不同语言团体的成员，继而成为翻译者。"[2]然而，库恩从未真正放弃过多世界或者社会建构的实在的想法。就在他去世七年前的 1989 年，库恩写道：

1　Kripke, *Naming and Necessity*, p. 128.

2　Kuhn, *Structure* (1970), p. 202.

长期以来，文学专业的学生一直理所当然地认为隐喻以及类似的修辞手法（那些改变词汇相互关系的手法）为我们提供了一个进入新世界的门径，并由此使得翻译变得不可能……但是客观地处理现实世界（如他们所做的那样）的自然科学通常被认为不存在这个问题。人们认为这些真理（和谬误）能超越时间、文化和语言变化，免遭蹂躏。但是我要说，他们的想法是不对的。[1]

得知希拉里·普特南的父亲翻译过《堂吉诃德》，我非常惊讶。我在索引中查找"普特南，希拉里"这个名字。第2部第51章的尾注2中提到了希拉里·普特南——这条注释还提到了伯特兰·罗素和阿尔福来德·诺思·怀特海（Alfred North Whitehead）。该注释是关于桑丘·潘萨（Sancho Panza）试图解决说谎者悖论的。[2]说谎者悖论的简化版是这样的："我这句话是错的。"如果这句话是对的，那它就错了，而如果这句话是错的，那他就对了。桑丘·潘萨重新诠释了这一悖论：有一条河将这片区域一分为二。一座桥横跨于河上。在桥的一端有一个绞刑架和一座法院以及四名法官，四名法官都执行以下法律：所有过桥的人都要宣誓他们要去哪以及原因。"如果他的誓言是真的，就被允许通过；但如果他说了假话，就会被处死……然后有一天，他们接受某个人的誓词时，那个人发誓并确认他的目的地是在绞刑架上被处死……除此之外，他再无目的。"法官们遇到了难题。"这个人发誓要

1　Kuhn, *Road since Structure*, p. 75.

2　塞缪尔·普特南（Samuel Putnam）的注释（Cervantes, *Don Quixote*, pp. 1, 207–208）写道："这是一则可以追溯到古希腊逻辑学家的古老悖论（与鳄鱼国王的故事、埃庇米尼德斯悖论等类似）。参见 Bertrand Russell and Alfred North Whitehead, *Principia Mathematica*, Vol. I, p. 61. 罗素发明的逻辑类型理论最先提出了一种在完全格式化的逻辑系统中规避所有已知悖论的方法。随后涌现出了很多其他方法，现代数学逻辑学家已经对这一课题进行了大量研究。（感谢我的儿子希拉里·怀特霍尔·普特南为此注释提供帮助。）"

到绞刑架上被处死，如果是这样，那他的誓言就是真的，按照法律他应该获得自由并被允许过桥；但如果不绞死他，他的誓言就是假的，那么按照同样的法律就应该绞死他。"[1]

桑丘为这个难题提供了几种奇特的解决方案。让这个人誓言为真的那一半安然无恙地通过；绞死他撒谎的另一半。但他警告说，如果按这种方法把这个人一分为二，他就会死掉，仍然无法维护法律的执行。然后，桑丘又提出了一个解决悖论的有力方案。当面对选择的时候，请选择人性化的那一个，基于同情、友善和慈悲来做决定。"你们所说的这个人既该死又该活……既然判其无罪和判其有罪的理由不相上下，那就应该让他通过，做好事总是比伤害更值得称赞。"[2]

希拉里·普特南声称他父亲的《堂吉诃德》是权威的译本。我想知道安德鲁·赫尔利（Andrew Hurley）在翻译博尔赫斯的《梅纳德》时是否将塞万提斯的段落从的西班牙原文重译为英语，还是借用了现有的翻译。我无须另辟他径。我比较了赫尔利和塞缪尔·普特南的翻译。一模一样——逐字逐句都一样。

2013 年 5 月，我打电话给赫尔利希望做进一步了解。

1　*Don Quixote*, pp. 996–998.

2　*Don Quixote*, p. 998. 说谎者悖论的另一个版本是刘易斯·卡罗尔《鳄鱼国王》的例子。这个悲剧故事是这样的：

> 一条鳄鱼在尼罗河岸边偷走了一个婴儿。婴儿的母亲请求把她的宝贝还给她。"嗯，"鳄鱼说，"你来说说我将会怎样做，如果说对了，我就还给你；如果错了，我就一口吞了他。""你会吞掉他！"心烦意乱的母亲哭着说。
>
> "现在，"狡猾的鳄鱼说，"我无法把孩子还给你：因为如果我那样做了，你就说错了，我就会吞了他。"
>
> "恰恰相反，"更加机智的妈妈说，"你不能吞掉我的宝贝：因为如果你那样做，那么我的话就应验了，而你答应过我，如果我说对了，就把孩子还给我！"（当然，我们假设这是一条守信用的鳄鱼；他的荣誉感超越了他对婴儿的贪婪。）

W. W. Bartley III, "Lewis Carroll's Lost Book on Logic," pp. 42–43.

安德鲁·赫尔利：我一直试图使用正规翻译——在那时每个人都认可的翻译——博尔赫斯时代或之前的翻译。而在那时，普特南的翻译绝对是正规的。

埃罗尔·莫里斯：为什么说是它"正规的"呢？

赫尔利：翻译普遍为人们所接受，那它就是正规的。《梅纳德》是30年代（1939年）问世的。一般来说，对于所有经典作品，总会有一个妇孺皆知的译本。你自然会想用它。但这个翻译版本的时代必须要早于你的故事，因为如果它是后于你的故事问世的，那么这会有损你的权威。翻译不能新于故事设定的年代，或者文本设定的时代。

莫里斯：翻译博尔赫斯的作品要格外困难，他对于翻译有着强烈的意识。我来举个例子。在《公民凯恩》的影评中，博尔赫斯引用了切斯特顿的话，然后我查看了切斯特顿的原文。但是，切斯特顿的原文与博尔赫斯的翻译并不相同，至少我读起来不同。这段引文来自一个布朗神父的神话故事《恺撒之首》。切斯特顿的原文（英语）是："我们最为恐惧的是……一个没有中心的迷宫（maze），"但是根据博尔赫斯的视角这段翻译回英语我认为是："没有什么是比没有中心的迷境（labyrinth）更可怕的了。"

赫尔利：那听上去就像是一句翻译，除非译者是因为博尔赫斯是因其迷宫论著称才会试图用到"迷宫"这个词。但在我看来，"迷宫"和"迷境"这两个词完全没有差别。

莫里斯：但这两个词对我来说有不同的意味。它们给我不同的联想。"迷宫"让我想到的是一个巨大的树篱，很多女贞树或黄杨木。而迷境让我想到一种古老的墓葬——马耳他的地穴。在阴影中，有牛头怪在等着我。

赫尔利：是的，是的。当写下"迷宫"而非"迷境"的时候，切斯特

哈尔·萨夫列尼地下宫殿，马耳他

顿一定知道自己在干什么。当他说没有中心时——他是一个称职的天主教徒。他需要一些**敬畏**。

莫里斯：可能是死亡。我想问**你**对于《梅纳德》的解读。你认为博尔赫斯把自己带入的是塞万提斯还是梅纳德？

赫尔利：博尔赫斯一向是"都/与"的。他从来不是"其一/或"的。我感觉在他的风格、语句、主题、动机，几乎你能想象或想到或捕捉到的关于博尔赫斯的一切，都是双重的，或者有时还是三重的。博尔赫斯不会选择其一。这是一个充满哲学难题而非哲学答案的世界。而且会一直如此。他喜欢成为现代的，也喜欢保持老式的。他享受自己的期望遭遇挫败。文本是可变的。即使是书也是无限可变的。他儿时做过一个噩梦，当你晚上合上书本，里面的字母会混在一起。这也正是博尔赫斯对文学的看法，即文学会持续变得混乱不堪。

莫里斯：博尔赫斯正在撰写关于语言易变性的故事。但你是相信翻译的可能性的，不是吗？

赫尔利：是的。我从不认为翻译可以尽善尽美，因为我从不认为谁是

83

完美的读者，而且我认为没有哪两种语言能够完全彼此等同。那就是说，即使你是完美读者，你也会受到语言的限制，或者受到人类经验的限制。在一种文明中的事物不可能在另一个文明中被完全地体验。我总是跟我的学生们讲身体部位的例子。在西班牙语中，他们会说 la boca de l'astomaco，就是"胃口"，好像那是一个东西。但我们在英语中不会谈到它——我们根本没有这个概念。我不得不先了解这个概念。还有一个身体部位叫 batapa，"甜土豆"。知道那是什么吗？

莫里斯： 不知道。

赫尔利： 我那时也不知道。它是你小腿后面的一块肌肉。有时，人类经验本身会对你成为译者造成阻碍。但我相信翻译——我当然相信。而且我认为那些精彩文本的翻译越多，你就越有可能接近那些文本真正的意思。

我的研究员突然现身，带着博尔赫斯影评的西班牙文本。博尔赫斯用了 laberinto 这个词。[1]

莫里斯： 我手上拿的正是那篇影评的西班牙语版本。他用了 laberinto。

赫尔利： 真的？

莫里斯： 是的。我猜他就是罪魁祸首了。

赫尔利： 哦，不。在西班牙语里，laberinto 这个词同时对应着"迷宫"和"迷境"两个词。

莫里斯： 啊，那我就是罪魁祸首了。

1　"En uno de los cuentos de Chesterton—*The Head of Caesar*, creo—el héroe observa que nada es tan aterrador como un laberinto sin centro. Este film es exactamente ese laberinto." Borges, "Un Film Abrumador" (1941), p. 88.

赫尔利：不，不是你的错。只是因为如果想用西班牙语说"迷宫"，你
　　就只能说 laberinto。西班牙语没有像英语那么多的使用者或者说
　　影响力。在英语里，可能有三个词可以算同义词，而它们来自不
　　同的语系。而西班牙语里可能就只有一个。

　　希拉里·普特南的家人曾住在巴黎。他的父亲熟识每一个人——
"那些年的故事都记载在我父亲的自传《巴黎是我们的情人》（*Paris
Was Our Mistress*）里，而我在书里估计主要是以'小宝宝'出场的：
例如，福特·马多克斯·福特（Ford Maddox Ford）推着我的婴儿推
车，皮兰德娄（Pirandello）到我们位于丰奈特–玫瑰的家来'看望小宝
宝'（听说我还坐在皮兰德娄的腿上），等等。"[1]

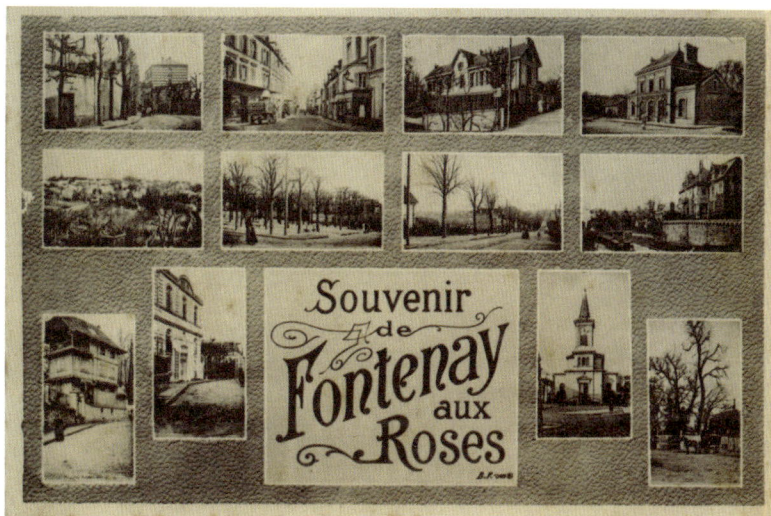

"丰特奈–玫瑰县纪念品"，明信片，约 1908 年

1　Putnam, "Intellectual Autobiography," in *Philosophy of Hilary Putnam*, p. 5.

　　这是一部关于罕为人知过去的特别编年史。塞缪尔·普特南写道："或许我在这片异陆上最伟大的发现就是，我是一个不折不扣的美国人，无可救药地、无可挽回地作为一个美国人，并无论如何都痴心不悔。"这个家庭在 1933 年美国深陷大萧条时回到了美国。"我们带着一个小宝宝和十几袋子尿布开始了我们的漂泊。而我们回来的时候没有了尿布袋子但是多了一个惊恐的小男孩，他被纽约熙攘街道上的喧嚣和呼啸给吓坏了。"[1]希拉里·普特南在美国所说的第一句话——他在去法国时六个月大，而回到美国时 7 岁——被他父亲记了下来加以纪念——"'Écoute, mon vieux,'他对我说，'qu'est-ce qu'il y a de cassé？'"他父亲的翻译如下——"'听着，老爸，这到底是怎么回事？'我很难确切地跟他解释是什么'cassé'，但他很快就自己搞清楚了。"[2]

1　Samuel Putnam, *Paris Was Our Mistress* (1947), pp. 247, 251.

2　同上，p. 251。类似的说法在希拉里普特南的《智识自传》（"Intellectual Autobiography"）中也有记载："我出生在 1926 年 7 月 31 号，大概六个月之后，拿着出版商帕特·科维奇（Pat Covici）的预付款和'弗朗索瓦·拉伯雷（François Rabelais）现存的所有作品'的翻译合同，父亲带着我和母亲去了法国。我人生的最早记忆就来自于法国的童年生活，我的第一语言是法语。最初，我们住在蒙帕纳斯，然后搬到位于巴黎郊区的丰奈特–玫瑰，最后搬到瓦朗斯附近一个叫作米尔芒德的美丽庄园，从那里可以看到罗讷阿尔卑斯山区。我在那里上了一个只有一间校舍的学校上一年级。1933 年我们回到美国。刚到的时候，我一个英语单词都不会；根据我父亲的回忆，我作为一个来自法国乡村的小男孩从船上看到纽约的天际线时说道：'écoute mon vieux, quesque à cassée?'"(p. 5).

Ippaso
Illustre Filosofo
Nacque in Metaponto Città della Mag.ª Grecia
Fiorì probabilmente nell'Olimpiade 70

In Napoli presso Nicola Gervasi al Gigante N.º 23

朱塞佩·博卡内拉·达·马切拉塔，"希帕索 / 杰出的哲学家……" 1826 年

第 5 章

现实的革命与想象中的革命

当任意两个事物像两个数字那样相关联，他们本身就是隐藏的数字。

——哈塞和肖尔茨，《希腊数学的基础危机》

科学革命到底是什么？它们与不可通约性又有什么关系？一场科学革命想必涉及一些我们头脑中的事物（或者事物的排布）。不过当然，库恩告诉我们，科学革命所涉及的远不止观念上的变化，甚至远不只是观念的根本变化——对库恩来说，许多革命前后的科学概念是不可通约的。

不可通约，一个奇怪的词。根据《牛津英语辞典》，它的意思是"没有共同的度量"。[1] 但就像把手淫定义为"自渎"一样，这并没有解

1　在线 OED 援引了尊贵的埃德蒙·伯克（Edmund Burke）阁下写给一位贵族领主的一封信，内容是有关他与他的养老金受到攻击一事，这封信由贝德福德公爵（Duke of Bedford）和劳德代尔伯爵（Earl of Lauderdale）在上议院公开（London: J. Owen, 1796, p. 9）：

　　我质疑贝德福德公爵作为评审员评判我贡献价值的资格。不论他的出身有多高，我在他短暂而空虚的生命里找不到任何他能评判我漫长而辛劳一生的依据……那位大人认为我得到的太多。我的回答是，无论如何我的努力不是那一点金钱奖励就能激发出来的；也没有任何金钱补偿可以犒赏它的价值。在金钱和这些贡献之间，没有可以通用的比较原则，即使比我更有才干的人也做不到：两者在数量上是不可通约的。

我想对于伯克的抱怨我完全地同情。

释太多，只是加深了对这个词可能含义的困惑感。

我很好奇，库恩**为什么**要选择这个词？它的吸引力是什么？对他来说，这个词是什么意思呢？通过进一步研究，关于革命和不可通约性以及关于库恩，我能有更多的了解吗？

这儿有一条线索。在《结构之后的路》的结尾有一个库恩逝世后发表的论文摘要，其中有一段对三位科学哲学家，亚里斯泰迪斯·巴尔塔斯（Aristides Baltas）、科斯塔斯·加夫罗格（Kostas Gavroglu）和瓦西利基·金迪（Vassiliki Kindi）的访问，库恩在这里简要介绍了他观点的起源：

托马斯·库恩：你瞧，"不可通约性"其实很简单。

瓦西利基·金迪：你是说在数学上？

库恩：当时我还是一个聪明的高中小数学家，并开始学习微积分，好像是什么人给了我——或许是我听说后主动要求的——一套两厚卷的微积分的书，我记不清是谁了。然而我并没有真的读进去。我只读了前面的一部分。在这一部分有一个 $\sqrt{2}$ 是无理数的证明。我当时觉得这很优美。实在太令人兴奋了，我也是从那里知道了不可通约性。它已经在那里等着我了，当然这只是个比喻，这个概念确实很好地契合了我所追寻的目标。所以，这就是我灵感的来源。[1]

"它已经在那里等着我了。"我心想，"哇哦。"这很有画面感。我想象着 $\sqrt{2}$ 穿着性感，嘴唇殷红。但同时这也有点让人意外。这个想法并非来自物理学、哲学或者语言学，竟是来自**数学**——证明 $\sqrt{2}$ 不能表

---

1   Kuhn, *Road since Structure*, p. 298.

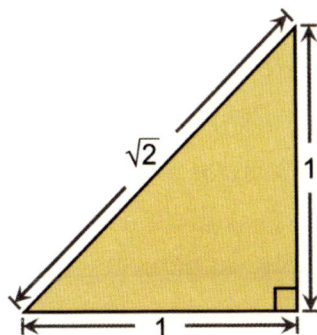

斜边长为 $\sqrt{2}$ 的三角形

示为两个整数相除。"这只是个比喻，这个概念确实很好地契合了我所追寻的目标。"

在数学中，"不可通约性"表示的是并非所有距离都可以用整数或整数的分数来度量。[1] 取一个腰长为 1 的等腰直角三角形。那么斜边是多长呢？根据毕达哥拉斯定理（Pythagorean theorem，即勾股定理——译者注），两直角边长度为 1，那么斜边长度即为 $\sqrt{2}$。（两直角边平方之和等于斜边的平方。）这个长度可以表示成分数或者说两整数之比，比如 99/70 或 577/408 吗？答案是不行。[2]

该证明与不存在最大素数的证明一起成为希腊数学的最高成就。它确立了一个事实，存在一些数量不能用整数的比（也就是有理分数）来表示。[3] 正如哈姆雷特所说："在天上和人间可多得是你的哲学梦不到

---

[1] 普林斯顿大学哲学教授约翰·伯吉斯（John Burges）极力主张在这一点上需要慎重，以避免时代错误。"希腊人不认为对角线与边的比值是一个数字，"他写信给我说道。"实际上，他们甚至不认为这是一个比值。他们把这看成是一种比例关系。因此，对我们来说使得 $\sqrt{2}$ 是无理数规则，应该被表述为不存在（整）数字 M 和 N，使对角线和边的比值表示成 M/N。就我所知，这个说法来自欧玛尔·海亚姆（Omar Khayyam）。"给作者的电子邮件，2015 年 6 月 3 号。

[2] 尽管 $\sqrt{2}$ 不能表示为分数或两个整数之比，但它可以很容易在几何上表示出来，例如，作为直线上的某段距离。

[3] 熟悉这个证明的人想必不用我在这里加以解释；而那些不熟悉的读者也对此没（接下页注）

的东西，霍雷肖。"

几个世纪以来，随着数学的发展，数字的种类（以及其他数学实体）在不断增加。今天，我们有无理数、虚数、复数、超限数和超现实数，不一而足。但我们并没有失去理解早期概念的能力，只是扩展了我们对于可能性的理解。[1]

库恩已经对巴尔塔斯、加夫罗格和金迪说过，不可通约性是一个"隐喻"。但是一个对**什么**的隐喻呢？[2]我想，由于**数学上的**不可通约性似乎无法反映出库恩所寻求的东西，即不可通约的**意义**，或许我该在他所提到的这个证明的历史中寻找答案。或许这个术语在数学中的应用历史可以帮助我们理解它在《结构》一书中的含义。

（接上页注）什么兴趣。在很多数学领域都曾有过相关证明，包括 E. T. 贝尔（E. T. Bell）、托马斯·L. 希思（Thomas L. Heath）、莫里斯·克莱因（Morris Kline）等人。剑桥大学 NRICH 项目的网站上的版本是我最喜欢的（布莱克·克莱格称为"危险的比值"），其中有这样一段叙述：

> 取一个边长为 1 的正方形。此正方形的对角线有多长？
>
> 正是这个看似无害的问题触发了毕达哥拉斯那令人不安的新发现。这个正方形对角线的长度很容易计算。它与直角相对构成了三角形的长边，另外两条边长为单位长度 1。感谢毕达哥拉斯定理，我们（以及希腊人）知道，在直角三角形里，我们可以通过将两直角边长度的平方相加得到长边长度的平方。所以，我们知道这条对角线长度的平方为 $(1 \times 1) + (1 \times 1) = 2$，那么对角线长度为 $\sqrt{2}$。这个数字乘以其自身为 2。但这个数究竟是多少呢？2 的平方根既不是 1，因为 1×1 等于 1；也不是 2，因为 2×2 等于 4。它是一个介于两者中间的数。对毕达哥拉斯来说，这不算什么问题。这显然是两个整数的比值。唯一要做的就是找出这个比值是多少。理论上就是这样。
>
> 但是，在越来越多的疯狂尝试后，人们发现了一个可怕的问题。**没有任何一个比值能够得到** $\sqrt{2}$——就是无法做到。这就是我们现在所说的无理数，并非因为它是不合逻辑的，而是因为它无法用两个整数的比值来表示……
>
> 正如希帕索斯（Hippasus）付出生命代价所发现的，在毕达哥拉斯学院高悬的题词"数字即万物"的意义应该从整数的比值加以引申，以涵盖更为复杂的思想。

1　加夫列尔·加西亚·马尔克斯（Gabriel García Márquez）在读卡夫卡（Kafka）的《变形记》（*The Metamorphosis*）时点评道："我以前从不知道书还**允许**这样写。"（García Márquez, "The Art of Fiction No. 69," p. 51. 强调部分是我的标注）。

2　"我书的大部分读者都认为，当我说理论之间不可通约时，我的意思是它们无法相互比较。但'不可通约性'是一个从数学中借用的术语，实际上并没有这层含义。等腰直角三角形的斜边与直角边不可通约，但两者可以在任何必要的精度上进行比较。"（Kuhn, *Road since Structure*, p. 189.）库恩希望二者兼得。两件事要么可以比较，要么不能。如果两者间不能被**翻译**，那么它们是不能比较的。如果可以被**比较**，那么它们是可以被翻译的。

有很多现代的说法。[1]多数例子中都涉及一位终结者。希帕索斯，一个毕达哥拉斯派学者，提出或揭示了一个事实 $\sqrt{2}$ 不能用整数的分数来表示。毕达哥拉斯的信众们杀死了他。这表面上是一个革命的故事，完全契合了库恩的理论框架。已有的**常规数学**——毕达哥拉斯范式。在此范式中，一切都可以由整数以及整数的比值来度量。**异常**出现了——无法找到一个整数的比值能够度量单位正方形的对角线。随后有数学证明无可辩驳地表明不存在这样的比值。一个大麻烦诞生了。毕达哥拉斯学派拒绝承认此证明，并发誓要秘而不宣，因为它的存在威胁到了自己的哲学根基。希帕索斯打破了誓言，将秘密公之于众，出于惩戒或者报复（或者企图使他保持沉默）他被淹死了。但这么做是徒劳的，**革命**接踵而至。**范式转换**产生了允许无理数存在的新范式。

并没有任何迹象表明在库恩借用"不可通约"这个术语时考虑到了这样的事件背景。但这个故事如此有名，要说对他一点影响都没有是不太现实的，但他本人确实没有提到过这个传奇故事。只有那个数学证明。但是该证明的历史——或者更确切地说是该证明的元历史，关于该证明的历史如何被反复修改和重写的故事——为我们理解这是种什么隐喻提供了一丝线索、一道洞见。

对于古希腊数学的研究总是让人望而却步。历史学家所面对的是一系列的问题——证据的缺乏甚至有时是完全缺失的；注解中无休止的前后不一；记述上的偏见和不可置信；以及谁做了什么，于何时、

1　参见，例如，Arthur Koestler, *The Sleepwalkers* (1959), pp. 40f; Charles Seife, *Zero* (2000); David Berlinski, *Infinite Ascent* (2008), pp. 9–10。阿尔贝托・A. 马丁内斯在《毕达哥拉斯崇拜》（*The Cult of Pythagoras*, 2012）中，将这个神话的现代版本归因于库尔特・冯・弗里茨（Kurt von Fritz），以及约翰・伯内特（John Burnet），他在第二版的《早期希腊哲学》（*Early Greek Philosophy*, 1908）中写道："美塔彭提昂的希帕索斯因为暴露了藏在壁橱里的白骨而被溺死在海里，"并在一个脚注中将希帕索斯称作毕达哥拉斯主义的捣蛋鬼（p. 117）。用马丁内斯的话说就是"每一次传播都加入了丰富的联想，最终猜测被当作历史来兜售"（p. 81）。

古代意大利的参考地图，南部

于何地这样的一般性问题。当然，还有证据的腐坏——关键资料常被写在纸莎草所制成的纸张上，很容易腐坏，所以必须要经常（但缺乏可靠性的）转录。另外有一些资料丢失了。还有很多被破坏了，或意外或人为。在亚历山大港的大图书馆的大焚烧或数次焚烧中，有多少历史证据被付之一炬了呢？

无理数的历史是一个数学上的探险故事。希帕索斯是被谋杀的吗？如果是，为什么呢？如果他（或者别的什么人）并没有因为揭露不可通约性而被杀，那么这样的传说又是从何时何地而来？有什么证据能证明曾经存在如此暴行和惩罚吗？

在翻阅相关文章时，我在库尔特·冯·弗里茨的文章中找到了这样一段话：

托马斯·科尔,《帝国的历程:毁灭》,1836 年,布面油画

　　不可通约性的发现是早期希腊数学最为惊人、影响最为深远的成就之一……传统上,我们倾向于将最初的发现仅聚焦于最晚期学者的著作中,且经常要与带有明显传奇色彩的人物相关联。这一次传统也一如既往地将这项发现归功于这位毕达哥拉斯派哲学家、被称作美塔彭提昂的希帕索斯。[1]

　　一如既往吗?在一个脚注中,冯·弗里茨表示传统并非始终如一。明显带传奇色彩的主人公的故事?意思是说事实并非如此吗?最晚期作者?按冯·弗里茨所说,如今我们所知道的一切几乎都来自卡尔基斯的扬布里柯(Iamblichus of Chalcis,约公元 245—325 年),一位生活在希帕索斯之后 800 年的亚述新柏拉图主义者。确实是很晚期了。

1　Von Fritz, "The Discovery of Incommensurability by Hippasus of Metapontum" (1945), pp. 242, 244–245(强调部分是我的标注)。

我决定再做进一步挖掘。

为此，我在哈佛大学怀德纳图书馆进行了一次书架阵之旅。（怀德纳图书馆是定居马萨诸塞州剑桥市的一个好理由，如果你有图书馆的使用许可的话。幸运的是，我获得了马辛德拉人文中心、霍米·巴巴（Homi Bhabha）以及哈佛历史系授予的员工借阅特权。）我乘坐电梯下达 D 层，穿过一条隧道，再换乘另一部电梯下达蒲赛（Pusey）3 区。我查找索引号，到 WID-LC B243.I2613 1986 时，停了下来。转进一条过道时我看到了一位长者——大概七十多岁——从过道另一端正朝我走过来。我们之间越来越近。我弯下腰去拿一本书——扬布里柯的《毕达哥拉斯生平》（Life of Pythagoras）。从我身边走过时，他低声说："小心。扬布里柯可不值得信赖。"

我本该拦下他并请教他的大名，但我没有，事实证明他是对的。（或许他一直在成排的书架中徘徊，希望能给那些天真的作者一些警示，比如警告我过分关注扬布里柯是危险的。）在扬布里柯的书中有一些段落提到美塔彭提昂的希帕索斯，但是它们并不是一个完整的故事，而是一些相互矛盾、重叠的叙述。不可通约性的**罗生门**。[1]

我转而又研究了关于不可通约性发现的另一种叙述——来自亚历山大的帕普斯（Pappus of Alexandria），他对欧几里得（Euclid）的

1　以下三段文字来自扬布里柯，译自大卫·R. 菲德勒（David R. Fideler）编辑的《毕达哥拉斯学派原始资料大全》（Pythagorean Sourcebook and Library）:

然而，对于希帕索斯，他们承认他属于毕达哥拉斯学派，但他在海中的遭遇是对他不虔敬的惩罚，因为他泄露并解释了由十二个五边形构造一个球体的方法；尽管如此，他（并不公正地）以发现者的名义名垂青史。（p. 79）

据记载，作为第一个向那些被认为不够资格的人透露了关于可通约和不可通约数量理论的人，招致了毕达哥拉斯学派的强烈的憎恨，以至于他们不仅将他从学会中驱逐，还为他建造了一座［象征性的］坟墓，就好像他离开人类社会迁居去另一个世界了。（p. 116）

还有一种记载说神圣的力量对他泄露毕达哥拉斯教义是如此愤怒，而将他溺死在海里，原因是他由于不够虔敬而泄露了从球体中切出正十二面体的方法，而这个立体形正是组成这种神圣力量的圣器。但根据其他记载，他是因为揭示无理数和不可通约量的理论而受此劫难的。

书做过一系列注解（大约在扬布里柯之后的一个世纪）。在这版的叙述中，并没有希帕索斯。一个身份不明的"幽灵"将证明散布在"普罗大众"中，受到毕达哥拉斯学派的信众们以及"雅典陌生人"（Athenian Stranger）的诅咒，在存在与虚无、过去与未来之间的混沌世界中逡巡徘徊：

> 灵魂出于错误或者无心发现或揭示了存在于他自身或世界中的某些本性，［从此］它将在不同一（即，缺乏与任何性质和事件的相似之处）之海上游荡，在没有任何衡量标准的未来与过往的洪流中沉沦。这就是毕达哥拉斯人和雅典陌生人对此所持的态度，是他们对这些事特别关注和担忧的驱动力，而认为这些事无关紧要表明了他本性中必然的愚蠢至极。[1]

那么，那个同时还出现在柏拉图的对话录《法律篇》（Laws）中的希腊陌生人是谁？[2] 一些评论家认为希腊陌生人就是苏格拉底本人，但没人能确定。[3] 为什么苏格拉底——已经在柏拉图的对话录中出现了那么多次——在这里要被隐藏呢？（《法律篇》和《厄庇诺米斯》（Epinomis）——《法律篇》的附录——是对话录中唯一没有苏格拉底

1　David Fowler, *The Mathematics of Plato's Academy*, p. 296.

2　托马斯·L. 希思写道："另一个论证基于《法律篇》中雅典陌生人谈到的雅典大众可耻的无知，他们没有意识到并非所有几何尺度都能彼此通约；他补充道，直到'晚些时候'（ὀψέ ποτε），他自己才得以了解真相。即使我们确切地知道'晚些时候'是指'当天的晚些时候'还是'人生的晚些时候'，他的表述也并不能帮助我们确定首次发现√2 为无理数的时间；因为这段文字的语言过于夸张、华而不实（柏拉图认为不了解无理数存在的人相比于人类，更应该与猪为伍。）"（*A History of Greek Mathematics,* vol. 1, p. 156.）还有比这两个故事更大相径庭的吗？在公元前 500 年，希帕索斯被溺死，因为他将毕达哥拉斯社团内的秘密泄露给了外人。在公元前 350 年，柏拉图愤怒不已，因为并非所有希腊人都知道无理数的概念。

3　Leo Strauss, *The Argument and the Action of Plato's Laws* (1983), p. 2; W. H. F. Alt- man, "A Tale of Two Drinking Parties: Plato's *Laws* in Context," (2010).

出场的部分。)

2015 年去世的瓦尔特·伯克特（Walter Burkert）撰写过一本关于早期数学的开创性著作《古毕达哥拉斯派的宗教和科学》（*Lore and Science in Ancient Pythagoreanism*）。我在 2011 年打电话给他，那时他是苏黎世大学的名誉教授。或许他可以摆正我对于希帕索斯的认识——帮我从真假难辨的泥沼中辨别真相，找到穿过希腊数学迷境的线索。

埃罗尔·莫里斯：能跟您谈论这个问题的人想必少之又少。

瓦尔特·伯克特：（大笑）是的。那么，你对于希帕索斯有什么独到见解呢？

莫里斯：好吧，我不知道这算不算一个独到的见解，但我对追查关于二的平方根不可通约性的传说根源，尤其是对希帕索斯被毕达哥

费多尔·安德烈耶维奇·布龙尼科夫，《毕达哥拉斯的朝阳赞美诗》，1869 年，布面油画

拉斯学派溺死一事很感兴趣。

伯克特：对。溺死一说被新柏拉图主义者承袭下来，在新柏拉图主义的体系中很适用。但我对此是有一些怀疑的。

莫里斯：有一些怀疑？

伯克特：是的。有点过分地契合了。这是一个二元论系统。有一，有神，有数字。然后混沌出现了。你发现不能用数字来表达二的平方根——你对数字的理解变得含混不清。这正是新柏拉图式系统的缩影。

莫里斯：第一个问题是关于这个神话起源的时间和地点：它出现的时间是否比希帕索斯时代要晚得多？如果是，又是谁发起的呢？

伯克特：首先，要让人们了解数字中的无理数意味着什么是件很困难的事。谁会在意你是否是十进制呢？谁会在意三分之一是不是无限小数——0.3333333333……？或者是否这个无限序列里的下一个数字总是可以确定的？因此，0.333……与二的平方根之间的这种本质区别对于现代的公众来说是很难理解的。人们通常都不怎么喜欢数学。

莫里斯：事实可能正是如此。

伯克特：我还记得我第一次意识到平方根与常规分数这个问题时的情形。

莫里斯：那时您几岁？

伯克特：嗯，我想大概是 13 或 14 岁。

莫里斯：那么您那时是怎么做的呢？

伯克特：我只是意识到了不同。这大概是希腊数学的一项真正的大发现。在巴比伦数学中并没有相关信息——与毕达哥拉斯的理论相反，巴比伦数学在楔形数学中广为人知。但后来有了这个故事，它可能要追溯到亚里士多德。如果历史上确实有这件事，那希帕索斯扮演了一个怎样的角色呢？这一点从未明确过。

莫里斯：但如果是毕达哥拉斯学派杀了希帕索斯——假设是真的——他们为什么要杀死他？他们杀他是因为他们虽然不能理解这个证明但是感受到了某种威胁？还是因为他们理解这个证明因而感受到了威胁？或者因为希帕索斯泄露了一个秘密？背叛了誓言？

伯克特：其实还有另一种可能——他被淹死是个意外而非行刑。

莫里斯：意外？但这不就错失了重点吗？我们不正需要希帕索斯是被杀死的吗？这不正是这个传奇故事的重要组成部分吗？如果他死于疏忽，那故事线怎么办？

伯克特：但是我们对毕达哥拉斯学派以及希帕索斯知之甚少。自从我写了那本书［《古毕达哥拉斯的宗教和科学》(*Lore and Science in Ancient Pythagoreanism*)，德语初版发行于 1962 年］，我想还没有出现任何新的发现。没有任何记录可以给我们提供确凿的证据。关于苏格拉底也存在类似的困难，但是关于苏格拉底我们有他的直系学生——柏拉图和色诺芬的文本。但我们并没有毕达哥拉斯直系学生的记录。这是令人绝望的历史境况。

莫里斯：绝望？

伯克特：哦，是的。我们掌握的历史信息太少了。

莫里斯：但尽管如此，希帕索斯的传说还是流行起来了。人们一遍又一遍地讲述、传扬。为什么会这样？

伯克特：因为传说总是讨喜的。我们不用管什么是无理数，只听传奇故事就行了。但是我们不能忘了一点，传说是完全独立于事实的。

　　总之，这大体上就是伯克特的观点了。关于希帕索斯和毕达哥拉斯我们知道的太少了。历史记录不只是不完整；几乎可以说不存在。没有实录幸存下来。毕达哥拉斯和希帕索斯的任何著作都没有留存。对他们的认识只能参考他人的记述，缺乏细节。希帕索斯可能是被溺死的，也可能不是。毕达哥拉斯可能是一位数学家，也可能不是，或许他不过是个疯子。吉姆·琼斯（Jim Jones）的一位先驱，喝着他的由数秘术魔力制成的廉价果汁儿。文艺复兴时期有两幅作品对毕达哥拉斯的诠释很好地捕捉到了这种对比——一个是拉斐尔（Raphael）的壁画《雅典学院》（*The School of Athens*，约公元 1509—1510 年），另一个是鲁本斯（Rubens）的油画《毕达哥拉斯倡导素食主义》（*Pythagoras Advocating Vegetarianism*，约公元 1618—1619 年）。在拉斐尔的作品中，毕达哥拉斯是一位学者，老师，清醒、有思想的数学家；而在鲁本斯的画作中，他是一个相当放纵和傲慢的人物。每一寸肌肤都透着邪教领袖的狂热。距离他所生活的时代两千年之后，人们仍对毕达哥拉斯这个人物感到困惑。到底哪个才是真的毕达哥拉斯——学者还是怪人？

拉斐尔，《毕达哥拉斯》，《雅典学院》的细节图，1510—1511，由铅笔和粉笔在纸上绘制

拉斐尔,《雅典学院》, 1510—1511, 壁画

拉斐尔,《雅典学院》(左手边的细节图,呈现了被学生们和米开朗琪罗簇拥着的毕达哥拉斯), 1510—1511, 壁画

彼得·保罗·鲁本斯爵士和弗兰斯·斯尼德斯，《毕达哥拉斯倡导素食主义》，约 1618—1630 年，布面油画

对伯克特来说，毕达哥拉斯不是"一个站在历史之光中的轮廓清晰的形象……从最初，他的影响力就笼罩在奇迹、守密和启示的氛围中……毕达哥拉斯所代表的不是一个新世界的兴起，而是旧世界的存在和复兴，基于超人类的权威并在仪式化职责中进行表达的前科学时代的传说。"[1] 他是鲁本斯笔下的毕达哥拉斯，而不像拉斐尔描绘的那样。

那么希帕索斯呢？他到底发生了什么？他溺死于毕达哥拉斯信众之手的故事只是对过往的辉格式解读吗？一个从未发生过的被夸大、加强、戏剧化的事件？难道是公元 4 世纪的几何学家帕普斯与扬布里柯，以及普罗克鲁斯这样的新柏拉图主义者们联手杜撰了这个故事，

1　Burkert, *Lore and Science in Ancient Pythagoreanism*, "Preface to the German Edition."

并将之大为传扬？如果是这样，为什么？抑或是 19、20 世纪的历史学家们想象出危机，编造了一个角色，让他出演了这样一个故事？这种不可通约性的"范式化"示例是否可以看成是一种辉格式幻想，作为过于活跃的**现代幻想**的产物？

伯克特的回答是肯定的。

> 从几何学中发现无理数问题，并发展出一套处理方法，这是希腊数学所贡献的一项基础性成就，如今现代科学历史学家仍为之着迷。守密、背叛以及天赋惩罚的传统为后人从知识历史中重构出精彩的传奇剧情提供了素材……因此，有人大谈 *Grundlagenkrisis*（一个基础性危机）——（公元前）5 世纪希腊数学和毕达哥拉斯数学所面临的十字路口或者说两难境地——并将这种"叛徒"殉难的传统视作对这一重大发现所必然导致的震惊和绝望的反应："噢，从来就没有什么无理数！"但是，无理数的存在这一令人痛苦的事实真的曾经被当作 *arcanum imperii*（国家机密）严加保守吗？

他的结论是坚定的。"毕达哥拉斯学派所创立的希腊几何学基础理论不容许被说成是一个伟大数学怀揣着秘密的传奇故事。"[1]根据伯克特的看法，新柏拉图主义者关于希帕索斯殉难的说法没有足够的证据支持。而我要更进一步：这很可能是子虚乌有的，是叙事小说。

历史的怪诞之一就在于，传说往往会取代事实。尤其是在只有少量甚至根本没有证据的古代历史中。（缺少证据或证据缺失是不同于不可通约性的。在库恩最初想象中，不可通约性可能在拥有可观证据的

---

1   Burkert, *Lore and Science* pp. 455–456, 465.

《被囚禁的独角兽（独角兽挂毯）》，1495—1505，羊毛经纱，羊毛、蚕丝、银线和镀金的纬纱

情况下发生。）人们就此书写专著，杜撰的故事被大量地传播复述。奥托·纽格伯尔（Otto Neugebauer）写道：

> 在纽约大都会博物馆的"回廊"中，挂着一幅华丽的挂毯，诉说着独角兽的传说。在最后，我们看到这头神兽被捕获，优雅地屈从于命运，站在一个被小围栏整齐环绕的围场中。这幅画可以作为［对古代科学进行重构］的象征……我们希望能关住那只可能出现的活物。然而，现实可能会与我们的想象大相径庭；当试图复盘过去时，我们希望得到的不仅仅只是一幅满足于建构思想的图景，或许这种希望本身就是枉然。[1]

在约翰·福特（John Ford）的电影《双虎屠龙》（*The Man Who Shot Liberty Valance*, 1962）中，法律学院毕业生兰森·斯托达德［Ransom Stoddard，詹姆斯·史都华（James Stewart）饰］遵循霍勒斯·格里利（Horace Greeley）的训导，"年轻人，到西部去。"他来到一个处于法外之地的边陲小镇，胫骨镇，并遭遇了一场与持枪劫匪利伯蒂·瓦兰西［Liberty Valance，李·马文（Lee Marvin）饰］的生死争斗。

在最后的枪战中，看似是斯托达德杀死了瓦兰西，但实际上隐藏在阴影中的汤姆·多尼芬［Tom Doniphon，约翰·韦恩（John Wayne）饰］才是真正杀死瓦兰西的人。只有多尼芬和斯托达德（以及目睹了这一切的观众）知道真相。斯托达德娶了多尼芬心爱的姑娘，走上了一条光辉的政客之路——州长、议员、大使，以及可能的副总统。

我们再次回到小金和小绿的世界。还记得小金和小绿吗？无论颜色怎么变，小金还是小金，而小绿依然是小绿。就像斯托达德始终是斯托达德。而多尼芬依然是多尼芬。我希望读者不要因为多尼芬和斯

---

1 Neugebauer, *The Exact Sciences in Antiquity*, p. 177.

托达德是虚构电影角色而感觉不舒服。为了使讨论更加自然，我们假设多尼芬、斯托达德和利伯蒂·瓦兰西都是像你我一样有血有肉的人。那么"射杀利伯蒂·瓦兰西的男人"？这是一个限定描述语，但描述对象是谁呢？伯特兰·罗素认为专名是伪装的限定描述语。如果说限定描述语是伪装的专名又会怎样呢？根据罗素的描述语理论，一个专名的指称即与该名称关联的限定描述语（"某某"）的指称。限定描述语"射杀利伯蒂·瓦兰西的男人"拣选出的是**那个男人**，射杀了利伯蒂·瓦兰西的**那个独一无二男人**，即汤姆·多尼芬。

　　但是，如果多数人都认为**那个男人**是兰森·斯托达德会怎样呢？与克里普克**相反**，我们的信念不是有时会与指称相干吗？这种模糊性对于电影结尾处的反讽至关重要。斯托达德于多尼芬葬礼后正欲乘火车回华盛顿。车站调度员告诉他，铁路部门为他延迟了特快列车，并说："为了射杀利伯蒂·瓦兰西的男人，怎么做都不为过。"调度员认为他话里指称的是斯托达德，正坐在他面前的这个男人。如果你问这个调度员，他会指着斯托达德说："那就是射杀利伯蒂·瓦兰西的男人。"

电影《双虎屠龙》截图，约翰·福特执导，1962 年

电影《双虎屠龙》截图。李·马文和约翰·韦恩

但是斯托达德明白，调度员指称的是多尼芬。抑或是他自己？这是一个悖论。谁才是对的？调度员真正指称的是谁？[1]

约翰·福特的杰作发行于 1962 年，与库恩《科学革命的结构》的出版同年。幸运的是，他并没有如库恩那样对真理持有后现代的拒绝态度——或者说反实在论的哲学观。在《双虎屠龙》中，作为观众，我们（与斯托达德一样）了解真相。即使有亿万人相信是斯托达德杀死了利伯蒂·瓦兰西，我们依然知道事实上不是他。

电影两次向我们呈现了不同的射击场景。第一次包括斯托达德和瓦兰西，第二次包括斯托达德、瓦兰西，**以及多尼芬**。斯托达德本以为是他杀死了瓦兰西。但他搞错了。

1　这类似于克里普克针对哥德尔以及他的朋友施密特所做的论证。在克里普克的卡夫卡式寓言中，一个叫"施密特"的男人被发现在一种神秘氛围中死于维也纳。克里普克要求我们假设施密特（而不是哥德尔）是那个论证了哥德尔的算术不完备性定理的人："那么，在这个前提下，当我们普通人提到"哥德尔"这个名字的时候，实际上我们要说的是施密特，因为施密特才是满足'发现算术不完全性定理的人'这个描述语的那个独一无二的人……所以，由于发现算术不完备性定理的人实际上是施密特，当说到"哥德尔"时，我们实际指称的就是施密特。但是在我看来似乎并不是这样，根本不是这样。"（*Naming and Necessity*, p. 84.）

多尼芬：你说太多，也想太多。但是，利伯蒂·瓦兰西不是你杀的。

斯托达德：你说什么?!

多尼芬：回忆一下，朝圣者。你正朝他走过去，然后他开了第一枪，还记得吗？

　　随后，镜头闪回。在这里，实在与对实在的社会建构之间——真正的真理与社会建构的真理之间的差别被阐述得一清二楚。斯托达德正朝利伯蒂·瓦兰西走去。瓦兰西开枪打伤了斯托达德。斯托达德显然已经出局了，他实在不懂如何使用枪支。瓦兰西准备再开一枪，这一次他要"瞄准眉心"。多尼芬插手了。多尼芬躲在阴影里开枪打死了正欲开枪打死斯托达德的瓦兰西——用多尼芬的话说，杀人这件事是他可以忍受的。

　　不真实的传奇永远不会**成为事实**，却往往会被**当作事实**。（我甚至能想象出一部电影《溺死美塔彭提昂的希帕索斯的男人》。）关于希帕索斯，我们很容易想象出为什么他溺水的传说会被当作事实"印刷"在历史记录中，即使当时甚至还不存在印刷术。它出自某个人的想象。希帕索斯和新柏拉图主义者之间的某个时期，某个人相信应该存在一场危机，即使它并未真实发生过。他相信毕达哥拉斯学派会因为不可通约性的发现倍感失落。但是这种信念是回溯性的，一种形成于假想危机发生百年甚至千年之后的信念。其所描述的事件很可能从未发生过。我感到有点可笑——甚至讽刺，库恩"不可通约性"的比喻可能来自对一个虚假故事的辉格式解读。[1]

---

[1]　有一个关于该主题的变体来自 G. K. 切斯特顿："很容易理解为什么传奇故事会被看得，也应该被看得，比历史书更重。传奇故事通常出自理智的村民集体。而这本书是由一个疯癫的村民个体撰写的"（*Orthodoxy*, p. 84）。不消说，我对切斯特顿的观点不敢苟同，至少在这一点上。村民集体创作的传奇故事可能是假的，而一本疯子写的书却可能是真的。

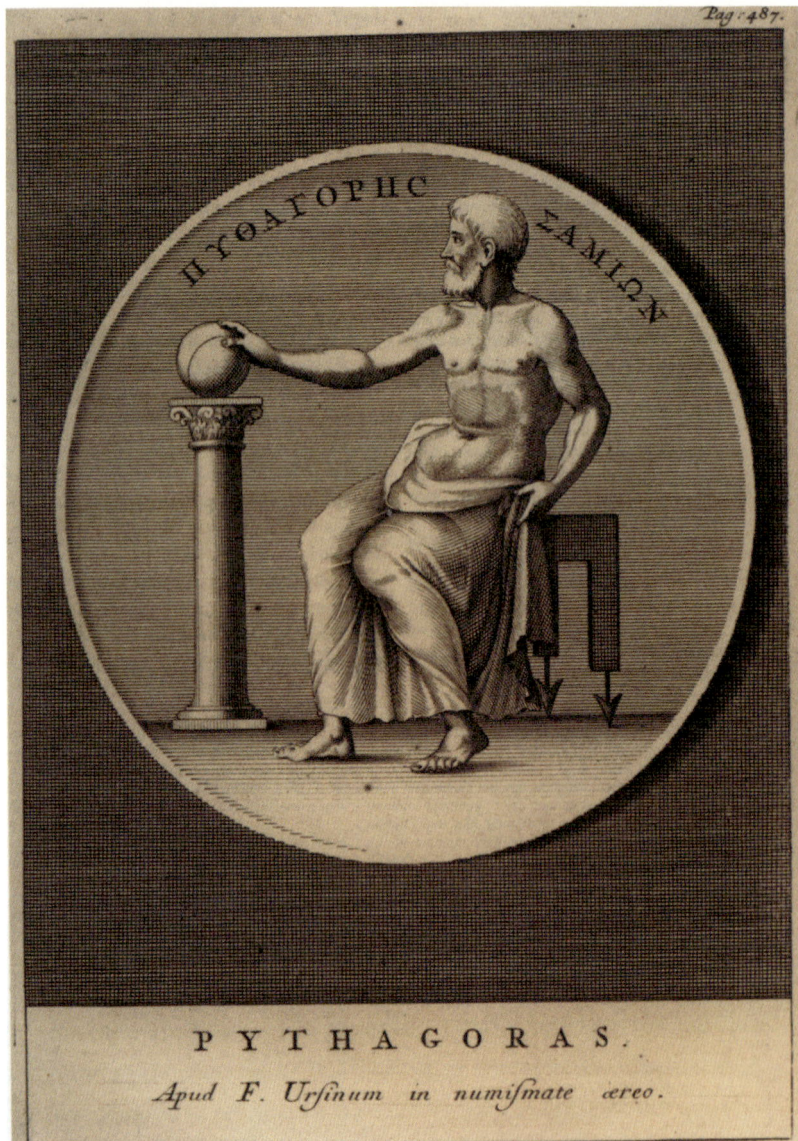

《萨摩斯的毕达哥拉斯》，蚀刻自 1692 年印刷的 "Diogenis Laertii de vitis dogmatibus ..."

　　还有一个更深层的问题。从表面上看，希帕索斯的传奇说的是：毕达哥拉斯学派因为他无法保守秘密而杀死他。但从表面上看，这并**不是**关于一个群体无法理解另一个群体的故事。希帕索斯之死（假设他是被杀死的）并不是因为毕达哥拉斯学派无法理解他的证明。他们**能够理解**。谋杀并非出于某种深层的**不理解**。这种行为的出发点是**不包容**——就像扔烟灰缸事件一样。

第 6 章

跃入黑暗

> 如果将拥有不可调和态度的人类分成不可调和的群体，并且使他们彼此之间没有共通的真理和道德语言，最终会剥夺所有群体的人性。
>
> ——史蒂芬·斯潘塞，《世界中的世界》

库恩本人备受折磨。我相信烟灰缸事件的发生不仅是出于他对我的恼怒，还有他对自身理论的不自信。2010 年斯坦利·卡维尔（Stanley Cavell）的回忆录《一无所知》（*Little Did I Know*）印证了我的想法，19 世纪 50 年代他曾在哈佛大学作为初级研究员与库恩一起工作。随后，他们两人都就职于加州大学伯克利分校——卡维尔在哲学系；库恩同时挂职于哲学系和历史系。

卡维尔回忆了他与库恩于 1957 年前后在伯克利的一次对话。[1]彼时，库恩正在写他的《科学革命的结构》一书。在一次参加完哲学系会议之后，库恩来到卡维尔家一起喝酒。他脑子里正想着希特勒（Hitler）。库恩也像所有战后时期虔诚的犹太男孩一样，包括我自己，

1　我认为对话发生在 1957 年。他们那时都刚到伯克利不久。库恩 1956 年来到这里，1957 年开始任教。卡维尔说过那是"我们之间的早期正式交谈。"［*Little Did I Know* (2010), p. 354.］

为第三帝国的意义感到苦恼吗？如果对于某一特定历史时期（读作：范式）缺乏绝对的价值判断，那么纳粹呢？卡维尔写道：

> 谈话过了午夜，汤姆变得焦躁不安，这是我从没见过的。他突然在椅子上倾身向前，带着一种我自此熟悉起来的备受煎熬的表情。"我知道维特根斯坦使用了'范式'的想法。但我不清楚范式在他作品里的意蕴。该怎么回应那些认为我们破坏了科学真理的反对意见呢？我强烈反对这种主张。如果强行灌输和一致就是问题的本质，那么希特勒可以灌输给我任何一个理论并迫使我与他一致。"[1]

这是库恩对维特根斯坦的借鉴。[2] 维特根斯坦所使用的"范式"思想基于他的语言游戏概念和家族相似性概念。基于"对于使用了'意义'这个词的**一大类案例**中……一个词的意义就意味着它在语言中的使用。"[3] 在《结构》出版前及出版初期，库恩一直在追问当强制灌输和一致导致错误会怎么样？（除非这种事根本不会发生。）最终，这个困惑变成了关于遵守规则的问题。遵守规则又是指什么？卡维尔继续他的讲述：

---

1 *Little Did I Know*, pp. 354–355.

2 "库恩自己也承认他对维特根斯坦的借鉴。如，锡达鲍姆在报道中提到，在 1959 年以前，库恩就读过维特根斯坦的《蓝皮书与褐皮书》（*Blue and Brown Books*, 1958）的版前打字稿（Cedarbaum, 1983, p. 188）。那时，《科学革命的结构》的理论基础已经形成，他又研究了维特根斯坦的《哲学研究》（1968 年第三版），这本书帮助他掌握了常规科学的基本面貌。范式的概念，规则的功能，以及传统、训练、教育的重要性都或隐或显地采用了维特根斯坦式的概念，如语言游戏、家族相似性、生活形式。在《结构》一书中库恩明确指出维特根斯坦的家族相似性的研究以及自己对语言命名的说法存在关联（p. 45）。"（Vasso P. Kindi, "Kuhn's *The Structure of Scientific Revolutions* Revisited" (1995), p. 80.）

3 Wittgenstein, *Philosophical Investigations*, paragraph 43.

我记得我当时的回答是这样的："不，他做不到。他无法**教育**你、**说服**你，并向你**展示**它的真理性。希特勒可以宣布一个理论是真理，像颁布法令一样。如果你拒绝或者未能相信，他可以威胁杀了你。但是，所有这一切只意味着他可以杀了你；或许真的会杀了你，如果他不能充分相信你已经接受并会遵守他的法令的话。我没有说这个问题已经足够清楚了。而且我一点都不怀疑，这是一个值得我们付出一切努力也要搞清楚的问题。"汤姆的反应令人吃惊。他猛然从椅子上蹿起来，开始在壁炉前踱步子，嘴里念念有词："对，对。"是什么使他坚定了起来？或许更确切地说，是什么可能消除了他心中一些不为人知的信念？那晚之后，无论其他时候是否会面，我们都会每周共进一次午餐并进行讨论，基本上这些讨论成了他次年出版《科学革命的结构》的素材。[1]

一个很精彩的段落。希特勒"可以宣布一个理论是真理，像颁布法令一样。他可以威胁你的性命……或许真的会杀了你，如果他不能充分相信你已经接受并会遵守他的法令。"一致、说服、真理。威胁和使用权利。很好的暗示了库恩的暴力本性。但是卡维尔究竟在说什么呢？他写道："我没有说问题已经足够清楚了。"我反对：问题哪里不够清楚？宣布一个理论是真理并不会使它成为真理。就像宣布 $\pi = 3$ 一样。

卡维尔的思考停留在宣布某事为真与说服某人某事为真的不同上。但我却被更深一层的思考所困扰。这个理论是真的吗？我反对卡维尔

---

1 *Little Did I Know*, p. 355. 卡维尔还写道："一次，在一杯接一杯的咖啡和无数烟卷的作用下，他爆发了一通异常强烈的激辩，然后我回应道：'汤姆，请别针对我。我又不是学术大会。'他大为震惊，把头抵在桌子上，轻轻地撞了几下，有节奏地轻叹道：'我知道，我太激动，搞错了对象。'"

和维特根斯坦的观点，关键问题不是关于一致或说服。而是关于真理。正如卡维尔引用库恩的话所说："该怎么回应那些认为我破坏了科学**真理**的反对意见呢？"确实。而且不仅是科学的真理，而是任何事、所有事的真理。我相信库恩在 50 年代就知道——甚至早于第一版的《结构》——他的哲学中存在根本性的问题。不仅关乎一致和说服，而且还关乎真理。（当然，他不得不否认真理；真理碍事。）

被爱因斯坦说服而认为狭义相对论是对的且 $E = mc^2$ 与被希特勒说服认为《锡安长老议定书》（*Protocols of the Elders of Zion*）是对的，犹太人应该被从地球上铲除，两者之间有什么不同？针对相似的主题，乔治·奥威尔（George Orwell）在小说《一九八四》（*Nineteen Eighty-Four*）中这样写道：

> 最终，党会宣布二加二等于五，你也不得不相信。不可避免的，他们迟早会宣布：他们所处立场的逻辑要求他们这么做。不仅是经验的可靠性，还有现实世界的客观存在，都被他们的哲学不言而喻地否定了。尝试成为一切异端邪说中的最异端者。你会因为持有不同见解而被他们杀掉，这固然可怕，但更可怕的是，也许他们是对的。因为，说到底，我们怎么能断定二加二就等于四呢？我们怎么知道真的是重力在起作用呢？我们又怎么知道过去是无法更改的呢？如果过去和现实世界都只存在于意识中，而意识又是可控的——那又当如何呢？[1]

迫使某人承认一个虚假的真理与使人真的相信是奥威尔小说的核心所在。"你必须爱老大哥。服从是不够的，你必须爱他。"[2]奥威尔小

---

[1]　*Nineteen Eighty-Four*, pp. 83–84.

[2]　*Nineteen Eighty-Four*, p. 295.

说的主人公温斯顿·史密斯（Winston Smith）最终屈服于来自国家的威胁。他对于老大哥的爱是出于恐惧——对老鼠的恐惧，一个装满了饥饿老鼠的笼子正对着他的脸。这不是一个对做库恩研究生的完美隐喻，但几近如此。

卡维尔住在马萨诸塞州的布鲁克赖恩市；我住在剑桥市。所以我致电并与他预约了一次会面，在他的家里。我对他回忆录中我引用的这一段内容特别感兴趣。对我来说，这些内容已经基本揭露出《结构》和库恩理论中暗藏的问题。

斯坦利·卡维尔： 对于维特根斯坦对真理合理性的否认，库恩感到相当忧虑。某种程度上，一切都要归结为一致。问题将会围绕这一点……我倒不认为这是无关紧要的。我想这其实很现实。

埃罗尔·莫里斯： 那么您对此感觉如何？

卡维尔： 这是一个真正的问题，维特根斯坦开启了这个问题。这个问题部分取决于我们要下决心深入泥沼中，搞清楚"一致"意味着什么。

莫里斯： 答案应该在《哲学研究》一书中。

卡维尔： 是的。《哲学研究》。我们那时都在讨论这本。我们认为，早期的维特根斯坦已是凝固的历史了。没人有意试着发展**那部作品**中的思想；**热门的**是《哲学研究》。这是关于人类能达成怎样的一致，以及相互一致能达到何等深度的问题。维特根斯坦引述道："我们在判断上不一致，但我们在生活形式上一致。"这是否意味着宇宙知识与人类的生活形式有关联呢。我们已循着这条轨迹走了很远，为什么不呢？

哎，为了使讨论言之有物，我们不得不屈尊到维特根斯乌烟瘴气的故纸堆中去看一看。维特根斯坦的引述出自《哲学研究》第 241 节：

241．"那么，你就是在说，人们的一致决定了何者为真，何者为假？"——为真和为假的乃是人类**所说**的东西；而他们互相一致的则是他们所使用的**语言**。这不是意见上的一致，而是生活形式上的一致。

像《哲学研究》中的很多其他段落一样，这一段引发了仿佛无穷无尽的评论。一方面是因为它引入了如此形形色色的概念——一致、真理、生活形式。一个装满了含混的、可能相关也可能不相关思想的摸彩袋。如何呈现这些一致则形成了非常复杂的问题：维特根斯坦在与自己辩论。[1] 第 241 段的开端就是他与想象中对话者的交流。"那么，你就是在说，人们的一致决定了何者为真，何者为假？"这是自己采访自己吗？然后他进行了**自我**纠正。不，这不是**意见**上的一致，而是生活形式上的一致（Lebensform）。

这段话令人费解。至少对于我来说是这样。究竟什么是**生活形式**？是文化上的？还是生物学上的——在我们的 DNA 中？那么一致（Überein-stimmung）又是什么？是一群人握手达成某种协议？是圣地兄弟会成员们一致赞同毡帽上的流苏设计？还是理论物理学家们对希格斯玻色子的质量达成一致？那么，真理呢？只要一致就能说某事为真吗？[2] 如果是这样，那维特根斯坦岂不是与相对主义暧昧不清吗？

---

1 索尔·克里普克在他关于维特根斯坦的书中提到了这个问题。"我们应该清楚，《哲学研究》并不是一部系统的哲学专著，结论一旦被确立，就不再需要重新论证。而相反，《研究》一书是作为一部永久的辩证法而存在的，存在于想象中的对话者相互诉说着持续的忧虑，永无尽头。"［*Wittgenstein on Rules and Private Language* (1982), p. 3.］

2 以印第安纳州试图改变 π 值的事件为例，这是一项未获通过的法律：（接下页注）

在《研究》一书中，这段话的前、后内容对此并没有什么帮助。不过是更加深了神秘感。我们来看 241 段的上下文。

240. 人们（如数学家之间）并不争论规则是否已被遵循。比如，人们并不为此而打架。这也属于是我们的语言得以有效工作（例如，给出一种描述）的那个框架。

241. "那么，你就是在说，人们的一致决定了何者为真，何者为假？"——为真和为假的乃是人类所说的东西；而他们的互相一致则是他们所使用的**语言**。这不是意见上的一致，而是生活形式上的一致（Lebensform）。

242. 为要通过语言进行沟通，那就不仅要有定义的一致，而且还要有（尽管这听起来很奇怪）判断上的一致，这看似要废除逻辑，但却并非如此……

"这**看**似要废除逻辑，**却并非如此**？"如果我说库恩和卡维尔担心第 241 段带有相对主义的意味，会不会使我自己（因维特根斯坦有形形色色的拥护者）陷入麻烦？[1] 用卡维尔的话说，"宇宙知识与人类的生活形式有**关联**"？卡维尔的意思不就是他与库恩都为这种解释感到忧虑吗？是的，他是这个意思。但这不仅是**我**对维特根斯坦的可能解释，

（接上页注）这项法案旨在建立一项新的有关化圆为方的数学真理，就在该法案即将获得参议院通过时，有反对意见认为立法机关无权宣布一件事物为真理，因而被无限期推迟。州负责人已经接受了这一方案，据了解，印第安纳州的教科书也会引入相关内容。在该法案中，与直径相乘可以获得圆周长的圆周率将被定为 3.2，而不是历经时间检验的约等于 3.1416。该规则的制定者——波西县的古德温博士的公式不仅在本国，还在欧洲七国受到版权保护。（"Senators Afraid to Change Pi," Chicago Daily Tribune, February 13, 1897.）

古德温博士承诺将其版权收益捐赠给印第安纳州，该法案能走得如此之远无疑就得益于此。参见 Underwood Dudley, "Legislating Pi" (1999)。

1　我将维特根斯坦归为相对主义者的论断激怒了很多维特根斯坦的评论家。参见 Dave Maier, "Errol Morris on Wittgenstein, or Someone Like Him in Certain Respects" (2001)。

或者库恩和卡维尔对维特根斯坦的可能解释。在《斯坦福哲学百科全书》（*The Stanford Encyclopedia of Philosophy*）中，关于维特根斯坦的条目也指出了这一点："生活形式可以被理解为变化和偶然，依赖于文化、背景、历史等因素；这种生活形式的说法招致对维特根斯坦的**相对主义**解读。"[1]但是鉴于维特根斯坦理论的最终意义难以捉摸，《百科全书》的作者们采取赌注对冲的策略也就不足为奇。他们又写道："另一方面，这是人类共有的生活形式，'共享的人类行为'，是'借以解释未知语言的参照系。'这可以被视为一种普遍主义的转向，意识到人类的生活形式使语言的使用成为可能。""变化和偶然"，却是"普遍主义的"？！这使我想到了打地鼠游戏。[2]你以为已经打倒它了，它却从别处又冒了出来。

暂且搁置维特根斯坦的**真正**意思。（在我看来这是一个愚蠢的差事——类似于解读圣经。虽然有助于我们对事物的理解，但不太可能产生对任何事的明确解释。）现在的问题是，库恩和卡维尔认为他是什么意思？

在《维特根斯坦论规则和私人语言》（*Wittgenstein on Rules and Private Language*）中，索尔·克里普克谈到了维特根斯坦的《哲学研究》所引发的诸多问题。[3]克里普克表面上是与维特根斯坦的私人语言理论在较量——维特根斯坦认为这样的东西根本不存在——但他实际

1　Anat Biletzki and Anat Matar, "Ludwig Wittgenstein". （黑体是我加的）。

2　与之相似的是这种"维特根斯坦不是这个意思"的游戏。玩起来相对容易。某人说："维特根斯坦怎样怎样说。"你回答："维特根斯坦**其实**不是那个意思。"大家都自得其乐！没有赢家。

3　克里普克写道，他在 60 年代末、70 年代初——与《命名与必然性》同时期——一直致力于研究这些问题。"在那之前，我确实就这两个话题发表过演说，"他告诉我。《命名与必然性》是由三场有建设性意义的演讲转录而成，而我写《维特根斯坦论规则和私人语言》是因为我在安大略省伦敦市所做的演讲的转录稿在各方面都无法令我满意。（这本书的早期版本出现在相关会议议事录中。）"来自写给作者的电子邮件，2017 年 5 月 14 日。

上把研究范围扩展到了所有语言。实际上，是扩展至**所有的知识**。克里普克（与大多数维特根斯坦的评论家不同）认为私人语言的论证体现在《哲学研究》的第 201—242 节——维特根斯坦关于遵循规则意味着什么的讨论。[1]维特根斯坦提出了一个悖论：如果语言的要义是遵循规则，那么要怎样才能知道我们是否遵循着规则呢？[2]

> 201. 这就是我们的悖论：没有什么行为方式能够有一条规则来决定，因为每一种行为方式都可以被搞得符合于规则。答案是，如果一切行为方式都能被搞得符合于规则，那么也就能被搞得与规则相冲突。因而在这里既不会有什么规则也没有冲突。

克里普克认为，维特根斯坦对私人语言的怀疑论论证对公共语言也成立。[3]（我相信这是克里普克就这一话题所做的最重要贡献。）维特根斯坦（或者至少克里普克理解下的维特根斯坦）告诉我们——不存在私人语言，因为一个私人语言的使用者不可能是错误的。一个孤立的人只能根据他自己的记忆来检查他的"规则"。第一次听到这个观点的时候，我甚至以为是我听错了。或者没能理解。这听起来实在太

1　这一点引起了广泛的讨论。争吵的声音刺耳、激愤。伴随着彼此指责。克里普克是错的。大错特错。维特根斯坦并没有说**这样**说；他是**那样**说的。对私人语言的论证是从第 243 节开始的，而克里普克却说是到那为止。克里普克并未引用相关的第 201 段；他不过是对维特根斯坦的论证要要嘴皮子。克里普克完全误解了私人语言的含义，或者他的重构行为只是为了方便对其加以诋毁。参见，例如，John McDowell, "Wittgenstein on Following a Rule" (1984)。

　　而我的观点是：哲学家们不倾向于将私人语言的论证定位在前面的段落中，因为如果这样做的话，维特根斯坦的论证之乏力，或者更确切地说——用克里普克的话说——"自相矛盾"就变得尤为清晰了。

2　接下来的讨论将再次以简化的形式来讨论复杂的、往往是曲折的一致。我不认为我已经掌握了维特根斯坦或克里普克的所有观点，但我认为，从本质上来说，争论可以归结到个体与社会。

3　"如果我本身确实对于我能否正确识别一种感觉持怀疑态度的话，那么将我的感觉与外部行为或他人的反馈之间建立联系，对此又会有什么帮助呢？"（Kripke, *Wittgenstein on Rules*, pp. 60–61.）

索尔·克里普克，普林斯顿大学麦考士哲学教授，1983 年

简化了。就像"两个脑袋比一个要好"一样简单。正如我的朋友查尔斯·西尔弗所说：

> "记忆共同体"看似更为牢靠。但仅仅因为很多人参与其中并不意味着他们就不会犯错……假设有一群人，是某个领域的专家，他们制定了一个规则，将其写在一张纸上然后埋了起来……我们假设他们当中的每个人心中都非常认可这个规则，他们足够强烈地感受到，不必将纸张挖出来就*知道*该规则。时间飞逝……由于某种原因，写有规则的那张纸重见天日。结果是——我的上帝呀——他们根本没有按照规则行事。他们弄错了。[1]

公共的规则检查可以缓解问题，但无法解决问题。克里普克总结道：如果要认真对待维特根斯坦的怀疑论悖论，那么"任何一个词都不可能有任何含义。我们每一次新的尝试都是在黑暗中跳跃；任何现有意图都可以被解释成是为了符合我们的选择而做的。"在之后的几页，他接着说："维特根斯坦发明了一种新的怀疑论。我个人倾向于将其视为迄今为止哲学上最激进、最具怀疑论精神的难题。"[2]

一些评论家抱怨说，克里普克没能领会到**真正的**维特根斯坦，他口中的维特根斯坦不过是他自己臆造出的怪物而已。[3]普林斯顿大学的

---

1   Charles Silver，给作者的电子邮件，2013 年 4 月 17 日。

2   Kripke, *Wittgenstein on Rules*, pp. 55, 60.

3   参见，例如，Warren Goldfarb, "Kripke on Wittgenstein on Rules" (1985); Paul Horwich, "Kripke's Wittgenstein" (2015)。

路德维希·维特根斯坦的肖像，1947 年，照片

哲学家和逻辑学家约翰·伯吉斯甚至引用了《彼埃尔·梅纳德》：

> 有些人接受了克里普克的杜撰，杜撰的蓝本并非著名的维
> 特根斯坦所写的那部著名的《哲学研究》，而是另一位同名哲
> 学家撰写的另一部同名著作……虽然两本书中的文字一字不
> 差，但是克里普克所引用的段落在任何程度上都与原著中的意
> 义大相径庭，就像……博尔赫斯那篇知名小说中的主人公彼埃
> 尔·梅纳德一样。[1]

1　Burgess, *Saul Kripke* (2013), pp. 109–110. 在他关于克里普克的讲座《必然性的起源与起源的必
然性》（"The Origin of Necessity and the Necessity of Origin"，2012）中，伯吉斯将克里普克对维特
根斯坦的解读比作罗夏的墨迹测试（Rorschach inkblot）：（接下页注）

这个克里普克的创造物，你可以自行命名——克里普克的维特根斯坦，克里普克斯坦，弗兰肯里普克，过去、现在及将来的维特根斯坦幽灵——名字并不重要。[1]正是克里普克对《哲学研究》的分析，将维特根斯坦（以及库恩）理论中的基本问题聚焦出来。

例如，克里普克用算术规则重述了维特根斯坦的悖论——

$$68+57=125$$

有谁会反对吗？然后，他对规则做了一点小小的改动。他用"quus"代替"+"、准加法代替"加法"，不同于加法法则——当 x 和 y 小于 57 时，x quus y 与 $x + y$ 相同；否则，x quus $y = 5$。

愚蠢吗？但是，如果说所有的运算问题中数字都小于 57，也就是说你对更大数字的加法问题**缺乏经验**，那么无论如何你也**无从知道**自己遵循的是哪种规则——加法还是准加法。记住，规则是通过经验习得的。我们继续跟随克里普克的思路：

（接上页注）人们似乎并不认为在索尔的诸多哲学贡献中，这个怀疑悖论的发现应该被归为一种后验知识。但我要把它归为此列……人们如今不再像过去那样给他那么多荣誉，其中一部分原因就在于他否认这个发现是他的原创，并宣称是他在看路德维希·维特根斯坦的《哲学研究》时才得到这个发现的。

我得说，索尔与《哲学研究》的关系就如那个老笑话里的患者与罗夏的墨迹一样。如果你还记得……笑话是这样的，患者对那些墨点逐一做了 X 光级的详尽描述，然后医生说："你陷得太深了。"患者说："陷得太深，医生，您是什么意思？这些脏兮兮的纸可是属于您的。"在索尔眼中，维特根斯坦的著作是写着悖论的脏兮兮的纸张，但即使是作者的嫡系门徒也没人能看出悖论，至少我得承认除了墨点我什么都看不见。所以，我准备将此怀疑论悖论归功于索尔·克里普克，而不是路德维希·罗夏。

1　克里普克的《维特根斯坦论规则和私人语言》伴随着免责声明（就像药品广告附带的冗长的注意事项那样），克里普克无意于复制维特根斯坦的观点，而是着意于说明他自己所受的"影响"："我担心……试图呈现维特根斯坦的观点，在某种程度上是一种篡改行为。我对他观点的加工和演绎的方式很可能无法得到维特根斯坦本人的认可。因此，本文'既不能看作是对维特根斯坦观点的阐释也不是对克里普克观点的阐释'：应该说是维特根斯坦的观点对克里普克的影响，他发现了其中的一个问题"（p. 5）。

谁能说［quus］与我前面说的 '+' 不是一种运算？怀疑论者声称（或假装声称）我曲解了自己从前对加法运算的用法。他认为我所说的 '加法' 一直都是 '准加法'；如今，在一些狂热思想的影响下，我开始曲解自己从前对加法运算的用法。这种怀疑论的假设虽然荒谬又奇妙，但在逻辑上却并非不可能。[1]

克里普克的问题——当你进行算术运算时，你怎么知道 "+" 意味着 "加法" 还是 "准加法"？[2]——回到维特根斯坦和库恩的观点上来就是，意义来自共同体的一致同意。我们可以认为自己遵守着规则，但是这个规则究竟是什么？我们一直遵守着 57 以下的算术规则，自认为对其已经充分理解。我们自认为**理解** "加法" 的含义。但是关于 "加法" 含义的知识其实是建立在我们自认为对规则的理解之上。建立在我们个人对规则的应用经验之上。建立在规则在某个时间节点之前所发挥的作用之上。[3]

回到刘易斯·卡罗尔的小说。白色皇后向爱丽丝提出了问题（在《镜中奇遇记》里）："'你会做加法吗？' 白色皇后问道。'一加一加一加一加一加一加一加一加一等于几？''我不知道，'爱丽丝说。

---

1 *Wittgenstein on Rules*, p. 9.

2 克里普克对数学例子的使用是效仿维特根斯坦，他在《哲学研究》中就就明确引用了数学规则，例如，第 226 段："假设一个人用数列 1、3、5、7……"数列本身也存在问题。数列的规则有可能不是唯一的。我在十几岁时，曾有好几天的时间受困于 4、14、34、42、59……这个数列。即使被告知下一个数字是 125，我们仍然算不出这是怎么得来的。最终答案是，这个数列表示的竟然是纽约地铁第八大道线的站点：第 4 街（华盛顿广场站）、第 14 街、第 34 街（宾夕法尼亚火车站）、第 42 街（港务局巴士总站）、第 59 街（哥伦比亚环岛站）、第 125 街……

3 规则遵守的问题也出现在罗素的《显要人物的噩梦》中。在"形而上学者的噩梦"中，形而上学者被困在地狱里，"一个充满了不太可能发生、但并非不可能发生事件的地方"："这里有一个特别令人痛苦的房间，里面居住的哲学家都是反对休谟（Hume）的人。即使身在地狱，这些哲学家也没有变得明智起来，继续受自身动物性的归纳倾向所支配。他们每完成一次归纳，就会出现新的反例使归纳被证伪。然而，这仅仅发生在他们受诅咒的前一百年。此后，他们得出归纳总会被证伪的期望。于是，直到又一个世纪的逻辑折磨改变了这种期望，这次归纳才被证伪"（pp. 30–31）。

约翰·坦尼尔，刘易斯·卡罗尔《镜中奇遇》插图

'我失去了数数的能力。'"[1] 答案一定是 10 吗？如果共同体一致同意的答案是 11 怎么办？因为按照库恩的意思（卡罗尔也是这样表达的），白色皇后可以教导并使爱丽丝相信答案就是 11。[2]（或者可以回想一下 1968 年的温斯顿·史密斯，他好奇国家能否有效地宣布二加二等于五。显然，在饥饿的老鼠发挥作用之后，他们的努力会成功的。）

克里普克对规则的怀疑论是否适用于非数学的规则呢？适用于一般规则吗？毫无疑问。克里普克在这一点上非常明确。他认为对所有事物都适用："虽然我们在维特根斯坦的问题上使用的范式是针对数学问题构造的，但应该强调一下，它具有一般性，完全可用于任何规则或语词。"[3]

1　Carroll, *Annotated Alice*, p. 253.
2　当然，卡罗尔可能会反对。白色皇后可以宣布某事为事实，但不能强迫你同意。
3　*Wittgenstein on Rules*, p. 58.

但是，克里普克对维特根斯坦的**态度**是怎样的？他是否认真对待这种怀疑论论题（如他自己所勾勒出的）？他在攻击维特根斯坦吗？他在扭捏作态还是对此嗤之以鼻？如果说对他的哲学观点不敢苟同，那他欣赏维特根斯坦的写作吗？还是以上兼具？[1]如果他认为维特根斯坦从本质上说论证了语言**和**知识是不可能的，他是否有补救措施？一个正面的计划？

关于克里普克本人的感想，一个重要线索是书中的注脚 76。[2]他提到了一个名为"条件**反转**"的装置，灵感来自威廉·詹姆斯对"著名的情绪理论"的总结，然后它（具有各种资格）被扩展到大部分哲学领域。脚注的全文是这样的：

> 就像我们即将看到的那样，这种意义上的反转指的是一种反转优先级的装置。威廉·詹姆斯将他著名的情绪理论［*The Principles of Psychology*, Henry Holt & Co., New York, 1913, in 2 volumes; chapter 25 (vol. 2, 442‐85), "The Emotions"］总结为如下论断："……理性的说法是我们因为哭泣而感到抱歉……而并非因为抱歉而哭泣……"（p. 450）。很多哲学可以用类似形式的口号加以粗略地（毫无疑问不确切地）总结："我们并非因为某些行为是不道德的才加以谴责；某些行为因为备受谴责才成为不道德的。""我们并非因为矛盾法则是必然真理而接受它；因为我们接受（按照惯例）矛盾法则，它才成为必然真理

1　在一个脚注中（p. 5），克里普克写道："写作风格的作用也不可否认……他独特的风格偏好显然同时加强了他作品中的困惑和美感。"我表示赞同。

2　像大卫·福斯特·华莱士（David Foster Wallace）一样，克里普克作品中最绝妙的部分往往在脚注里。我要说脚注 76 的内容是对克里普克眼中的维特根斯坦最好的注释。但还是有很多写得更好的地方。以脚注 87 为例，它是赶在手稿出版之前临时加进来的。它总结道："对于这些问题，我仍感到有些不安。考虑到时间和空间，以及我为了做上述批评不得不放弃支持者和解释者的角色这一事实，这些都限制我无法再进行更广泛的讨论了"（p. 146）。

的。""火与热的紧密联系并非因为火会产生热量；火会产生热量是因为它们的紧密联系"（休谟）。"我们说 12+7=19 并非因为我们都掌握了加法的概念；我们都掌握了加法概念因为我们都知道 12+7=19"（维特根斯坦）。

文中的条件反转装置实现了以与这些口号相适应的方式反转优先级的效果。就我自己而言，无论这些口号是否如此粗暴，它们所说明的哲学问题的类型都令我怀疑。[1]

最后一句我反复琢磨：**无论这些口号是否如此粗暴，它们所说明的哲学问题的类型都令我怀疑**。这是克里普克的原话。毫无疑问他并无意于反转这些条件。他会说："是的。12+7=19，因为我们都掌握了加法的概念。"正如他曾经说过的，"加法运算不是某些特定意识的私有财产，也不是所有意识的公共财产。"[2] 实际上，数学实在论者或者柏拉图主义者从不怀疑人类已经掌握了加法的概念。

算术运算有一种客观存在性。因此，加法的概念就像仙女座星系那样远远地独立于我们（以及我们的心灵）而存在。问问自己，在 6 亿年前的寒武纪，加法的概念会有什么不同吗？我问的不是一只三叶虫怎么理解加法，也不是三叶虫的生活形式（Lebensform）——"从无声的海中掠过"。这个问题与它们或者我们的生物学特征无关。加法的概念先于人类或三叶虫而存在吗？加法需要任何生命的参与吗？还是独立于所有的生命形式？

我讨厌过度简化地对待复杂的问题。但是如果复杂问题正好需要这样的简化呢？对我来说，后期的维特根斯坦——《哲学研究》和《数学基础的评论》时期的维特根斯坦——描绘的是一幅错误的世界图景。

1　*Wittgenstein on Rules*, pp. 93–94.

2　*Wittgenstein on Rules*, p. 53.

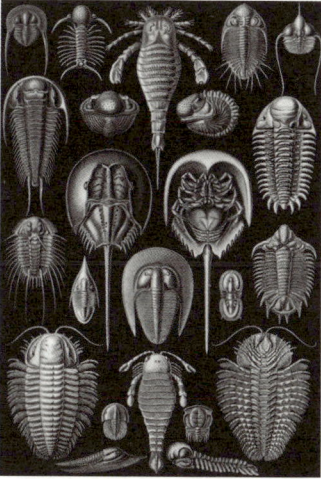

恩斯特·海克尔,《肢口纲和三叶
虫纲》, 1904 年, 彩色光刻

5 岁的路德维希·维特根斯坦

幼年克里普克

在他的图景中，真理是由我们**创造**出来的，而不是由我们**发现**的。[1]在《哲学研究》第 194 段，维特根斯坦说："当我们从事哲学研究时，我们就像野蛮人，原始人，听到文明人的表达方式，对之加以错误的解释，然后从中引出稀奇古怪的结论来。"克里普克回应道："我个人认为'原始'解释听起来相当不错。"[2]

我们先退一步说。在《命名与必然性》以及《维特根斯坦论规则和私人语言》（部分）中，克里普克的论证揭示了某些假设是如何导致荒谬的。[3]《命名与必然性》中提到的假设是，专名的指称与一个描述语集合有关。克里普克向我们阐明，如果这些描述语理论——其中任何一种：罗素、维特根斯坦、塞尔，等等——是正确的，那么指称的基底就不稳固。与一个描述语集合（或一簇描述语、一系列描述语）相关的专名"萨利"指称的是一个东西，而与另一集合相关的专名"苏西"指称另一个东西。（那么像在库恩理论中那样，如果描述语是理论负载的又会怎样呢？）

使《命名与必然性》具有毁灭性影响的是，克里普克的直觉是，没有任何描述语集合或描述语组合能捕捉到我们关于指称的深层直

1　朱丽叶·弗洛伊德（Juliet Floyd）写道："在 20 世纪的哲学家当中，维特根斯坦的总体哲学精神与哥德尔对比最为鲜明。与早期康德一样，对维特根斯坦来说，哲学和逻辑是对自我理解和自我认知的探究，属于自我批评、自我定义的活动，以及与生活的不完美和解的行为，而不是以发现非个人真理为直接目的的特殊知识分支。"（"Wittgenstein on Philosophy of Logic and Mathematics," p. 77.）

2　*Wittgenstein on Rules*, p. 66.

3　然后，克里普克举了几个准加法践行者的例子，包括他自己——"如今，在一些狂热思想的影响下，我开始曲解自己从前对加法运算的用法"（*Wittgenstein on Rules*, p. 9）。"某人——一个孩子或一个被毒品搞得晕头转向的人——可能会自认为在遵守规则行事，然而实际上他的行为是随意的，完全无规则可言"（p. 88）。"如果有人……突然按照一些与我大相径庭的奇怪程序给出答案……我会认为他很可能已经疯了"（p. 90），"他甚至会被看成是一个不遵守任何规则的疯子"（p. 93），诸如此类。而我最喜欢的例子是史密斯和琼斯两人的对话。"有时，史密斯将琼斯口中的"加"这个词用一些替代解释来替换，以使琼斯的回答与他保持一致。但更多时候，他无法这样做，这会令他倾向于认为琼斯实际上根本没有遵守规则"（p. 91）。但是如果让他们"陷入鸡同鸭讲，相互指责对方没有按规则行事，那又会怎样呢……"（p. 91）？好一个如果。

觉。[1]我要进一步说，如果指称是（与我们的信念）相对的话，它的作用何在？相对指称就像相对真理一样，根本不是指称。

克里普克就好比一个单人拆迁队，他的大铁球甩出巨大的弧线。尽管在书的前言中他表达了对维特根斯坦的钦佩，但他实际上对其理论提出了毁灭性的批判。[2]克里普克说，维特根斯坦的"怀疑论论证"应该被认真对待。但他同时也说，如果就维特根斯坦对规则遵守的观点加以总结，

破碎球，正在拆除位于德累斯顿市普劳恩区的旧磨坊

结论就是所有语言、知识都是不可能的。如果所有知识都以共同体接受为基础，正如库恩对卡维尔说的，"对于那些认为我们破坏了科学真理的反对意见我该怎么回应呢？……如果强行灌输和一致就是事物的本质，那么希特勒可以灌输给我任何一个理论并迫使我与他一致。"当然，答案很简单，强行灌输和一致并**不是**事物的本质。

私人语言这一概念意味着把一个人丢弃在荒岛之上，而维特根斯坦在 1936 年的讲座中也确实提到了漂流者鲁滨孙（Robinson Crusoe）：

> 鲁滨孙可能已经厌倦了内心独白。他开始开口自言自语起

1　克里普克直接驳斥了塞尔的描述语集合理论。（*Naming and Necessity*, pp. 71–80.）

2　"在这里我不会试图为自己说话，或者，除了某些偶然出现的次要的旁白，我不打算阐述我自己对于这些实质性话题的观点……如果要说这本书中的主要论点，那就是维特根斯坦的怀疑论问题和论证很重要，值得认真加以考虑。"（*Wittgenstein on Rules*, p. ix.）

来。但他所说的依然是与他人交谈时使用过的语言。

那么，我们假设他发明了一种私人语言。例如他给自己的某种感觉起了一个新的名字。他会怎么使用这个新名字呢？——假设他有一本日记，在日记中，每次他感到牙痛就在对应的日期上划 X。我们还要假设他所说的话没人能够理解，他也无法用语言解释。那么我们将怎样描述他的所为呢？

"他感到牙痛，然后他想起来在日记上划了一个叉。"我们怎么知道他想起了什么？最后，我们只能说"他划了很多叉"——我们不能使用"牙痛"这个词，因为我们通常所说的"牙痛"在这里不完全适用，他用"X"所表示的也不是"牙痛"。[1]

他的结论是什么？我们无法拥有一种独立于他人而存在的私人语言——一种真正的语言。如果鲁滨孙只是跟自己交流，我又怎么知道他确实在交流呢？这个问题正是 A. J. 艾耶尔（A. J. Ayer）和维特根斯坦的学生里斯（Rush Rhees）之间辩论的主题。在论证私人语言的可能性时，艾耶尔写道：

> 语言的发展……是一种社会现象。但是，假设一个没有受过任何现有语言教育的人自行编纂出他自己的语言，这绝不是一种自相矛盾……。G. K. 切斯特顿（G. K. Chesterton）关于语言起源的跳舞教授假说，即"来自某种个体生物的语言配方"，很可能是错的，但这丝毫不影响我们理解它。[2]

---

1   "The Language of Sense Data and Private Experience (Notes taken by Rush Rhees of Wittgenstein's Lectures, 1936)," *Wittgenstein, Philosophical Occasions: 1912–1951*, p. 320.

2   Ayer and Rhees, "Symposium: Can There Be a Private Language?" (1954), p. 70.

跳舞教授出自切斯特顿的小说《奇职怪业俱乐部》(*The Club of Queer Trades*)的第五章《查德教授之舞》("The Noticeable Conduct of Professor Chadd")。[1]小说于 1904 年首次出版，远早于《哲学研究》。小说的主人公是退休法官巴兹尔·格兰特和教授詹姆斯·查德，"在野蛮人与语言的关系领域，他是世界公认的……数一数二的重量级权威……那种不会生气的特立独行者。他手上抱着一摞书以及寒碜但牢固的雨伞，终日穿梭于大英博物馆和几家顶尖的茶铺之间。"[2]

讨论继续——谁更了解祖鲁人(Zulus)？是那些像查德教授一样的，生活在干燥、防腐的大英博物馆中的学者；还是那些像格兰特一样，沉浸在世俗生活中的人们？格兰特宣称：

> 而我，由于我就是个野蛮人，因此我对他们（祖鲁人）比你清楚。举例来说吧，你研究语言的来源，认为语言是从某种特有生物形成的神秘语言而来，你以许多事实和学术成果佐证你的理论，让我耳目一新，可是你仍然不能使我心服。因为，我就是觉得事情并非如此。如果你问我为什么这么想？我只能回答：因为我是个祖鲁人。如果你要问我——这是你最可能问我的问题——祖鲁人的定义究竟是什么？我的回答还是一样。我心目中的祖鲁人，会在七岁的时候爬苏塞克斯郡的苹果树，也会怕英国巷子里的鬼。

查德教授回答道：

1　故事的灵感可能来自蒙提·派森(Monty Python)的插画《愚蠢行走部门》(The Ministry of Silly Walks)。更多关于罗勒·格兰特(Basil Grant)和查德教授(Professor Chadd)的讨论，参见 Ruth Hoberman, *Museum Trouble* (Charlottesville: University of Virginia Press, 2011), pp. 152–154.

2　Chesterton, *The Club of Queer Trades*, p. 181.

约翰·克里斯示范的滑稽步态

　　关于你提出的论点，我真正反对的是……你不但误以为在事实之外还存在某种祖鲁人的事实，而且还认为真相的存在会阻挠你的发现。[1]

　　然后，好像要强调讨论的无意义，查德教授开始跳起舞来。这是他自己设计的私人语言，完全由舞步构成。直到人们能够理解他，否

1　*Club of Queer Trades*, pp. 187–188, 190–191.

则他不打算停下来。格兰特承认他输了：

> 你们没看到那个人吗？或许你们看过詹姆斯·查德忧郁地来回于他简陋的家和寒碜的图书馆之间，带着他那些无用的书本和一把烂雨伞。可是你们从未发现，他有一双狂热分子的眼睛。他那张脸总是被眼镜和破旧的衣领挡住，难道你们没有注意到他像是会烧死异教徒或是为点金石而死的人？就某方面而言，都是我的错，是我，我点燃了他致命的信念。我和他争论他著名的语言理论，他的理论内容是：语言对某些人而言有完整的意义，对一般人来说只是学人家使用而已。我嘲笑他对于事物的理解不够实际。结果，这个重视荣誉的老顽固搞出了什么？他已经回答了我：他创造出了自己的语言系统，这要花很多时间才能解释；我是说，他创立了他自己的语言。他发誓，他不再使用一般语言，直到人们可以了解并使用他的语言和他沟通为止。[1]

当然，他的舞蹈完全有可能是无意义的。

我们来想象一个维特根斯坦私人语言论证的变体。一位科学家正在一种范式中进行着他的研究。如果我是这个科学共同体中的一员；如果我使用的是相同的"学科矩阵"，无论它意味着什么；[2]如果我正在研究相同的问题，或同样的谜题集合；如果我参与的是相同的语言游

1　*Club of Queer Trades*, pp. 214–215.

2　在第二版《结构》（1970）的后记中，库恩告诉我们，范式本质上是一种学科矩阵。用一个概念替换另一个不明确概念，有人会注意到吗？"所有或大部分我在原书中当作范式、范式的一部分或具有范式性的团体的承诺对象，都是学科矩阵的组成成分，并因而组成一个整体，共同起作用。"（p. 182）。

戏——那么，一切都没有问题。但是，哎呀，革命发生了。在各个孤立范式中的科学家们就如同鲁滨孙与我们一样。我们（或者他们）又怎么会知道他们指的是牙痛还是土豚？正如克里普克那个耐人寻味的论断所说，"主要问题**不**在于'我们如何证明私人语言——或其他形式的特殊语言——是**不可能的**？'；而是'我们如何证明**任何语言**（无论是公共的、私人的，还是其他的）是**可能的**？'"接着，克里普克发生戏剧性转变："对于我们把有意义的语言归于自己和他人的做法，我**还能说什么呢**？大家不是已经接受了那个自相矛盾的结论吗，所有语言都是无意义的？"[1]

我问克里普克——

埃罗尔·莫里斯：您是有意要戏谑维特根斯坦吗？很认真地对待他的理论——可能比他自己还要认真？

索尔·克里普克：是的，我对整件事是否可行存有一些疑虑，担心我的解读是否站得住脚，我怀疑这是否与文化高度相关——

莫里斯：会导致相对主义？

克里普克：维特根斯坦必然会担心这一点。他与他的主要追随者伊丽莎白·安斯康姆（Elizabeth Anscombe）有过一次对话，后者将谈话内容报道了出来。他的《论确定性》（*On Certainty*）中也有一段提到这一点——人们不去咨询医生，而是求助于巫医。[2]然后，她说："那好，如果你的一位朋友有意追随巫医，你会怎么想？你觉得怎样？"你最好去查阅她的原文章确认一下，文章叫作《语言

1　*Wittgenstein on Rules*, pp. 62, 71.
2　在《论确定性》中，有很多段落都透露出维特根斯坦的相对主义倾向，例如："假设我们遇到的人并不认为［求助于科学］有什么说服力。那么，接下来会怎样？他们会诉诸神谕，而不是医生。（为此，我们会认为他们很原始。）咨询神谕并听从指引，他们错了吗？——我们说这样做是错的，这难道不是用我们的语言游戏作为基础对抗他们的基础吗？"（第609节）。

观念论的问题》（"The Question of Linguistic Idealism"）。维特根斯坦回应道，他不赞成，但他说不上来为什么，大概是这个意思。

安斯康姆这段话确实很具暗示性：

> "我们的科学"表明魔法活动和信仰是一种错误，维特根斯坦排斥这样的观点。首先，他认为把魔法当作错误的科学是愚蠢的。科学只能纠正科学错误，只能在自身领域中、在属于自身程序系统的思想中发现错误。对于其他程序系统中的事，除了做一些可能的预测之外，科学没有什么发言权。

但是，巫医可以与医生相提并论吗？安斯康姆继续写道：

> 有一次，我问维特根斯坦，如果他有一位朋友将要从事巫医职业，他是否会加以阻止。他考虑了一下，说："是的。但我不清楚为什么。"我认为他的反对与信仰有关。科学家不能在科学基础上谴责迷信活动，但他可以在"科学"哲学的基础上这样做。然而，他并不需要哲学的支撑就能追求他的科学事业……在《论确定性》中，我们可能会认为他提出了一个直截了当的论点：对于那些与我们截然不同的活动和信仰，我们的批评是没有任何'理性基础的'。那些异化的活动和语言游戏就在那里。不属于我们，我们也无从参与。[1]

这段话不仅强调了维特根斯坦的相对主义，而且表明从维特根斯

1　Anscombe, "The Question of Linguistic Idealism," p. 125.

坦到库恩只需要一个小小的跳跃。"对于那些与我们截然不同的活动和信仰，我们的批评是没有任何'理性基础的'。"

回到加法和准加法的问题上来。

莫里斯：加法 / 准加法这样的例子说明，如果你接受了维特根斯坦的观点，就会导致无意义，是吗？

克里普克：是的。我想可以这样说，在这一点上我是谨慎的。有人写了整整一本书来支持我的观点，他认为我的观点不仅融贯，而且为真。[1] 虽然我不确定我完全同意他的看法，但我认为书中大部分内容是对的。我在（《维特根斯坦论规则》的）前言中说过——我没有说这就是真理，我所做的是像律师一样捍卫我的立场。同时，我还表达了某种疑虑和恐惧。[2]

克里普克对，维特根斯坦错。或者维特根斯坦对，克里普克错。事实或许并不这样简单明了。问题可能会归结为两种对立看待世界的观点。由内向外（从我们的头脑内部延伸至辽阔宇宙）与由外向内（从宇宙回归我们自身）。作为一个有批判精神的读者，你可能会说："怎么可能呢？怎么可能从外向内去看？我们被自身禁锢着。"确实如此。我们驻留在自身的生物皮囊里——就像一具石棺中的木乃伊。不可能逃脱。对于历史知识，也可以做类似的论证。如果我们囿于此刻，那么又如何获得关于过去事件的知识？由于对现在的偏好和偏见，历

1　Martin Kusch, *A Sceptical Guide to Meaning and Rules* (2006).

2　克里普克在 2012 年 2 月 6 日写给我的电子邮件中表示，他不愿再进一步捍卫他对维特根斯坦的解读："正如你所看到的，对维特根斯坦理论的注释，我已经非常谨慎力求精确。而在我看来，维氏很可能并不希望他的观点被表述得更为准确。我喜欢大卫·刘易斯（David Lewis）的评价，他说如果（我归于他名下的）那些观点并非维氏所说，那他就更不值一提了！尽管如此，对于那些认为我对维氏的解读并非注释的反驳，我也无意去理睬。据我所知，他们拒绝一切批评。"

史会被无可救药地扭曲吧？确实如此。但是请容我介绍另一种实在论——调查实在论。我要说，在我们之外存在着一个现实世界，——一个科学和历史的世界，我们可以去了解它。怎么了解？它不像一道菜那样摆在我们面前，旁边还有土豆沙拉或者奶酪通心粉。要想了解它，我们得通过推理、观察、研究，通过思想和科学。如果月亮和星星就存在于天外，如果宇宙真实存在，我们的任务就是揭示我们自身在其中扮演着怎样的角色。并对其拥有**知识**。而非去捣毁这一事实。

第 7 章

世界家具

> 东方是东方，西方是西方，尾碰不到头，二合不成一，
>
> 直到那一刻，天地齐出席，神灵做裁决，寰宇订新契，
>
> 除非既无东亦无西，让边界族群和出身，从此不再有意义。
>
> 两位强者彼此投契，世界尽头前来相认，面对面比肩而立。
>
> ——拉迪亚德·吉卜林，《东西谣曲》

我在五年级时陷入过一场争论。那时我十岁，跟一个孩子赌一美元，内华达州里诺市在加利福尼亚州洛杉矶市的西边。他不相信，于是我拿出地图给他看，事实确实如此。但他不肯兑付他的诺言。

39° 31'38" N, 119° 49'19" W 里诺，内华达

34° 03'00" N, 118° 15'00" W 洛杉矶，加利福尼亚

他辩称，经度线不会穿过海洋。是的，那是他的原话。里诺的经线（119° 49'19" W）在圣巴巴拉市附近与加利福尼亚的海岸线相交，而洛杉矶的经线（118° 15'00" W）会经过里诺以东（大约）100英里的内华达州洛夫洛克市。可见没什么可争论的余地，谁也说服不了

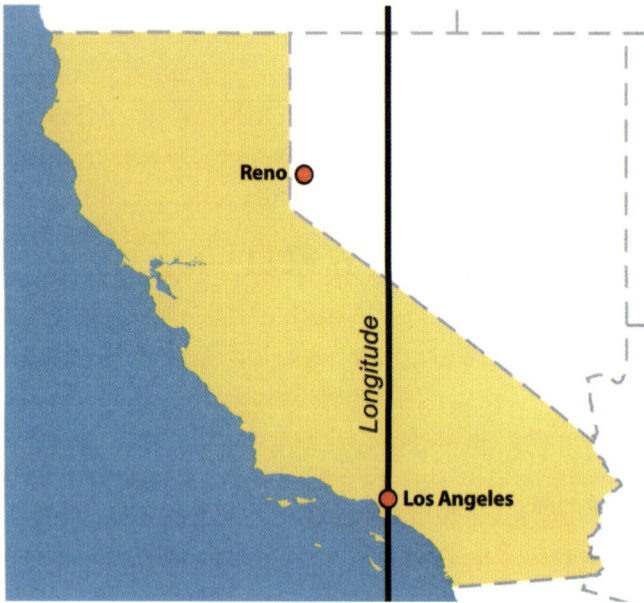

标示了加州洛杉矶市和内华达州里诺市经度的地图

谁。他的论据是什么？他认为问题取决于"西方"的含义是什么？可能"西方"对他来说意味着"美国西海岸上的所有地方"。西海岸上的任何地方都比内陆的任何地方都靠西。这听上去像不像我们讨论过的准加法的问题？只是这次是准西方。（一个准罗盘上的方向？）我们的争论陷入了克里普克在维特根斯坦书中看到的那种"鸡同鸭讲"。你说东，我说西。我们得叫停这一切，疯狂、粗暴和愚蠢对解决问题毫无帮助。如果允许那个小孩重新定义"西方"，那么什么打赌都算不得数了。你不是也听见了吗——问题取决于"西方"意味着什么？

好吧，如果对"西方"的含义没有共同的理解，我们就无法沟通。《牛津英语词典》上说，在某种程度上谨慎地说，西方是指"从正南方顺时针转 90 度所指的方向"。但我们的问题是，哪个地方更偏西？这可不仅仅是在某些事情上获得一致就行了，这关乎世界——地壳以及城市在地壳上的位置。这关乎一种主张是真还是假。正如菲利浦·K.
迪克（Philip K. Dick）所说：“实在就是那些就算你不再相信也不会消
失的事。”[1]

诺姆·乔姆斯基（Noam Chomsky）无须多做介绍。作为著名的
语言学家、认知科学家、哲学家以及历史学家，他也是世界公共知识
分子的领袖之一。我在威斯康星大学读本科时就研读了他的著作《句
法结构》（Syntactic Structures）以及《笛卡尔主义语言学》（Cartesian
Linguistics）。他的名句“无色的绿色思想在怒不可遏地睡觉”就出自
前者，而后者探讨了乔姆斯基关于普遍语法的思想。而后在 20 世纪 70
年代——我大学毕业准备读研究生——有两篇论文以其非凡的智慧使
我痴迷：乔姆斯基在《B. F. 斯金纳的语言行为综述》（“A Review of B.
F. Skinner's Verbal Behavior”）中对语言的行为主义理论的批评以及克
里普克的《命名与必然性》。两篇论文都带有毁灭性。B. F. 斯金纳的语
言习得理论和指称的描述语理论被推翻。虽然仍有很多人试图为这些
理论招魂，但已无济于事了。[2]

对于请教有关科学变革、库恩以及指称和真理的问题，我感觉乔
姆斯基会是一个理想人选。（库恩离开普林斯顿之后，两人都任教于
MIT。）乔姆斯基的思想总是——至少对我来说——有些难懂。通过
与他的交谈，我希望能够对他的某些哲学立场以及关于库恩和科学史
的感想有些更深的了解。比如说，科学革命。对乔姆斯基来说，“革
命”一词是单数的，只存在一场革命。科学革命**特指**从前伽利略叙事

1　Dick, "How to Build a Universe that Doesn't Fall Apart Two Days Later," p. 261.
2　我常常对与政治上的右派和左派产生好奇，形而上学理论是否与政治有某种关联。虽然政治
并不是衡量这些主题的合适领域——但是政界本身就不就好似一本教科书吗？——相信真理和指称
的现实世界的存在，貌似代表左派；否认真理、指称和现实世界，代表右派。

到后伽利略时代的数学化世界图景的那场革命。根据乔姆斯基的自述，他认为即使是他自己在语言学上的"革命"（他反对斯金纳及其行为主义学派）也根本不能算作革命。[1]他曾写信给我说："没有标准可以界定哪些变化算得上科学革命。这是一个评判标准的问题。"[2]（你瞧，我敢说很多科学革命从未发生过，只不过是很久以后人们**想象**出来的故事而已，就像在公元4、5世纪新柏拉图主义者们**想象**出来的，希帕索斯因为证明了 $\sqrt{2}$ 是无理数而被谋杀的故事一样。）

所以说，没有科学革命。那么指称呢？乔姆斯基给了我他书中的一章《关于指示符与指示的笔记》（"Notes on Denotation and Denoting"），书中他论证了存在"指称行为"，但指称本身不存在。如果说库恩的观点是科学中不存在指称，那么乔姆斯基的观点则是**除了**科学**之外**不存在指称：科学语言中指称可能存在；一般语言中不存在。例如，判断"水是 H_2O"是否为真，取决于所使用的语言系统：

> 这不是说，在"化学语言"中没有水这个术语（尽管"水"的使用是非正式的）。也不是说，在自然语言英语中没有 H_2O 这个词……而是在这句表述中呈现出的混合系统中，判断真假取决于"水"指的是在常规英语中所代表的意义（这种情况下表述为假）还是在化学中的意义（在这种情况下表述为真，根据定义……）。[3]

我要把乔姆斯基称为不情愿的实在论者，一个关于科学术语而不是日常语言的实在论者。"科学的目标之一就是尽可能地坚持指称主义

1　Chomsky, Gary A. Olson, and Lester Faigley, "Language, Politics, and Composition" (1991), p. 2.

2　2014 年 8 月 4 日写给作者的电子邮件。

3　Chomsky, "Notes on Denotation and Denoting," pp. 42–43.

学说。因此，在设计电子或音素等领域的技术概念时，研究人员会**希望**与现实世界中的实体保持一致，并在使用这些概念时也力求遵循指称主义学说。"[1]

"指称主义学说"这个词有点夸张，它代表的思想认为世界上存在着可以被明确指称的事物（实体）。乔姆斯基指出，在日常语言领域这个学说失效了。当指称代表的是一种心灵与世界关系——心灵（或大脑）中的某些特定事物与世界中的某些特定事物的关联——指称就失败了。我们就像希望击中目标的弓箭手，当我们连目标是否存在都说不准的时候，击中与否就更无从谈起了。

> 在初级研究案例中，如帕瓦罗蒂这样的名字"指称或指示着名字的所有人（一位歌唱家）"；一般来说，"从指示的观点来说，符号代表对象。"这个核心概念——指称主义学说——是标准的，甚至半个多世纪以前当代语言语义学早期关于这些主题的一些奠基著作的标题也表明了这一点：《语词与事物》(*Words and Things*, Brown 1958)、《语词与对象》(*Word and Object*, Quine 1960)。当然，指称主义学说有更深层次的根源……（有人）主张它的作用是双重的，引导出对语义学两个基本问题的解释：符号与其信息内容之间的联系，即"语言的关涉性"，语言与外部世界的关联；以及"作为社会活动的语言"。[2]

乔姆斯基认为，当我们想象自己指称到原有概念图式以外的事物

1　"Notes on Denotation," p. 42. "希望"的黑体是我加的，这个词非常重要，因此我要给予准宗教式的重视。（类似圣餐化质论。）

2　"Notes on Denotation," p. 38.

时，我们正在实现某种飞跃。然而，对于乔姆斯基来说，不存在不可通约性。（也就是说，离开了库恩式范式的教条，形而上学的确定性是可能缺席的。）只有我们人类共同的概念图式，别无其他。"您能构思一个明显的不可通约性阻碍科学进步的案例吗？"对于这个问题，他给予驳斥。

诺姆·乔姆斯基：据我所知，认知能力存在太多的共通性，以至于不存在类似不可通约性的事情。我们总能在某个层面上达成一致，从而开始讨论。然后，我们要么发现某一方所坚持的理论缺乏现实支撑，当然辩论也就因此停止了，要么我们将找到一个理性的解决方案。例如，你正在跟一个坚定的福音派基督徒就进化论进行辩论，如果他坚信圣经上写的就是真理，那么到某一点上你就会发现讨论进行不下去了。但是这不是什么更深层次的问题，只是他坚持独立于证据的学说。

埃罗尔·莫里斯：教条主义。

乔姆斯基：是的。如果不是那种非理性因素，我很难相信没有办法从一些共同的假设转变成严肃的互动——这**不是**说人与人之间不能相互理解。

莫里斯：确实，这样的事一直在发生。

乔姆斯基：是的。

莫里斯：在大肆宣扬圣经的传道者与理查德·道金斯（Richard Dawkins）的案例中，也有这样的讨论。

乔姆斯基：确实。他们彼此理解，无论事实如何都无法撼动他们的信仰。

莫里斯：缺乏灵活性而且难以处理——但不是不可通约性。

乔姆斯基：关于不可通约性的各种论证始终无法令我信服。在我看来，论证似乎总是基于某种共同的基础，但对证据的解释不同。

我的话题回到历史。乔姆斯基告诉我，如果人生再来一次，他将从事思想史的研究。但是历史，就像我妻子经常说的，只是带着数字的神话学吗？

莫里斯： 难道我们不是有理由相信我们指称的是历史中的事物吗？

乔姆斯基： 是的。我同意。但是指称——

莫里斯： 对你来说，是没有指称的指称行为——

乔姆斯基： 是的。指称这种行为确实发生了。我们两个人可以指称罗伯特·S.麦克纳马拉（肯尼迪和约翰逊政府时期的国防部长）。但问题是——严肃的哲学、语言学、心理学问题，在我和你指称时所用的符号"麦克纳马拉"与那个物理学家可以识别的心理之外的实体之间存在技术意义上的联系吗？我认为没有。

莫里斯： 您不觉得这样说有点反常吗？

乔姆斯基： 听上去可能有点，但我认为就是这样。这有点教条主义。当我说查尔斯河就是从我住的公寓外面流过的那条河时，这句话在直观上似乎是明确的。（查尔斯河从马萨诸塞州剑桥市和波士顿之间流过。）它就在那里，我能看见。我用心理之外的特征对它加以描述，但是这种特征描述符合物理学家识别一条河的方法吗？并不符合。事实上，这样的讨论可以追溯到希腊人，不是什么新鲜的主题。

莫里斯： 但是如果我们谈论的是那些实在难以确切指称的实体呢？

乔姆斯基： 人是个简单的例子。洛克的书里写过，休谟也写过。他们都认识到我们区分一个人往往是建立在一些无法被物理测量的属性基础之上。例如，心理连续性。小婴儿都能理解。童话故事里

青蛙王子

说，邪恶的巫婆将英俊的王子变成了青蛙，他拥有青蛙的身体特征，直到美丽的公主亲吻青蛙，他变回了英俊的王子。每个孩子都能看懂。这意味着他一直都是王子，无论他的身体特征是怎样的。[1]

但是以河流为例，比如说查尔斯河。托马斯·霍布斯（Thomas Hobbes）认为，河流可以以发源地来加以区分。[2] 所以，只要发源不变，河流就始终是那条河流。但事实并非如此。以亚马逊河或尼罗河为例。它们有很多个不同的源头。甚至，如果河水逆流，它还是那条河流。你还能想象很多其他彻底的变化，它仍然是同一条河流。而另一方面，有些微小的变化却可能会使它不再是一条河流。如果你在河岸上筑起河堤，用河道运送货物，它不再叫作河流了，它成了一条运

---

1 我理解心理连续性，但是这个故事混淆了可想象性和可能性。王子能变成青蛙吗？不能。一个孩子能想象青蛙就是王子，王子就是青蛙吗？是的。当讨论某事的可能性时，我们要说的特指那些克里普克意义上的某事。

2 Hobbes, *Elements of Philosophy The First Section, Concerning Body* (1656), p. 101: "此外，这种形式因运动而得名，那么只要运动存在，个别事物就不变；正如一个人若其思想和行为都从同一运动开端发展而来，也就是在他存续期间，那么他就始终是同一个人；从同一源泉中涌出的河流，不管组成它的水有没有变化，甚至即便从那里流出的不是水，但依然是同一河流。"

河。如果你想办法把河面硬化，比如某种形式的微小相变使河面变成类似玻璃状态的硬化表面，在中间划上线，人们开始使用它通勤去波士顿，那么它也不再是河流，而是高速公路了。如果你继续这种尝试，你会发现决定它是河流的是一系列心理运作，远远超出物理世界可检测的范围。

对我来说，像查尔斯河这样模糊的实体与被美丽公主亲吻的青蛙之间还是存在差异的。我相信那只青蛙是王子并不意味着它就是王子。

莫里斯：但是这难道意味着实体并不存在吗？

乔姆斯基：哦，存在。因为我在这里讨论的是日常语言和日常思想。在科学领域，脱离了那些日常领域，我们开始尝试开发一个真正存在指称的系统。考虑一下——水是 H_2O 吗？科学家会说水就是 H_2O。但他们所说的"水"与自然语言中的"水"有着不同的含义。还是以水为例。假设我面前有一杯纯 H_2O，某人在我的杯子里放进了一个茶包。那我杯子里的不再是水，而是茶。假设我家的自来水经过一个单宁酸过滤器，当我拧开水龙头，在化学上产生的效果与放一个茶包在杯子里是一样的。水龙头里流出的是水，然而在化学成分上跟一种非水，也就是茶相同。这种语言和思维方式，当然不是科学家想要的。他们希望科学术语能标示出某些独立于心灵的、存在于外部世界的实体。这种朴素实在论，即使存在诸多争议，我们还是直觉上接受它。我们说水是 H_2O，在科学上为真。

莫里斯：如果我们的世界中存在某些东西——可以叫作世界家具，那么——我们的认知能力不是以这种方式发展的吗，即认识到事实：我们必须意识到有一个拿着长矛的穴居人或者长着巨大牙齿的食肉动物正对我们虎视眈眈？

乔姆斯基：哦，当然。但是这并不意味着有必要引入指称的概念。例如，一些有力的证据表明猿类无法发展出名称的概念。你可以看看关于黑猩猩尼姆的书，据说实验非常成功。直到最后，到了实验不得不终止的节点——一个研究生对整个实验过程做了逐帧研究。他们是非常仔细的实验员。他们知道自己在做什么，也做了非常好的记录；实验报告堪称完美。但是他纵观整个实验框架，发现什么都没有发生。实验员们欺骗了自己，就像聪明的汉斯那样。[1]他们无意识地暗示自己尼姆能够接受指示并作出反应。另一方面，在如何解释尼姆的行为信号方面他们也在自欺。在训练中，尼姆并不能掌握名称的概念，比如"香蕉"这个词指一种水果。它会使用实验员称之为"香蕉"的那个符号，但是那与我们的名称的概念是不一样的。进化没有赋予猩猩这种能力，没理由认为它们能做到这一点。

莫里斯：我们很容易对这个世界产生妄想。自欺欺人无处不在。汉斯的驯养员真的相信他的马会算术加法。猩猩尼姆的驯养员真的相信尼姆懂得指称香蕉。你告诉我的是，事实是——汉斯不懂算术，尼姆不会也不可能会指称。但是这意味着我们也不能吗？

乔姆斯基：你可以研究一下猩猩的进化是怎样的，进化使人类获得了创造一个在动物世界没有对应物的符号系统。我们不用在每次看到苹果的相关物时都重新创造"苹果"这个词。很多人相信进化是由微小步骤组成的并且相信自然选择导致进化，他们并不喜欢我所说的，但这似乎恰恰就是真相。在《物种起源》(*The Origin of Species*)中有一段每个人都会引用的著名段落，达尔文说，除非进化是通过非常细小的、几乎察觉不到的步骤进行——除非是

1　一个自欺欺人的经典故事。聪明汉斯的驯养员相信他教会了他的马如何数数。但实际上，汉斯只是对驯养师无意识的暗示做出反应。

聪明汉斯和范·奥斯滕，1904 年

通过自然选择——否则我的整个理论将崩溃。[1]如今，我们知道事实并非如此。一些很小的突变或调节机制的运作方式上的变化都会导致巨大的表型差异。这一点我们三十年前就知道了。现代生物学对此已不再大惊小怪。但是在人类案例中，人类的符号系统如何以其特殊的特征进行演化还充满神秘性，我们还不得而知。

莫里斯：那么，这么多年过去了，您认为问题变得比最初更神秘了吗？

乔姆斯基：是的。我们知道的越多，问题就变得越神秘。但是，一般而言，科学也是如此。比如物理学——天文学。随着知识的增加，科学家反而发现宇宙 90% 的质量或者说能量缺失了。相当神秘。

1　"自然选择的作用是积累微小的有利变异，所以它无法引起突变，只能按照缓慢的步骤进行。"（Darwin, *On the Origin of Species*, p. 492.）

莫里斯：但物理学家们还是懂得了很多从前不懂的东西 ——

乔姆斯基：他们确实知道的很多。但不断有新的未知，更深层的未知
　　出现。物理学家现在正鼓捣多重宇宙的构想，有另外的宇宙遵循
　　着不同的物理法则，凡此种种，全是谜团。

莫里斯：我很惊讶地读到，您在书里同情神秘主义者 ——

乔姆斯基：不只是同情，我就是其中一个始作俑者。

莫里斯：神秘主义的来源？因为您关于问题和神秘的文章吗？

乔姆斯基：那只是个开始，四十年前的事了。我指的是杜威（Dewey）
　　在哥伦比亚大学的讲座，发表在 2013 年 12 月期的《哲学期刊》
　　（*Journal of Philosophy*）上。[1] 在第二场讲座中，他回顾了所谓的
　　神秘主义历史，把我称为罪魁祸首，并追溯至艾萨克·牛顿。牛
　　顿曾总结说，关于这个世界的真相是不可理解的。对此，科学历
　　史学家们一定不陌生，但我认为科学哲学家们还难以消化。你有
　　必要回顾一下，基于一种原则的现代科学，伽利略革命（Galilean
　　Revolution），我们称之为"机械论哲学"，即世界是一部机器。对
　　伽利略、莱布尼茨来说，惠更斯（Huygens）、牛顿等人，除非你
　　们能对某事做机械解释，否则就是没有解释。这里的机械意味着
　　那些直观上与"机械"有关的东西：齿轮、杠杆等等。没有链接
　　就没有互动。这一点非常关键。牛顿证明事实并非如此。他认为
　　这样的概括是荒谬的，任何一个有科学素养的人都不可能接受。
　　实际上，洛克和休谟以及古典哲学家们对此非常清楚。休谟曾写
　　过一部关于英格兰历史的书，有一章就是关于牛顿的。他称赞牛
　　顿是史上最伟大的天才。他认为牛顿最伟大的成就不是揭示了某
　　些自然之谜，而是证明了其他我们无法理解的自然谜题的存在。

1　Chomsky, "The Dewey Lectures 2013: What Kind of Creatures Are We?"

牛顿自己就无法理解超距作用。[1]

科学降低了他们的视野。从伽利略到牛顿，他们努力尝试用对我们来说融贯的术语来解释事物。当牛顿的发现刚刚被当作科学常识时，科学所探究的问题还很有限。世界确实是难以理解的，是神秘的，但是至少我们可以构建可理解的理论。这是一个较黯淡的目标，像伯兰特·罗素这样的人很明白这一点。亚历山大·柯瓦雷（Alexandre Koyré）等人也清楚，但是科学哲学家们不明白。认为这就是神秘主义，更深层次的神秘主义。我的看法有所不同，因为这种神秘主义模糊了我们是有机体而不是天使的事实。如果我们是有机体，我们的认知能力就应该与所有的生物学能力一样，有范围和限制。有些事情超出了我们的极限——比如世界的本质。

科学仍在无休止地对世界的本质孜孜以求，并试图渗透到事物的本质中。当我们发问，水是什么？或者金是什么？我们在追问的实际上是事物的本质、必然的属性，以及那些不可能是其他样子的东西。科学所处理的往往是这些属性。科学法则的概念其实就表明存在必然的（或本质的）属性。但是，必然属性是乔姆斯基（以及众多哲学家）的诅咒，至少在日常语言上——我们日常生活中使用的语言。[2]

乔姆斯基很早就对克里普克关于指称的本质主义图景表示异议。他在 1975 年的知名著作《反思语言》（*Reflections on Language*）中写道：

1　"在揭下某些自然之谜的神秘面纱的同时，他还指出了机械论哲学的不完美之处，从而将自然的终极秘密永远保存在既有的朦胧之中。"（Hume, *The History of England*, p. 381.）

2　克里普克写道，"元素周期表根据金属的化合价特性对金属这类元素做出描述。这可能使某些人立刻认为，实际上可能有两种金属的概念在这里起作用，一个是现象学的概念，另一个是科学的概念，后者代替了前者。我反对这种看法"（*Naming and Necessity*, pp. 117-118）。然而，对乔姆斯基来说，至少存在两种金属（或水）的概念——现象的和科学的。

克里普克（1972）认为，英国女王伊丽莎白二世，这名女性的父母另有其人，这种情况是不可能的；她的父母双亲是特定的，这是一个必然真理（尽管还是，我们并非**先验**地就知道）。他的结论是，"任何有不同来源的东西都不是这个对象。"

我自身对这个例子的直觉却有所不同。如果英国女王伊丽莎白二世写一部虚构的自传说她这个人的父母另有其人，这似乎不会引发什么逻辑[1]问题；我想可以把它当作对这个人在一个不同的"可能世界"中的描述，一个对出现在这个世界中的对象的可能状态描述。[2]

但是克里普克要讨论的不是我们是否可以**想象**伊丽莎白的父母另有其人。亦非我们能否虚构一部自传伊丽莎白的父母另有其人。我的直觉是：是的，我们可以**想象**那样的事情。可想象的世界和想象中的世界确实存在。（可想象的世界可能会真实存在，但想象中的世界不会。）克里普克说的是另一个问题——伊丽莎白二世**其人可能**拥有另一对不同的父母，或者拥有另一组染色体或 DNA，但依然是伊丽莎白二世吗？[3]（或者伊丽莎白二世可能拥有不同的遗传来源吗？）你可以自

1　"逻辑"这个词有点把水搅浑了，至少让我很困惑。我虽然同意他的观点，"似乎不会引发逻辑问题"。但是，借此要说明什么呢？如果伊丽莎白二世的虚构自传里说 $\pi = 3$，就会引发逻辑问题吗？不会。虚构的自传这个词本身就表达了某种不可能性、不合逻辑性。（毕竟，那是一部小说。）

2　Chomsky, "The Object of Inquiry," in *Reflections on Language* (1975), pp. 48–49.

3　"伊丽莎白二世"这个名字激化了问题，也造成了混乱。有没有可能另一个人成为伊丽莎白二世？例如，如果爱德华八世（Edward VIII）没有放弃王位并生了一个女儿叫"伊丽莎白"，她可能成为伊丽莎白二世吗？但是，伊丽莎白二世其人，正坐在英国王座上的女人，是不能有其他父母的（也不能成为一只土豚）。克里普克写道："人们可以设想，假定在这个女人一生中发生过许多变化：假设她变成了一个乞丐；假设她的皇室血统根本不为人们所知等等。又如，假设你知道这个世界到某一个时刻为止的历史，而从这一刻起，历史就与其实际的进程大不相同了。这一点看来是可能的。同样可能的是，即使女王是这对父母的孩子，她却从未成为女王。即使女王是这对父母生的孩子，但是像马克·吐温小说中的主人公那样，她后来和另一个姑娘调换了……在我看来，任何一个有不同来源的事物都不会成为这个对象。"（*Naming and Necessity*, p. 113.）

马库斯·亚当斯，童年的伊丽莎白女王与父母在一起，1927 年

问，我可能是一只土豚但依然是我自己吗？[1] 注意，你要问自己的问题
不是"我能想象自己是一只土豚吗"，而是"我能成为一只土豚但仍然
是我自己吗"。对我来说，答案是，不能。[2]

　　同一性与个体性的关系如今被生物科学绑定 —— 在这个例子中是遗
传学：23 条来自母亲的染色体与 23 条来自父亲的染色体。（对 1972 年
的克里普克来说，形式会略有不同，因为 DNA 结构是 20 年前才被发现

1　当然，卡夫卡问道，我能变成甲壳虫但依然是我吗？尽管睿智如卡夫卡，答案仍然是否定的。
格里高尔是一只虚构的甲虫，他认为自己是一只甲虫。他可以相信自己是一只甲虫，但他不是我
们世界中存在的甲虫或人类。

2　所幸想象自己是一只土豚的世界并不需要我构建一个长得像土豚的我自己。

土豚，16 岁

的。）伊丽莎白女王可能拥有不一样的染色体但依然是伊丽莎白女王吗？[1]

　　显然，对于乔姆斯基来说，指称行为是野心勃勃的。但是如果你不知道那个"东西"是什么，甚至存不**存在**"东西"，你怎么指称它呢？乔姆斯基援引了忒修斯之船（Ship of Theseus）——忒修斯乘着这艘船前往克里特岛去杀牛头怪。[2] 在普鲁塔克（Plutarch）的记载中，忒修斯之船被拆解，然后用不同的材料重建起来。[3] 那么他还是忒修斯

---

[1]　希拉里·普特南曾向我指出，我们可以想象由不同的个人提供的一模一样的精子和卵子。希望这个染色体方案可以解决这个问题。

[2]　Chomsky, *Of Minds and Language*, pp. 381–382.

[3]　"这艘曾载着忒修斯和他的伙伴们远航并安全返航的船，这艘三十支桨的大船由希腊人一直保存至德米特里斯·法莱乌斯时代。他们不时地拿走旧木板，换之以新木板，这艘船成了哲学家们关于成长争论典型案例，一些人说它没有变，而有些人则认为不再是原来那艘船了。"（Plutarch, *Lives*, vol. 1, p. 49.）

　　显然，忒修斯之船还涉及博物馆科学。由于希腊人对船只的保护，船板被替换。可能世界和起源的问题被彻底混淆了。容我解释一下。是否存在一个可能世界，很多木板被替换但它依然是忒修斯之船？可能吧。但是我们谈论的是忒修斯之船的本质还是起源呢？依我看来，这艘船并没有本质可言，没有本质属性。但它是有起源的。只要这艘船在因果链或历史链上与原来的船有关，它就是忒修斯之船。

忒修斯之船

之船吗？霍布斯把问题更进一步。[1]忒修斯之船被拆解，用不同的材料重建，而原来的木板、钉子和其他配件被用来建造另一艘船。这两艘船中哪一艘才是**真正的**忒修斯之船？

　　这一类问题最终归结为"这取决于你所说的'x'是什么意思"。两艘都不是？抑或都是？这类问题还会归结到起源而非同一性。我身体里的细胞每七年会替换一次——他们是这么说的。这意味着我是人形的忒修斯之船吗？实际上，七年之痒是关于老夫老妻的比喻；人体细胞的更替速度是不同的。肺部细胞的更替最快，肺表面细胞几周就会更替一次。[2]那么我的肺是忒修斯之肺吗？

1　Hobbes, *Elements of Philosophy The First Section, Concerning Body*, p. 100.

2　"英国肺脏基金会副主席基斯·普劳斯（Keith Prowse）博士解释说，肺部细胞会不断自我更新。然而，肺脏中包含不同种类的细胞，它们以不同速度更替。在肺部深处交换氧气和空气的肺泡或气囊细胞具有稳定的再生进程，大约需要一年。与此同时，肺表面细胞必须每两到三周就更新一次。'它们是肺脏的第一道防线，必须迅速更新，'普劳斯博士说。"（Angela Epstein, "Believe It or Not, Your Lungs Are Six Weeks Old," 2009 年 10 月 13 日的日常邮件。）

我们的结论是指称并不存在吗？不存在忒修斯之船？我不敢苟同。

1953年，萨丕尔—沃尔夫假说——我们对世界的构想由我们所使用的语言所决定——在学术界开始获得大量关注。与此同时，《惊奇科幻故事》（*Astounding Science Fiction*）发表了 G. R. 希普曼的《如何与火星人对话》（"How to Talk to a Martian"）。故事为与外星人交流会遇到的可能限制提供了一幅蓝图，显然是受到了沃尔夫的影响。希普曼的清晰解释抓到了问题的本质。它是克里普克所论及的条件反转的又一个例子（我们并非因为矛盾法则是必然的真理而接受它；因为我们依循惯例接受矛盾法则，它才成为必然真理的，以此类推）：

> 17世纪的哲学家们曾思索过"普遍语法"。他们推测，所有语言都致力于翻译出宇宙的"实在"；他们建立在单一的逻辑之上。然而，我们不断增长的知识使得事情看上去似乎恰恰相反。语言不依赖于普遍逻辑；逻辑依赖于语言结构。[1]

语言不依赖于普遍逻辑；逻辑依赖于语言结构。希普曼继续拆穿普遍翻译的可能性，提倡某种文学的实用正义——他举了一个例子，生吃科幻小说中的角色。[2]他写道："我希望 BEM 活活吃掉科幻小说中的所有人，在我名单上的第一个就是那个会心灵感应的火星人。你知道我说的是谁。"（BEM？我查了一下，是一种**独眼怪物**的英文缩写。）

在一个炎热的七月天，他的宇宙飞船降落在爱荷华州的一

1　Shipman, "How to Talk to a Martian," p. 119.

2　嗯，如果我吃的是格里高尔，我会被贴上食人族还是食虫族的标签呢？在小说里，这并不稀奇，比如，莫洛克斯人吃依洛伊人。小说角色之间互食，小说角色吃真实的人。显然，我们可以想象虚构人物吃掉真人，反之亦然，但这样的事在物理上是不可能的。

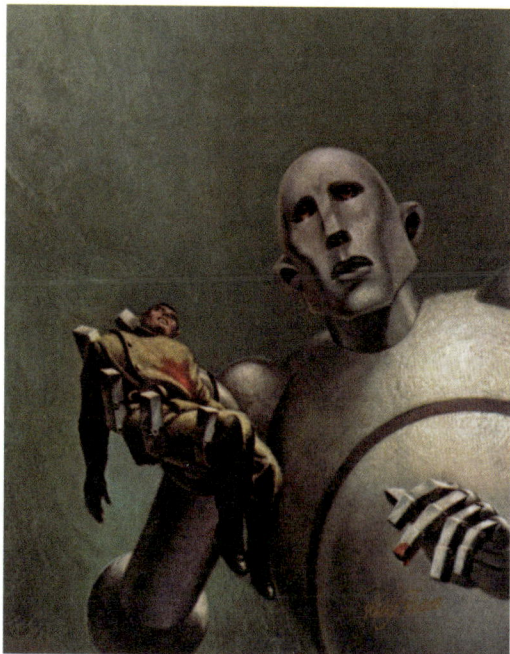

弗兰克·凯利·弗雷斯，
《惊奇科幻故事》封面，
1953 年，丙烯画

片玉米地里。举国恐慌；发了疯的国防部把农场用警戒带围了起来；乡巴佬们爬到树上；记者和摄影师们蜂拥而至，把充满好奇的科学家们都挤变了形；《芝加哥论坛报》出了特刊来提醒人们，整件事很可能是一场精心设计的骗局。当全世界的男男女女们都坐下来，支着耳朵听着新闻广播时，宇宙飞船的舱门打开，那个火星人出现，他告诉我们，他是为了我们好，只想拯救我们的文明免遭自我毁灭。

　　他的话翻译成英语差不多是这个意思。通过某种作者无法解释的奇迹，这位外太空访客不仅能将他的思想投射到人类的头脑中，还能迫使他们将他的外星思想以英语形式加以处理……但是我还没见过哪部科幻大作正面遭遇过这种跨越文化界限的交流问题，还试图将我们现今的技术外推以解决这个问题。[1]

"对每个人类来说，"希普曼说，"'实在'是从他的**语言**可以观察到的事件提炼出的总和。"换句话说，实在是语言创作的造物而非相反。这是纯粹的萨丕尔—沃尔夫理论：

> 霍皮语里是没有复数概念的。对于一个霍皮印第安人来说，"十天比九天长一些"就是"第十天比第九天晚一天"。在他的认知里"十天"不是一个时间长度……霍皮人中大概不会出现一个受欧洲思想影响的霍皮爱因斯坦能发展出四维时空连续体的概念。他的宇宙数学图景与我们的图景之间并不比希腊画派与毕加索的画作之间有更多的相似之处。

> 现在，你大概理解我为什么想把那个会心灵感应的火星人连同他的宇宙翻译机一起填到独眼兽的肚子里。（一个毫无慈悲的想法。）既然人类语言可以如此不同，就像英语和诺特卡语那样，那火星人的语法范畴一定是我们无法想象的。这个火星人心灵感应的思想波必须非常强，才能让我们的脑细胞感受到那些在我们的语言里不存在的逻辑和语法关系。

> 为了方便理解，咱们想象一个说英语的美国人和一个说诺卡语的美国人坐下来用心灵感应交谈……当这个白人说"我去年付清了房屋上的抵押贷款"时，他脑中所呈现的画面该怎么传递给一个几乎不知道钱为何物的印第安人？房屋"上"的抵押贷款跟脸"上"的粉刺是同一种"上"吗？"付"和"去年"又怎么理解？

> 这下明白我的意思了吗？当火星人从天而降，我们不得不

---

1 "How to Talk to a Martian," pp. 112–113.

费力八叉地学习他们的语言，就像研究诺卡语、萨利希语一样费劲。虽然他们的飞船上没有懂行的线人，但我们还是能用历史悠久的明确定义法教会他们一点英语。比如，指着一把椅子说"椅子"，或者丢一块砖头说"我刚刚丢了一块砖头"。简单的动词也可以演示出来，比如吃、洗、剃、死、刮、画、写。表达更为复杂的意思可以从算术或数学陈述的语言化开始，比如"二加二等于四"或者"直角三角形的斜边长的平方等于两条直角边长平方之和"。那么，火星人也可以用同样的方式教会我们一些他们的语言。过程会很缓慢，但并非不可能。[1]

我们可以让火星人也参与我们的语言游戏。"虽然他们的飞船上没有懂行的线人，但我们还是能……教会他们一点英语。"

但我依然有困惑。希普曼告诉我们，"［火星人的］宇宙数学图景与我们的图景之间，并不比希腊画派与毕加索的画作之间有更多的相似之处。"当然，毕加索的绘画风格受到希腊神话和绘画的极大影响（如牛头怪等）。我想我懂了。我真的懂了吗？希普曼想说他们的数学与我们完全不同吗？如何不同？那逻辑学呢？没有否定，没有排中律法则，没有**否定后件**，没有**肯定前件**（基本的逻辑运算）？我们希望怎么与他们交流呢？甚至我们希望他们自己人之间怎么交流呢？

如果火星人有概念图式，那他们的概念图式跟我们的有多么不同？他们的数学和逻辑学又有多么不同？希普曼告诉我们，他们的数学跟我们的差别就像希腊花瓶上的那些绘画与毕加索画作的差别一样多。但是请注意：它们都是**绘画**。[2]最近有一部电影《降临》（*Arrival*,

---

1　"How to Talk to a Martian," pp. 119–120.

2　我的一个朋友说，"就像是拿苹果和冰箱做比较"，而不是苹果和橘子。不是苹果和橘子吗？不应该都是水果吗？

2016）的关键剧情也使用了萨丕尔—沃尔夫假设以及著名的时间感知差别的例子。[1]但是感知上的差异是否意味着时间本身会有什么不同？想象一下，在 6 亿年前的寒武纪，三叶虫在游来游去。那时语言还不存在，但时间照常流逝。有**过去**，有**未来**，只是还没有语言来表达这一事实。然而，隐藏实在的幻想对很多人来说仍具吸引力。如果你能理解上帝（或外星人）的声音，宇宙就会向你张开怀抱使你看得更清晰、更真实，这种想象真是好极了。《旧约》的信徒们肯定会很受用。（这不正是巴别塔故事的浪漫之处吗——统一的世界观神奇地团结全人类以完成一个共同的项目？）但是主流的语言理论不会也不可能支持这种幻想。你可以说我们的时间概念，**过去**与**未来**的概念，需要修改。好吧，我们现在对时间的想象可能有偏差，但是不能说时间依赖于我们的语言结构或大脑结构。

乔姆斯基的普遍语法——认为语言的句法规则与我们的大脑紧密相连的观点——被认为是萨丕尔—沃尔夫假说（语言相对论）的反题。可对我来说，它可能只是后者的一个变种而已。沃尔夫说，语言是我们不可逾越的精神桎梏。在沃尔夫对霍皮族语言的分析中——后来被证明是错误的，霍皮语里过去、现在、未来没有时态上的区别。语言限制了我们看待世界的方式。我们的形而上学与语言**有关**。另一方面，乔姆斯基认为，我们的生物特征是我们不可逾越的心理桎梏。也就是说，我们的形而上学与生物特征**有关**：

1　尽管剧中只是顺便提了一下（**伊恩**：你看，我做了一些研究，是这样的，沉浸在一种外语中能重构你的大脑——**路易斯**：萨丕尔—沃尔夫理论，是的。这个理论认为你所说的语言决定了你怎么思考），外星人的最终启示证实了萨丕尔—沃尔夫理论的核心地位（**路易斯**：等等——我知道礼物是什么了！……是他们的语言。他们把他们的语言传授给我们……当你掌握了，真的掌握了那些语言，你就能用他们的方式感知时间）。'

　　我们要么是天使，要么是有机生物。如果我们是有机生物，那么我们所有的能力都是有范围和限制的……例如，（查尔斯·）皮尔士认为，真理只是科学能到达的极限。这个真理定义并不好。如果我们的认知能力是有机实体，我理所当然地相信确实如此，那么我们的认知确实会触到某种极限；但是我们不能肯定这就是对的。这可能是部分的真相；但是可能有些拥有更高感知能力的火星人正在嘲笑我们一直以来都在往错误的方向一路狂奔。而他们有可能才是对的。[1]

　　我们的**认知**存在某种局限。这些局限究竟是什么呢？对乔姆斯基来说就是存在未解之问题和未解之神秘。照他所言，"所谓问题就是那些我们可解决的事情"。我们可以通过努力找到解答——离合诗中隐藏的词语、费马大定理（Fermat's Last Theorem）的证明、肯德基炸鸡的配方。（肯德基公司 CEO 说他本人都不被允许知道那些秘密成分是什么。）原则上，问题是认知上的。我们可以知道一个问题的答案，即使我们（目前）还不知道。而神秘不同。由于我们自身结构（可以称之为我们大脑或 DNA 的硬线连接）的局限性，我们永远无法获知某些事——可能包括意识的起源或者 P-NP 问题的解决方案——答案会永远缺席。

　　还有那个我并不十分关心的类比问题：狗（和老鼠）与人类的关系与人类和某种更高级生命体的对比。假设有一只具有良好的解决迷宫能力的老鼠，被困在一个基于素数的——2，3，5，7，11，13，17，19，23，即只能被自身和一整除的数——迷宫之中。（不知道这对于一只人造老鼠来说是否适用，例如由信息之父克劳德·香农（Claude

---

1　Chomsky, *The Science of Language*, p. 133.

Shannon）设计的老鼠忒修斯。据推测，它们的大脑容量太小了，无论花多长时间、如何努力都不可能理解"素数"的概念。它们不可能理解"在 3、5、7 和 11 处转弯"的概念。这是它们的**认知天花板**。

设想有两个世界：一个傻瓜星球和一个智慧星球。傻瓜星球上的居民由于脑容量太小，无法逃脱素数迷宫而被牛头怪吃掉了。（就好像没有了阿里阿德涅（Ariadne）的线团指引的雅典英雄忒修斯。）而脑容量巨大的智慧星球居民在迷宫里来去自如，牛头怪只能挨饿（靠抓些小鸟来充饥）。但是智慧星人就能解决算术中的所有问题吗？比如证明哥德尔第一不完全性定理是错的？恐怕不行。

乔治·费德里科·沃茨，《牛头怪》，1885 年，布面油画

有些人类可能比普通的傻瓜星人更聪明——但是基本上不会比智慧星人更好或更差。我们一旦接近数学真理，必然真理，神秘就可能

出现。但是神秘对我们来说都是一样的——智慧星人、超级智慧星人、超超级智慧星人。牛顿曾写道，"*Hypotheses non fingo*"（我没有伪造假说），并为放弃他的机械世界观而备受折磨。他永远无法解释超距作用。太阳的引力是如何穿越百万英里的空间使地球进入环绕轨道的？这使他陷入深刻的不安之中。

这种不安在一个半世纪后的达尔文写给阿萨·葛雷（Asa Gray）的那封著名信件中仍有回响：

> 这个世界对我来说有太多不幸了。我无法说服自己一位慈爱的、无所不能的上帝会设计创造（寄生黄蜂）这种带着明确意图以毛毛虫活体为食的寄生生命，或者玩弄老鼠的猫。同样的，我也不认为眼睛是被刻意设计的。另一方面，我无论如何也不能满足于观察这个奇妙的宇宙，尤其是人类的本性，并得出结论说一切都是蛮力的结果。我倾向于将一切视为遵循某种设计好的法则，而把过程中的细节，无论好坏，留给我们所谓的机会。这种解释**并**不能使我满意。但是我深深感到这个主题对于人类智慧来说太过深刻。如果人们希望并且相信他们无所不能，那么一条狗都能揣测牛顿在想什么了。[1]

达尔文和牛顿都表达了这种看法。[2]他们的敬畏感令我震惊。一只

1　Darwin, "Letter to Asa Gray" (1860).

2　还有其他人也抱有同样观点。约翰·洛克："一个人如果没有傲慢地将自己置于一切的顶端，而是考虑到这座建筑（世界）的广袤，以及在这广袤之中的微不足道的小小局部就有如此丰富的多样性等待他去探究，那么他应该也很容易想到，在世界的其他地方存在着其他不同的智慧生物，与对方的能力相比，他的知识和理解力是如此拙劣，就像一只关在壁橱抽屉里的蠕虫对人类的理解一样粗鄙；这种多样性和卓越的生物才配得上造物主的智慧和力量。"［*An Essay Concerning Human Understanding* (1836), p. 64.］

　　（狗、蠕虫……我一直对外太空存在智商欠佳生物的可能性着迷。用"天啊，他（接下页注）

牛顿的狗推倒蜡烛点燃了牛顿的稿件，1874，雕刻

狗也能揣测牛顿的思想？这并非完全不可能。至少在 18 世纪有一条狗就这样做过。牛顿的爱犬钻石就曾被他的主人认为发现了很多数学定理，并且被指控放火烧掉了牛顿大量的研究成果，使它的主人陷入多年的严重抑郁之中。[1] 我们无从知道，钻石的行为是出于疏忽、不小心

（接上页注）们竟然比我们还蠢"来取代《第三类接触》中的那句台词："爱因斯坦是对的"。当涉及外星人时，为什么人类总是存在认知缺陷的那一方呢？）

麦克斯韦说："人类对上帝最简单的创造物都知之甚少，一滴水的性质正是我们目前完全不了解的奥秘中的一个，但是我们很清楚自己知道什么；无数未知的物理真理就在我们面前有待探索，我们相信这些奥秘是对知识的继承，它们不会立刻被揭晓，以免我们对于知识过于自负。尽管我们孜孜以求，但过程的安排是这样的，每一个新真理的发现都成为对科学的一次明确而稳固地补充，但这种发现完全与那些必须保持神秘的真理无关，以显示每个原子的创造是多么深不可测的完美。"（"Inaugural Lecture at Marischal College" (1856)," in *Scientific Letters and Papers*, vol. 1, p. 427.）

1　"我的狗知道一些数学知识。今天，它在午餐前证明了两个定理。"牛顿说。"你的狗真是天才，"（数学家）华里士（John Wallis）回答道。"我不这么认为，"牛顿说。"第一个定理有误，第二个存在非典型反例。"（Bibek Debroy, *Sarama and Her Children: The Dog in Indian Myth*, p. 50. 另见 J. Edleston, ed., *Correspondence of Sir Isaac Newton and Professor Cotes*, p. lxiii.）

还是预谋——嫉妒它的主人发现了万有引力。

　　为什么要引入这些缺乏证据的种种限制呢？[1]不可译的语言、不可通约性、先天的认知障碍——这样那样的认知限制论。架空的认识论不就够了吗？我们最确定的知识就是，我们可能在任何事情上犯错。但是错了并不意味着我们就不能是对的。

　　牛顿和达尔文所说的**并非**是在写不可知之物。他们是在试图表达不可说之物。牛顿知道他的平方反比定律解释了行星运动的规律；达尔文的自然选择解释了地球生命的多样性和复杂性。但谜题依然存在——我们仍然不知道事情**为什么**是这样的。

1　限制与不可能性完全不同。不可能用有理分数表示$\sqrt{2}$并不是说人类智慧受限于此。

第 8 章

进步的化身

> 我们这个世界里，所谓进步就是朝向越来越多痛苦的
> 进步。
>
> ——乔治·奥威尔，《一九八四》

在《科学革命的结构》最后一章，库恩阐述了进步的概念。有进步这回事吗？科学的进步还是哪种进步？鉴于库恩并不相信真理，因此也不相信趋近真理的进步，他好奇这种科学与进步的广泛联系从何

巨型犰狳，更新世早期，里约卢扬，阿根廷

而来。令我惊讶的是，他竟然引用了奥威尔的小说《一九八四》：

> 比起其他创造领域的工作者，（科学家）更会把（历史）看成是直线地通向他现在的优越地位中的一个阶段。简而言之，他把这看成进步。当置身此领域中时，不会有其他看法。
>
> 这些说法不可避免地会让人联想到，成熟的科学共同体的成员就像奥威尔《一九八四》一书中的典型人物一样，都是权势者重写历史的牺牲品，而且这种联想并非完全不恰当。[1]

科学家真的像奥威尔的反乌托邦小说中的"典型人物"吗？难道对进步的信念是强加在科学共同体之上让人无处可逃的集体思想的一种形式？如果科学家们都是温斯顿·史密斯，奥威尔命中注定的主角，那老大哥又是谁？谁改写了历史？库恩继续写道：

> 如果单单只是权威，尤其是非专业性的权威作为范式辩论的仲裁者的话，那么这些辩论的结果仍然可以是革命，但绝不会是科学的革命。科学的存在本身有赖于把在范式中选择的权利授予一种特殊共同体的成员。为了科学的存在和成长，这种共同体究竟必须有多么特殊呢？关于这一点，只要想一想能够坚持科学事业的那种人性是多么难得，或许就可以明白。[2]

在第一段引用中，库恩认为科学家们被困住了，且无能为力。在第二段中，他们又组成了"一个特殊的共同体"，具有在范式之间进行选择的能力。他们既是温斯顿·史密斯，又是老大哥。值得注意的是，

---

[1]　*Structure* (1962), p. 166.

[2]　同上。

英语学校，蛇，19 世纪，彩色石版画

在《一九八四》中，真理并未缺席，只是被否认了。奥威尔给了我们一个概念的聚宝盆——思想犯罪、新语、双重思想、记忆洞。他构建了一个奇异的世界，在那里传统的概念和理解被国家无休止地破坏。最终，温斯顿·史密斯顺从了。这是一种可怕的、令人悲伤的屈服。但是也正因为读者看到了这种悲剧性并且理解他失去了什么，故事才拥有如此强烈的戏剧冲击力。

　　库恩在《结构》一书中丢弃了这种讽刺手法，留给我们的只剩下对不可通约范式的笨拙继承。真理也消失不见了。

　　在《结构》结尾——作为论述的华丽谢幕，库恩将物种进化与科学思想的演变进行了比较：

　　　　本文所描述的发展过程是一个从原始开端出发的演化过程，其各个相继阶段的特征是对自然界的理解越来越详尽，越来越精致。但是，这一进化过程不**朝向**任何目标。这种说法一定会使读者困惑不已。我们全都十分习惯于把科学看成是一种不断向自然界预先设定的某个目标接近的事业。[1]

"这一进化过程不**朝向**任何目标。"看上去是一个令人印象深刻的观点。这里请允许我引入一个可能世界的讨论。进化的变革确实是偶然的。（很多可能世界的讨论都是基于我们的直觉。如果少了一条胳膊，我还是我吗？我的直觉告诉我，是的，我还是我。因此，拥有双臂是我之为我的**偶然性质**。哪怕只剩一条胳膊，我还是我。）一只动物在某个特定时间（或地点）或死或活，这不是动物的必然属性。我们想象这样一个可能的场景。在一万年前，一头巨型犰狳（雕齿兽）被一头长着刺刀般长牙的老虎（剑齿虎）杀死，因而无法将基因传递给未来的巨型犰狳后代。但是我们完全可以假设那头剑齿虎在杀死巨型犰狳前已经死掉了，比如掉进了焦油坑。因此，它没机会杀死巨型犰狳先生。巨型犰狳先生得以自由地与巨型犰狳夫人交配，它们一起繁衍出一个巨型犰狳家族。

换句话说，进化的变革本可以是别的样子。没有哪种动物（或植物）是进化的必然结果。而另一方面，新物种由某些**必然属性**来定义。这正是克里普克所谓的**后验的必然性**。[2]

1　*Structure* (1962), pp. 169–170. 库恩始终对他将科学变革比作达尔文进化论印象深刻。多年以后，他在接受巴尔塔斯、加夫罗格和金迪的访问中说："在《结构》一书的结尾，我试着说明了在哪种意义上我认为存在进步。我在很大程度上挤出了一个答案，讨论了谜题的积累，我认为我现在能非常有力地论证，书结尾部分的达尔文主义隐喻是正确的，本应得到更多重视；可**没人重视**它，人们忽视了它。我们不应该再认为自己正在一步一步地**接近**某种东西，而是正视我们只是**离开**原处。这个问题曾经超出了所有我能真正完全把握的范围，直到我无法再继续回避它。但是这种对进步的阐述对我来说很重要，它引发了后续发生的事。我认为这个论点本应得到更多的注意和认可。"（*Road since Structure*, pp. 307–308.）

2　就像库恩和卡维尔对维特根斯坦的讨论一样，这取决于库恩对自然选择的解释。我们可能最终会判定达尔文是对的，或者达尔文是错的。也可以想象后达尔文时代对进化论的（接下页注）

我们回到雕齿兽的话题。[1]大家好像都喜欢雕齿兽。但是那究竟是一种什么动物呢？有一种描述是这样的：雕齿兽是一种重约两吨的食草动物，拥有一个骨融合的装甲（骨质的），于距今一万年前灭绝。它的装甲非常巨大，可以用作简易房子，虽然我知道没有经验性的证据证明有人住过这种装甲房。

我需要先澄清一下雕齿兽亚科和雕齿兽属的区别。比如，尾巴有个带刺重锤的星尾兽属于雕齿兽亚科，但不属于雕齿兽属。我们下面说的雕齿兽是指整个雕齿兽亚科。

好吧，你会说，那雕齿兽**究竟**是什么？我问的不是一个描述语或者一簇描述语，而是雕齿兽这种动物**究竟**是什么？（我们可能会和克里普克有同样的疑问。如果一个明确的描述语，如"某某是某某"或一簇描述语无法确定指称，那么什么可以确定？）我们怎么将其与犰狳或类似犰狳的生物区分开呢？对于雕齿兽，是否存在必然的属性能定义雕齿兽，并将其与其他生物区分开来？这是一个好问题，对这个问题的讨论可以追溯到几百年前。

在 19 世纪早期，探险家和科学家们开始从阿根廷的潘帕斯草原上挖掘出巨大的生物化石。后来它们被确定为冰河时期的巨型动物。起初挖出的骨头杂乱无章，人们甚至不清楚它们来自同一种动物还是多个物种。后来，它们被定义为大地懒、雕齿兽和剑齿兽——非常混乱。初出茅庐的生物学家们完全不清楚他们正在跟什么东西打交道——犰狳、树懒，还是巨型老鼠？雕齿兽被当作另一种大地懒，一种巨型的地面上的树懒。[2]

（接上页注）解释会有什么不同。但是现在的问题是库恩怎么解释进化论。很明显，库恩试图证明科学成果是可能的，但不是必然的。

1 雕齿兽，出现在一些别的记载中，如 Ian Hacking, *Representing and Intervening* (1983), pp. 75–77.

2 "理查德·欧文倾向于直接解决问题。欧文（1839）创立了雕齿兽属，基于（接第 175 页注）

海因里希·哈德，《巨型犰狳》，来自《世界之旅》，1916 年，彩色插图

罗伯特·布鲁斯·霍斯法尔，《星尾兽和雕齿兽》，1913 年

　　人们可能会好奇他们是怎么想的？体型似乎应该是决定性因素。你看到一个大块头时会想它长得像另一种大块头。而我们面对的显然是一些大很多倍的**某种东西**。如今我们已经知道雕齿兽重达两吨——四千磅重的犰狳，而大地懒重达四吨——八千磅重的树懒。显然，体型不能作为可靠的分类标准。

　　在最近的 2015 年，科学家收集并分析了雕齿兽的 DNA。[1]我们得到了什么最新成果呢？我咨询了罗斯·麦克菲（Ross MacPhee），美国自然博物馆馆长，同时也参与合著了最近这篇分析雕齿兽 DNA 以及 DNA 在雕齿兽研究中作用的论文。实验带来了任何变革吗？如果有，是什么样的变革？研究结果给我们带来了新的认识吗？以及最重要的，对于库恩使用进化论论证自己的观点，他有什么看法？

罗斯·麦克菲：这种鉴定只能通过分子生物学来完成。根据形态学进
　　　行鉴定是不可能的。我们都知道，这个过程与野牛的发现有相似
　　　之处。野牛和雕齿兽这两种巨型动物都拥有丰富的化石记录。人
　　　们发现了很多很多它们的化石。但对于其他群体来说，就困难多

（接第 173 页注）在布宜诺斯艾利斯附近收集的材料，这些材料由他的英国秘书伍德宾·帕里什（Woodbine Parish）运回伦敦。一年以后，欧文查阅了所有关于装甲类巨型动物的文献，并决定将这种巨大的装甲类动物称作雕齿兽，一个与犰狳有关的种群，而那种叫作大树懒的物种没有装甲。"（Richard A. Fariña, Sergio F. Vizcaíno and Gerry de Iuliis, *Megafauna*, p. 39.）

1　"达尔文于 1832 年至 1833 年期间在比格尔探险期间，在南美洲收集到大量未知哺乳动物化石。这些化石作为大型、重装甲的食草动物，后来被确认为雕齿兽。自那以后，雕齿兽令众多进化生物学家为之着迷，因为他们非凡的骨骼适应性以及看似孤立的系统发育地位，即使在他们的自然类群贫齿目（犰狳及其近亲）中也非常特别。由于拥有一个由骨质融合构成的装甲，雕齿兽明显与带状犰狳有关，但很难从形态确定其精确的系统发育位置。为了在这一点上提供分子证据，基于计算机模拟重建的祖先序列，我们设计了一种序列捕获诱饵，并成功组装出完整的星尾兽线粒体基因组，而它是雕齿兽亚科中的一种大型动物。我们的系统发育重建研究确定雕齿兽实际上与犰狳类有深度嵌套，代表了倭犰狳科中一种独立亚科（雕齿兽科）。分子定年的结果表明雕齿兽的异化不早于 3500 万年以前，与化石记录高度吻合。我们的研究结果强调了雕齿兽形态的派生属性，它们的体型大大增加直至在最后一个冰河期结束时灭绝。"（Frédéric Delsuc et al., "The Phylogenetic Affinities of the Extinct Glyptodonts," pp. R155–156.）

了，因为它们的化石记录没有那么好或者没有那么密集。我要说的重点是，在某种程度上通过基因研究，我们将能够在物种中区分种群，并追溯它们的本源。它们是真正的进化参与者，自然选择就是这样发生的。一个物种代表着某种普遍性。那些看起来非常相像的个体被分成一组。但是在物种内部究竟发生了什么，除了通过一般的形态学管窥一斑之外，你其实很难搞清楚。但如果你通过分子检测得到一个谱系，那么你能做的就要多得多。这将是一个全新的世界。

埃罗尔·莫里斯：这篇关于已经灭绝的雕齿兽的文章，有一个让我着迷的细节，关于星尾兽的猜想。拿现存物种来说，谁与它最为接近？文中宣称是粉毛犰狳。

麦克菲：不只是粉毛犰狳。范围是要更大一些，还包括现存最大的犰狳种类：巨犰狳。但是现存最大的犰狳也只能长到大概二十千克，而雕齿兽的体型是它的五六十倍。这个家族包含从最大到最小的很多形态。但是整体来说体型都很小，这一点不存在任何争议，粉毛犰狳就是个很好的例子。它们体型很小。但在进化树形图上，它们能够追溯到同一个起源，然后种群分化逐渐展开，通常是一分为二，有时也会有三个分支。但我们读取这个树形图的方法，不是说粉毛犰狳是星尾兽最近的亲属，虽然在图中粉毛犰狳的照片离它最近，但这表示的是星尾兽与整个群体的关系。分化顺序是这样的，雕齿兽从某一点分化脱离了群体中的其他成员，进化的另一支就是现在的三带犰狳属。

莫里斯：所以从树形图上看，我们不能说它与谁最接近——

麦克菲：在现存物种中，没有。他与这整个群体有关系，因为分化早在这些现代物种出现之前就已经发生了。

莫里斯：我真高兴能跟您交谈，您让我避免了一个严重错误。

麦克菲：这不算什么严重错误，只是另一种理解方式。树形图都是基于统计概率的。如果基因组成有任何不同，那么我们的结果也会不同。而这张图是我们能得到的最好结果。但是并不意味着没有其他可能，也不意味着在其他情况下用另一批基因来测试——也就是说，获得新的信息——我们的结果不会有任何变化。你看到这些分数了吗，0.97、0.99、0.5？它们表示有多大概率你所看到的这些分支是对的。所以，0.5 意味着跟掷硬币没什么不同。虽然我们把其中一种可能画在了图里，但完全是掷硬币。而对于 99%的概率来说一般你不会认为它是错的，但并不是没有这种可能。对于雕齿兽和星尾兽来说，我们的结果可信度达到了 97%，很高了。

莫里斯：这些数字能帮助我们定义某种动物，将它与其他动物区分开

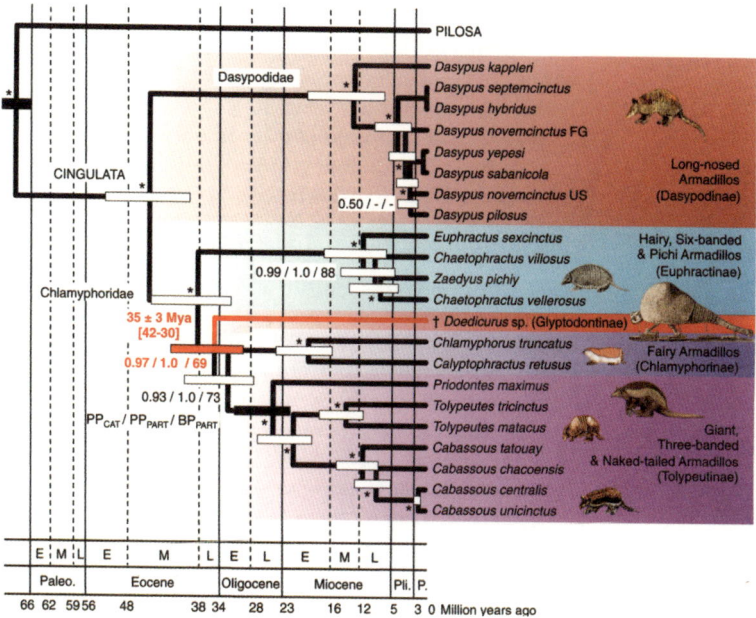

雕齿兽亚科的系统发育树状图

来吗？独立于认知问题。我们可能永远无法确切地**知道**那是什么。但在分子生物学的语境中，你是否相信存在那么一个属性集合可以概括出什么是星尾兽，什么是倭犰狳属？

麦克菲：当与其他物种做比较时，当然可以。很显然，我们可以用归纳的方法，我们可以把这些动物逐一分开，而不需要任何进化或其他的概念参与。它们看起来很不同——在大多数情况下这已经足够了。

莫里斯：我需要解释一下。我要问的是，你是否能够给星尾兽或倭犰狳找出一套 DNA 特征，即本质属性，可以说这就是我。我就是这样。雕齿兽就是**这样**。如果不具备这些特征，那么就不是雕齿兽。

麦克菲：那我得说，能，也不能。首先，你必须承认变化，不是说就存在那么一个独一无二的定义序列。第二，对于那些使得生物最终是那个样子的很多交互因素我们其实还不得而知。存在表观遗传因素。还存在基因的相互作用，使得一些小的变化就能关闭或开启某些遗传密码。或许这就是我们为什么称之为堆满垃圾的 DNA。有很多基因片段对我们来说是没有意义的，它们不断地复制、复制、复制，却不产生任何东西。它们到底是什么，是无意义的还是异常重要？很多问题我们还没有搞清楚。但我明白你的意思。如果我们能够解决所有的问题，也就是在未来某个时间点上我们完全掌握了完整的基因编码，那么我们能够唯一地确认一个有机体的身份吗？

莫里斯：这种生物学特征能否作为星尾兽的本质属性？如果这个特征变了，能不能就说它不再是星尾兽，而是别的什么东西？

麦克菲：是的。成了别的什么东西。

莫里斯：我举个例子。你可能会说这是出于我们目前对物理世界的理解，但我相信，金的原子序数为 79。如果不具有原子序数 79 这个

178

属性——

麦克菲：显然，就是别的什么东西了。

莫里斯：是的，别的什么东西。原子序数是 78 的话，那是铂金；原子序数是 80，那就是铅。在此基础上，说原子序数 79 是金的本质属性，我认为是有道理的。

麦克菲：好吧，但是说到本质属性，所有元素的本质属性是从大爆炸以来它们的性质取决于原子核的构成。原子核形成的方式有很多种；有裂变，有聚变。这个过程涉及从一开始的氢一直到另一端的铁金属。但它们都可以追溯到 200 亿年前甚至更久以前的某个终极历史事件。当然，金就是金。但是这里包含着什么本质的东西吗？我不知道。但是作为回报，我也要给你出个难题。你知道"灭绝物种复活"这个词吗？

莫里斯：不知道。

麦克菲：这个概念是说——某种程度上可实现的——利用现今的基因工程我们可能重新造出猛犸象。但是这种再造的猛犸象还是猛犸象吗？

莫里斯：我会说是的。

麦克菲：你为什么会认为是呢？这就是一个实验室里拼凑出来的东西。我们使用的是亚洲象的基因组作为基因支架。两者的相似程度很高，高达 98%、99%。只有很少的功能基因存在差异。利用类似 CRISPR（基因剪接）的技术，我们可能使亚洲象的基因看起来与猛犸象的基因组非常相像。我们将得到一种——当然不是在第一代，而是通过一次又一次的交叉实验——我们将得到某种生物，长着长毛、背部有一个大驼峰的特别身躯，还可能有弯曲的大牙。它是猛犸象还是一种我们创造的长得像猛犸象的生物？还是两者某种程度的混合？从系统发育角度来看，它不是猛犸象，因为它不属于那个产生猛犸象的系统发育系列，它们从过去几百万年出现直至一万年前全部灭绝。这个分支终止了。而我们正循着大象的进化史找到猛犸象的近亲亚洲象，并利用它来制造某种长得像猛犸象的东西。就意图和目的而言，这是一头猛犸象。我给你的问题是，它**本质上**是一头猛犸象吗？

莫里斯：可能不是吧。这个问题涉及出处和血统，是什么定义了一个事物的问题。比如说，在《麦克白》（*Macbeth*）中，莎士比亚告诉我们迈克德夫（Macduff）不是由女人所生——他是"未足月"从他母亲的子宫中被剖出来的，是剖宫产。[1]而猛犸象也不是由雌性所生，至少不是一头母猛犸象所生。生它的可能是一头母象，但是——

麦克菲：必须是这样。

莫里斯：哲学家们总是被这样的问题所吸引。我有一幅画，画中每一个分子都与维米尔（Vermeer）的《音乐课》（*The Music Lesson*）一模一样。这是维米尔的画吗？我认为不是。它不是维米尔的画，因为它不是出自维米尔之手。要能追溯至那只拿着画笔的手才行。作为维米尔的画本质属性的一部分是——不是看上去像——而是**由**维米尔本人而不是其他人所画。这就是出处，也就是历史。

麦克菲：把这个观点转植到猛犸象的例子上来，是不是说必须**出自**一头猛犸象才是猛犸象？

莫里斯：我不太确定该怎么回答你。

麦克菲：好吧。

莫里斯：是什么使某物为某物的？只是拥有一定的分子结构就行了吗？你会说，不，还不够。

1　"不要再相信你的魔法了吧；让你所信奉的神告诉你，麦克德夫是没有足月就从他母亲的腹中剖出来的。"（*Macbeth*, act 5, scene 8.）

电影《麦克白》截图。贾斯汀·库泽尔执导，2015 年。迈克尔·法斯宾德饰麦克白，肖恩·哈里斯饰迈克德夫

麦克菲：或许你可以采用完全的还原论观点说，如果在基因上是猛犸象，如果基因组信息与猛犸象相同，那么就可以定义它是一头猛犸象。我看可行。但是作为一个还原论者，你走得更远。你不愿把所有东西都放进一个桶里，不去想桶与桶之间有什么关系。但是过了某个点，这种追问反而变得没意义了。你理解的更少，而不是更多，正是因为仅仅获得数据并不意味着你就能理解任何事。

分子生物学不仅为我们提供了识别必然属性的机会，还进一步提供了更多信息。它不仅帮助我们发现了什么是雕齿兽，还告诉我们雕齿兽是如何进化的，它从什么进化而来，以及它与现代物种之间的关系。我们称之为科学认识的**进步**。（尽管库恩辩称并不存在什么进步。[1]）我们从中学到了什么？令人吃惊的启示就是雕齿兽现存的最近

1　我曾邀请在哈佛大学教授进化生物学的安德鲁·贝瑞（Andrew Berry）阅读本章。（接下页注）

粉毛犰狳（倭犰狳）

亲属之一是粉毛犰狳——**倭犰狳**，已知最小的犰狳品种。五英尺长，重约四分之一磅，生活在阿根廷中部，以蛆和蚂蚁为食。[1]这证明尺寸

（接上页注）我担心，而且仍在担心我对库恩的攻击是不合时宜的，我担心学者们可能已经不再关注他的观点，尤其是库恩对进步的批判观点。以下是他回答的一部分："我教过一点科学史（源于我对进化生物学的兴趣——或许一门致力于探索过去如何塑造现在的科学，不可避免地会吸引那些对本学科的历史感兴趣的从业者），关于进化思想发展的课程——达尔文、华莱士等人的思想从何而来？作为课程的一部分，我的很多学生看过库恩的书。我的学生基本都是本科生，他们还天真地认为科学的本质是绘制绝对真理的地图。我希望通过阅读库恩的书能让他们打消这种想当然的看法。但我没有让他们全盘接受这种相对主义的任意构造范式的理论；与之相反，我希望他们理解科学实践不是在某种客观真空中进行的，而会受到社会的影响。简而言之，我希望他们汲取一些库恩思想的元素，而不是照单全收。

这样做通常是没什么问题的，但有一次我在课程中遇到了一些麻烦。当时我的研究生助教是一个颇有资历的科学史学者，他是一个纯粹的后现代主义者，尤其偏爱库恩。我认为我们今天对于自然世界的理解比过去要好——比如我们目前的胎儿发育模型比先成论要更为精确。我的观点遭到了鄙视：不，新的范式不一定就是对旧范式的一种发展（在解释力方面或者其他你认为的方面），它们只是不同而已。简直是胡说八道。无论如何，这就是为什么我对于你的十字军东征表示支持。"

1　倭犰狳夜间活动，如果不在洞穴里它们会很迟钝。这一点跟我自己太像了。

不是问题。在视觉上（虽然我确实不是什么犰狳专家），星尾兽跟倭犰狳长得也很不同，简直是天壤之别。但是它们来自进化树上的同一个分支。

更重要的是，我们看到分支学前沿正在扩展，我们目前的分子生物学知识使我们得以更细致地了解动态的进化。麦克菲告诉我："一个物种代表着某种普遍性。那些看起来非常相像的个体被分成一组。但是在物种内部究竟发生了什么，除了通过一般的形态学管窥一斑之外，你其实很难搞清楚。但如果你通过分子检测得到一个谱系，那么你能做的就要多得多。这将是一个全新的世界。"如果存在 DNA 这种东西，如果我们的生物学是对的，那么我们正越来越理解雕齿兽是什么：雕齿兽是怎样的，它不是怎样的，它从什么进化而来，它又变成了什么。

或许我们无法就生物学或物理学中的所有本质属性达成一致，但是对我们来说重要的不是一群专家们可以给出描述榆树和山毛榉或钼和铝的**描述语**，而是我们距离揭示这些本质或必然属性越来越接近了。[1]

雕齿兽最早的化石记录来自 17 世纪。下面这段记录来自英国耶稣会的托马斯·福克纳（Thomas Falkner）：

> 在卡尔卡拉尼亚或特赛罗河的两岸，汇入巴拉那河前的三到四里格处，发现了大量的巨型骨头，看起来形似人骨。骨头有大有小，好像来自不同年龄的人类。我亲眼见过腿骨、肋骨、胸骨以及头骨碎片。我还见过一些牙齿，特别是一些根部直径达三英寸的磨牙。这些骨头（据我所知）与在巴拉那河

1　这是一条漫长的道路。麦克菲参与的关于雕齿兽系统发育的文章解释了分子生物学和各式各样的统计方法如何加深了我们对于雕齿兽的理解。参见 Delsuc et al., "Phylogenetic Affinities," p. R155.

沿岸以及巴拉圭、秘鲁发现的骨头相似。印第安历史学家印卡·加西拉索·德拉维加（Garcilasso de la Vega Inga）提到过在秘鲁发现的这种骨头，并告诉我们印第安人有一个传说，曾经有巨人居住在这一带，后来因为鸡奸罪被上帝摧毁了。我自己发现过一种由小六角形骨头组成的动物壳，每块骨头的直径不小于一英寸；整个壳将近三码跨距。除了尺寸过大之外，它看起来就是犰狳壳的上半部分；而现在的犰狳壳的跨度不大于一个轴距。[1]

古斯塔夫·多雷，但丁《地狱篇》泰坦与巨人插图，1857 年，蚀刻

1　Falkner, *A Description of Patagonia, and the Adjoining Parts of South America* (1774), pp. 54–55.

"小六角形骨头"以及"将近三码跨距"的壳。除了雕齿兽的残骸之外它还能是什么呢？六十年以后，达尔文来到他环游世界的驻点之一南美洲。贝格尔号在南美靠岸时，他才只有 23 岁。他在 1834 年写道："这种在同一个大陆上已经消逝的物种与现存物种之间精彩的相似关系，我毫不怀疑比起任何其他事实，都更有助于我们理解有机生物在地球上的出现与消失。"[1]

收集到的标本被寄给达尔文的导师剑桥大学的约翰·史蒂文斯·亨斯洛（John Stevens Henslow），随后被存放在伦敦的皇家学院外科医学院（Royal College of Surgeons）。理查德·欧文或许称得上那个时代的首席博物学家，后来成为达尔文进化论直言不讳的批评者。他对这些标本进行了分析、编目，从中分析出多达 11 个物种。[2]达尔文为我们提供了很多骨骼化石以及一个理论；而欧文提供了模棱两可以及偶然的敌意。1860 年曾有一篇"匿名"文章对《起源》大加批评，作为回应，达尔文在给地质学家查尔斯·莱尔（Charles Lyell）的信中写道："我已经读过那篇《爱丁堡（评论）》了，我毫不怀疑那是欧文的杰作。极度恶毒又极度聪明，我担心它会产生很强的破坏性……被人以这种程度憎恨着，这使我非常痛苦。"[3]

一百年后，闪电战打破了这些化石的安宁。皇家学院及其附属的亨特博物馆（Hunterian Museum）中的大部分藏品在纳粹的猛烈轰炸中化为乌有。（就像亚历山大博物馆一样，证据过分集中在一处使它容易受到历史的掠夺。）A. J. E. 凯夫（A. J. E. Cave）在 1942 年整理的幸存标本目录显示，95% 的标本被损毁——5000 件标本中只剩下 175

1　Darwin, *The Voyage of the Beagle: The Illustrated Edition*, p. 146.
2　Juan Carlos Fernicola, Sergio F. Vizcaíno and Gerardo de Iuliis, "The Fossil Mammals Collected by Charles Darwin," p. 147.
3　John Bowlby, *Charles Darwin: A New Life*, p. 352.

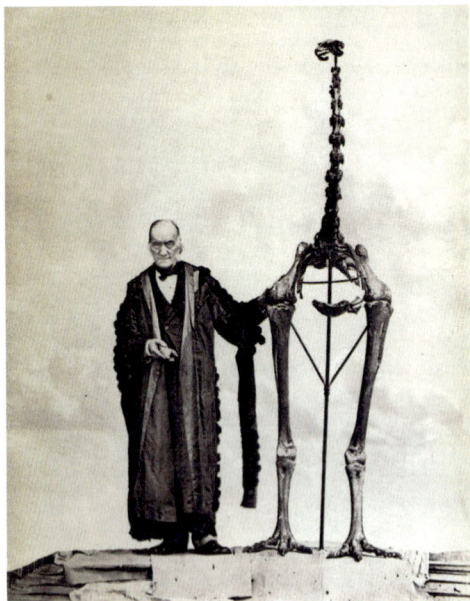

理查德·欧文,《关于新西兰
灭绝物种无翼鸟的备忘录》

件。[1]幸运的是,由达尔文收集的一些标本被保存了下来。

真是讽刺。这些化石经历了十数万年的气候变化、大陆漂移、流
星撞击、磁极漂移、磨损和腐蚀,顽强地留存了下来,却在短短两天
就毁于纳粹分子之手。[2]这也提醒我们,历史证据——化石作为历史证
据的一种形式——是极易毁坏的。

根据原始记录,阿根廷潘帕斯草原的巨型动物被认为是巨人种族
拿非利人的遗骸,据说他们因变态性取向被上帝摧毁。因此,雕齿兽、
剑齿兽、大地懒这些更新世晚期的大型动物被当成了某种蒙昧人种的

---

1   Fernicola, Vizcaíno, and de Iuliis, "Fossil Mammals Collected by Charles Darwin in South America,"
p. 148.

2   "1939 年至 1945 年的伦敦袭击是近代城市历史中最重大的事件之一,其影响我们在如今的市
容景观和社会景观中仍能感受得到。这些地图作为那场袭击的关键记录,呈现了大规模的破坏场
景,建筑和街道被夷为烟尘和碎石。"参见 Laurence Ward, *The London County Council Bomb Damage
Maps, 1939–1945*, p. 6.

伦敦的大轰炸受损情况地图

遗骸。如今我们的观点已大不相同。通过追溯我们对于这些化石本质的看法的演变可以看到，我们对生物进化的认识是一部理解逐步加深的历史。这部历史中的很多里程碑事件广为人知——尤其是达尔文的《物种起源》以及沃森（Watson）和克里克（Crick）发现了 DNA 结构，开创了分子生物学时代。

　　这就是我们的故事。生物的进化**不是**目的论的。我们无法保证星尾兽之后一定会进化出倭犰狳来。情况本可能会向非常不同的方向发展。（可能发展成相反的样子吗？）进化过程中可能星尾兽或倭犰狳甚至根本不会出现。在进化中没有**发现**这回事。我们可以**发现**雕齿兽的 DNA 结构，但新的物种只能通过自然选择的偶然性来**创造**。

　　那么科学的进化呢？我们无法保证沃森和克里克会在 1953 年发现

DNA 结构。DNA 结构可以在其他时间被别的科学家发现。同样还存在 DNA 结构没有被发现的可能世界。(但 DNA 结构不是如此的可能世界 是不存在的。)想象一个可能世界,所有生物的智商都不超过一只寄生 虫的水平。在这样的世界,DNA 可能不会被发现。但是在一个拥有某 种智慧生命——就像我们自己——的可能世界,DNA 大概早晚会被 发现的。为什么这么说呢?因为它是存在的。这就是发现,而**不是发 明**。发现**不具有社会建构性**。被创造和被发现在科学层面有着严格的 区分。但是库恩把两者弄混淆了。[1] 在物理世界中发现某样东西就像发 现一个未知的大陆或岛屿一样。[2] 我们能发现它——借用乔治·马洛里 攀登珠穆朗玛峰的理由——因为它就在**那里**。[3]

一旦 DNA 被发现,不可避免地会带来或多或少的进步,如果你愿 意的话,会带来对所有生物理解的进一步深化,包括我们前面说的雕 齿兽是什么。正如大卫·多伊奇(David Deutsch)所写的:

> 库恩的理论存在致命缺陷。他在解释从一种范式到另一种
> 范式的演替时,用的是心理学以及社会学中术语,而不是直接
> 用对立解释的客观价值加以阐述。然而除非人们把科学理解为

1　就像诺伍德·罗素·汉森所写:"发现是科学的全部"。("An Anatomy of Discovery," p. 352)伍顿详细研究了发现在科学中的地位,参见 Wootton, *The Invention of Science*, 重点在 pp. 57f。

2　朱迪思·沙兰斯基(Judith Schalansky)曾描写过一个叫特罗明的小岛,它因为非常小且远离大陆以至于无人问津。但是最终人们还是发现了它(在一次沉船事件中),甚至后来还有人定居岛上。如果在地球上有足够多的人纵横交错,不被发现的偏远之地几乎是不存在的。参见 Schalansky, *Pocket Atlas of Remote Islands*. 关于那次沉船事件的详细描述参见 2015 年 12 月 19 日出版的 *Economist*, "Lèse Humanité: What Happened When Slaves and Free Men Were Shipwrecked Together."

3　哲学家马修·隆德,同时也是汉森的传记作者,曾向我指出,汉森的文章《剖析发现》("An Anatomy of Discovery")开头就引用了马洛里的名言:"在 1924 年——我会记得这样清楚是因为我就出生在那一年——人们经常询问这位杰出的登山者马洛里:'为什么要攀登珠穆朗玛峰?'他的回答,令人难忘的回答始终是:'因为它就在那里!'有人曾问我:'为什么如此苦思于发现?'我通常的回答是马洛里式的,我羞怯地说,'因为它就在那里!'"隆德补充道:"讽刺的是,汉森在把文章寄给《哲学期刊》的当天死在了一个山坡上,而马洛里在他那次著名的登顶珠峰行动中丧生(再也没能回来)。"(2017 年 1 月 10 日,写给作者的电子邮件。)

对解释的追求，否则科学找到了具有连续性的解释，客观上每一个都比上一个更好，这一事实就无法解释了。[1]

多年前，我遭遇科学史专业一位研究生的挑战：克里普克的理论与库恩的理论有什么关系？他的问题听上去很幼稚，甚至可以说愚蠢。他们的理论当然有关系。两者都关注语言与世界的关系。克里普克建立起的某些观点破坏了库恩的整个理论基础——必然性是**后验的**。这可能就是科学探索的终极目标。当我们说金的原子序数是通过科学研究得到的，并且不可能是其他的量，其实就是在说金的原子序数是一个必然性**后验的**示例。同样的还有雕齿兽的 DNA 结构。

我们对这些属性的了解可能并不完全，但我们正在接近真相；我们正朝着确切理解的方向**进步**。外部世界正推着我们到达这唯一可能的结论，但在库恩的理论中不存在这样的可能性。我们所知道的自然选择中不存在这种**后验的**必然性。而是恰恰相反。金的本质属性是原子序数为 79，或者雕齿兽的本质属性是它的 DNA，如果你接受这些观点，那么你必然也会认为某些事物不可能是其他样子。

马修·米西尔逊（Matthew Meselson）——一位分子生物学家，因发现信使 RNA 以及用米西尔逊—斯塔尔实验（Meselson-Stahl experiment）证明 DNA 的半保守复制而闻名于世——不仅认为双螺旋是真实存在的，还赋予它鲜活的声音。DNA 说"这就是我"：

> 1953 年，沃森和克里克提出了 DNA 的双螺旋结构，从而开启了分子生物学在遗传领域的应用。
>
> 了解蛋白质、脂肪或碳水化合物分子的分子结构，并不会

1　Deutsch, *The Fabric of Reality*, p. 323.

告诉我们该怎么做。而 DNA 结构为后来四分之一世纪的研究
课题奠定了方向。DNA 结构本身就决定了我们该怎么研究它。

它说，这就是我，一个长序列由四种亚基组成的：A、T、
G、C。已知基因决定蛋白质，那么快来解出我四个字母编码
的语言是如何被解码成蛋白质的 20 种氨基酸语言的。

或者，这就是我，被困在细胞核内。但蛋白质是在细胞质
中形成的。所以需要有一个中间副本把我的信息从细胞核传到
细胞质中。找到它——那个信使。DNA 就是这样指导我们如
何去做的……

或者，这就是我，基因的载体。基因在减数分裂中被重
组。去弄明白这是怎么发生的。

或者，这就是我，我变异了，损害被修复，折叠成了染色
体——去弄明白这些都是怎么发生的！

这是一个长长的日程表。就像绿野仙踪一样，是由一个分
子决定的，唯一不一样的是这可不是骗局。

当然，从一开始双螺旋就说，这就是我，有两条互补的基
因链。去弄明白这种互补性如何能使我实现自我复制。[1]

米西尔逊与弗兰克·斯塔尔（Frank Stahl）的实验是 20 世纪最伟
大的实验之一，他们就是这样做的。[2]这就是我，去弄明白 DNA 的结
构知识是如何引领未来的科学进步，让我们走近真理。

1　Meselson, "McGill 2013 Honorary Doctorate Address." May 27, 2013.

2　概述请参见 Frederic Lawrence Holmes, *Meselson, Stahl, and the Replication of DNA*。

第 9 章

解释的竞赛

我的心智始终把学问探讨，
使我困惑不解的问题已经很少。
七十二年我日日夜夜苦苦寻思，
如今才懂得我什么也不曾知晓。

——《鲁拜集》(*Ruba'iyat of Omar Khayyam*)

历史学家托马斯·库恩的多重曝光肖像

诺贝尔物理学奖获得者、著名的博学大师史蒂文·温伯格，曾在为《纽约书评》写的系列文章中表达了对库恩以及《科学革命的结构》的不安。[1] 他认为库恩所描述的是"库恩式科学"（即，库恩想象中的科学）而不是**实际的科学**：

> 在重读库恩的《结构》以及他某些后续著作时我发现，对于科学工作中取得的成就，他的结论是彻底怀疑的，这着实令我烦恼。然而正是这些结论使库恩成为哲学家、历史学家、社会学家以及文化评论家眼中的英雄，他们质疑科学知识的客观特征，更喜欢将科学理论描述为社会建构，与民主和棒球为伍。库恩让范式从一种向另一种的转变看起来**更像是一种宗教的皈依而不是一种理性的行使**。[2]

然后他继续写道：

> 库恩对于科学进步的看法给我们留下一道谜题：为何会有人烦恼呢？如果一个科学理论只是更能解决如今碰巧出现在我们心头的某些难题，那么为什么不省点事儿，直接把这些难题从我们的心头驱散呢？我们研究基本粒子，不是因为它本质上多么有趣，就像研究人一样。它们并不有趣——在众多电子中，如果你得见一个，就等于见过所有了。而推动我们在科学工作中不断前进的是一种信念，那里有真理有待我们去发现，

---

[1] 温伯格对库恩的研究非常出色，我不可避免地要重复某些他已经提出的观点。如果要对比我们之间研究方法的不同，那么温伯格的批评重点是库恩对于科学进步的否认，而我的重点是库恩对于指称和真理的否认。参见 Weinberg, "The Revolution That Didn't Happen" (1998)，以及 Alex Levine and Weinberg, "T. S. Kuhn's 'Non-Revolution': An Exchange" (1999)。

[2] "Revolution That Didn't Happen," p. 48.（黑体是我加的）。

曾经发现的真理将成为人类知识永久的组成部分。

关于真理和范式转换他还写道：

　　（库恩）继续解释说，由于范式的转换意味着对之前范式
的彻底摒弃，并且在不同范式下发展起来的科学理论之间缺乏
共同的评判标准，因此不能说科学革命之后发展起来的理论是
对革命前人类知识的积累，这样说是没有意义的。只有在同一
个范式背景下，我们才能判断一种理论是对还是错。[1]

完全摒弃了真理和进步。我最近采访了温伯格，询问他对库恩的
看法。

史蒂文·温伯格： 嗯，历史学家可能会认为，只有当你将自己沉浸在
　　你所写时代的范式中时，科学史才是有可能的。举个例子，要像
　　库恩那样，试着单纯地去理解亚里士多德在做什么，而不要将其
　　视为任何与科学知识的积累进步有关的东西。一部分历史学家认
　　为我们在做任何研究时都应该这样做。如果想理解封建主义，你
　　就必须沉浸在封建主义时代中，完全不去想它在后面的时代导致
　　了什么，它与 19、20 世纪的民主革命有什么关系。

埃罗尔·莫里斯： 戴着眼罩的历史。

温伯格： 他们的观点是——你必须在实际发生的年代背景下看待事物，
　　避免与现在扯上关系。我想这是很多专业历史学家遵循的指导精
　　神，当你写作一些东西的时候，比如时尚史或者艺术史，你不能

1　"Revolution That Didn't Happen," pp. 50, 48.

说存在什么"进步",这个词没有意义。但在科学史方面,我反对这种观点,科学史是累进的,我们确实学到的越来越多,我们可以说过去的某些东西会导致进步而某些不会。进步是有绝对意义的,是我们走近真理的必经之路。但这正是库恩所否认的。

莫里斯:进步。

温伯格:不只是库恩,很多现代科学史学家反对任何书写科学进步的做法。他们只想要你在那些过去的目标和标准中沉沦,却不去思考这样做是否有任何帮助,是否正确。

莫里斯:是的,但这不仅是一种反科学的态度,还有更深层的含义。

温伯格:我早期写过一本书《终极理论之梦》(*Dreams of a Final Theory*)。书中我提到过这种对科学真理的怀疑论,哲学家或历史学家们对于研究对象——科学工作者——抱有一种优越感,就像研究太平洋岛民货物崇拜的人类学家一样,美妙的优越感来自他认为这种货物崇拜没有任何实际价值只是一种文化表达,同时他可以居高临下地像研究显微镜下的细菌一样研究他们。如果科学家口中所说的只是一些文化造物,那大众读者就不必对科学发现太过上心。科学发现中可能仍存在一些与文化相关的元素,但是我相信这样的元素正在减少。这种现象并未消亡,我如今与历史学家之间的争论就是很好的例子。

在《结构》出版 50 周年纪念版的序言中,伊恩·哈金提出过一个对库恩语言学变换的"简单化模仿",虽是简单化模仿,却抓住了库恩思路的主旨——一种科学史和后期维特根斯坦思想令人胃口全无的混合物:

> 人们认为,我们可以通过指认来学习可观察事物的名称,

但对于不可观察的理论实体（例如电子）的名称，又该如何学习呢？我们被告知：只有在它们出现于其中的理论背景中，它们才能获得自身的含义。因此，理论的变化必然意味着意义的改变。有关电子的同一个命题，在不同的理论背景中却有着不同的意义。如果一个理论说其为真，另一个理论称其为假，这也没什么矛盾，因为一个句子在两个理论中是不同的命题，是不可以拿来比较的。[1]

如果两位科学家分别持有两种版本的真理，那么真理与单纯的信仰又有何不同？真理又有什么好处？

令温伯格最为不满的是库恩喜欢讲述他关于如何学习亚里士多德运动理论的故事，彼时库恩作为一名青年教师正在哈佛大学校长詹姆斯·B. 柯南特手下做事。[2] 这个故事没有出现在《结构》一书中，但出现在一些讲述他如何成为科学史学家的论文中：

> 我自己的启蒙开始于 1947 年，我被要求暂时中断当时的物理学项目，以便为有关 17 世纪力学起源的系列演讲做准备。为此，我首先需要了解伽利略以及牛顿的前人们在这一领域已有的建树，初步的调查很快将我引向亚里士多德的《物理学》（*Physica*）一书对运动的讨论以及其后的著作……在物理之外的其他领域，亚里士多德一直是一位敏锐而自然主义的观察者。比如在生物或政治行为领域，他对现象的解释往往尤为犀利和深刻。他的独特才能为什么在遇到运动问题时没有得

1　Hacking, "Introductory Essay," in Kuhn, *Structure* (2012), p. xxx.

2　库恩的叙述忘了告诉我们他所读的亚里士多德是译文还是希腊语原版。如果他读的是与原版不可通约（无法翻译）的翻译版，那么对比他自己的理论，这事儿简直到了诡辩的程度。

以发挥？他怎么会得出那么多明显是荒谬的观点？最重要的是，为什么这么长时间以来他的后继者们如此重视他的这些观点？……

在一个令人难忘的夏日（非常热），这些困惑忽然消散无踪。我一下子意识到如何将这些我正在费力解读的文本用另一种方式串联成一个整体轮廓。我第一次重视起一个事实，那就是亚里士多德的运动理论可以归结为质量的变化，其中既包含石头的坠落，也包含一个孩子长大成人……虽然我对亚里士多德的新理解远非完整，陈述得也过于温和，但是这足以说明我所说的发现一种新的文本解读方式意味着什么。当我掌握了这一技巧，深层的隐喻往往披着自然主义的外衣，很多明显的荒谬消失了。我并没有因此而成为亚里士多德主义物理学家，但某种程度上我学会了像他那样思考。[1]

1992 年正是伽利略在帕多瓦大学的第一次讲座四百周年之际，库恩和温伯格都在那里发表了演说，库恩回顾了他的顿悟过程。他再一次讲述他如何对亚里士多德产生欣赏之情：

当他转而研究运动和力学时，他的独特才能何以会全部失灵了呢？同时，如果他的天才在这个领域没有发挥作用，那么为什么他的物理学著作会在他身后几个世纪一直被学界如此重视？这些问题困扰着我。我可以想象亚里士多德在研究中受挫，但我很难想象在研究物理问题时他的智慧全线崩溃了。我问自己，搞错的人会不会是我而不是他？或许他的话对于他和

---

1 Kuhn, *The Essential Tension* (1977), pp. xi–xii. 深层的隐喻披着自然主义的外衣？那么亚里士多德在读过希波克拉底（Hippocrates）之后说大脑是冷却血液的散热器，又该如何解释？

他同时代的人来说意义不同于对于我以及我同时代的人……突然之间，我脑中的碎片重新整合起来，形成了一个整体。我简直惊掉了下巴，因为亚里士多德一下子变成了一位实际上非常棒的物理学家，但这是我做梦也没想到的。[1]

遗憾的是库恩的任何一次陈述都没有告诉我们他获得了哪种性质的顿悟。我们唯一知道的是那足以让人惊掉下巴。会不会是一种宗教皈依呢（就像温伯格所说）？还是别的什么？[2] 温伯格曾致信库恩以期得到他本人的解释，但反馈的信息很少。库恩的回信中写道："初读（亚里士多德的物理学著作）使我改变的是对他们所取得成就的理解，而不是对这些成就的评价。"[3] 温伯格不以为然。难道"一位实际上非常棒的物理学家"这句话不是一种评价吗？[4]

1　Kuhn, "Remarks on Receiving the Laurea," p. 105.

2　库恩的顿悟使我想起了 R. G. 柯林武德（R. G. Collingwood）在《历史的观念》（*The Idea of History*，一部他去世后出版的作品集）中的话：

> 历史学家要如何理解那些他试图发现的思想呢？要达到这个目的，只有一条路可走：在他自己心中重新思考一遍。品读柏拉图的哲学历史学家要想知道这些文字背后柏拉图本人的所思所想，唯一的方法就是自己重新思考一遍……思想史，甚至所有的历史，都是历史学家在自己心中对过去思想的再现。（p. 215）

库恩将一种观念论的哲学史嫁接到科学哲学上去，抑或是反过来。

3　Weinberg, "Revolution That Didn't Happen," p. 52.

4　在《解释世界》（*To Explain the World*）中，温伯格引用了科学史学家大卫·林德伯格（David Lindberg）的一项研究：

> 在如何评价亚里士多德之成就的问题上，林德伯格补充道："在评价亚里士多德的成就时，以他在现代科学中所处的地位为标准的话，是不公平的，也是毫无意义的（好像他的目的就是回答我们的问题而不是解决他自己所面对的问题）。"而同一本书的第二版中："哲学体系或科学理论的正确衡量标准不是它在现代思想中的参与程度，而是它在处理它所处时代的哲学和科学问题方面的成功程度。"
>
> **我不敢苟同。**在科学中（哲学的事情就留给别人吧），重要的不是解决某个时代所流行的科学问题，而是去理解这个世界。在这个过程中，你会发现哪种解释是可能的，而哪种问题会引导出这些解释。科学的进步在很大程度上在于发现我们应该问哪些问题（p. 29；强调部分是我的标注）。（接下页注）

我想真正的顿悟是很难用语言解释的，是不可言说的。它就是那样。[1]然而，我仍然死心不改地认为，比较亚里士多德的物理学与当前的解释模式是可能的。我还要说在过去的两千多年中是存在进步的——比如在牙科领域。再一次引用温伯格的话："世界之于我们就像一台教学机，用那些满足时刻来奖励和巩固我们想出的好点子。"[2]现实为我们指引着方向，向左转还是向右转——还是像停止指示牌那样告诉我们立定不动。伯特兰·罗素为亚里士多德反经验方法的态度感到惊奇，他写道："亚里士多德坚持认为女人的牙齿比男人少；即使结过两次婚，他始终没有检查一下妻子们的嘴巴来验证自己的主张。"[3]对于这件事我更喜欢罗素的另一种表达："亚里士多德本可以避免犯这种错误的，要想知道女人的牙齿是否比男人少，他只要请太太张开嘴让他数一数就知道了。"[4]

后来的社会学家史蒂文·沙宾（Steven Shapin）复盘了有关科学史辉格解释的争论。在《华尔街日报》回顾温伯格 2015 年的《解释世界》

（接上页注）温伯格常为人所诟病，说他提供的科学史版本过于简化。他的话似乎是对整个史学界开战。这是一种曲解。他只是与否认真理、否认科学进步的行为开战。

[1] "你不可能理解。""这没有意义。""你听我的就对了。"我有两个关于顿悟的故事。第一个故事并非真正意义上的顿悟。而两个故事都涉及令人匪夷所思的洗脑。20 世纪 70 年代，我从伯克利开车去往旧金山。路上我载了一位搭车客。那时的人们会做这种事。那个人刚刚读过《众神的战车》（Chariot of the Gods），书中认为外星访客曾在数千年前造访地球。他问我："你怎么解释在戈壁沙漠发现的几千年前的电烤箱？"我怎么回答？"我不能解释。"（我强忍住，没有说出"根本没有什么古老的电烤箱。"）

多年前，我在伯克利开设的一门科学哲学课上做助教。有个学生交了一篇名为《功夫的哲学》的学期论文。他写道："我亲眼看到过一些你无法相信的事。"我对他说："好吧，那些我无法相信的事究竟是什么？"他斩钉截铁地说："反正你不会相信。""但，但是……"我说道，"相信我，说不定我会轻信了呢，你不妨说说看。无论如何，如果你不告诉我那是什么事，我又怎么评判你说的对不对呢。"

[2] *To Explain the World*, p. 255.

[3] Russell, *The Impact of Science on Society*, p. 7.

[4] Russell, "An Outline of Intellectual Rubbish," in *Unpopular Essays*, p. 115.

时，沙宾表达了他的愤怒：

> 温伯格先生认为，历史太重要了，不能放手留给历史学
> 家去研究，《解释世界》就是这样一部会让专业历史学家如坐
> 针毡的作品。他们会提醒他，17 世纪研究科学的大思想家们
> 把重整自然知识的努力当作为效忠基督服务。像牛顿、波义耳
> （Boyle）这样的人物能从自然界中看到神圣的目标，而不是像
> 温伯格先生所认为的那样，他们只是偏离恰当的科学行为，走
> 了一些不幸的弯路……
>
> 历史学家们可能会拍案而起，坚持认为寻找预期和预示是
> 错误的、非逻辑的——他们可能会说是"反历史的"。他们对
> 于温伯格先生所坚持的观点表示困惑，他认为科学发展要通过
> 拒绝目的论来实现，而他恰恰又把科学的历史描述为从黑暗过
> 去到光明现在的伟大胜利和进步。
>
> 拍桌子并不好玩儿——不管是谁。[1]

讽刺的是，拍案而起的正是沙宾本人。表达对进步的信念并不等
于表达对目的论解释的信念。相信进步不是说我们有既定的道路，而
只是说**如今**的我们比**过去**的我们在认知上有了一些小小的进步。你只
要随便问问哪个学生什么是雕齿兽的线粒体 DNA 就知道了。温伯格在
《纽约书评》上对沙宾的拍案之怒做了回应，当然不是直接指名道姓：

> 巴特菲尔德警告现在主义，不要"在研究过去的时候还一
> 只眼瞄着现在"，这个严峻挑战同样也适用于辉格派科学史学

1　Shapin, "Why Scientists Shouldn't Write History."

家。针对以强调内在发展为座右铭的科学史，托马斯·库恩在
1968 年说："只要有可能（虽然很难完全如此，即使如此历史
也无法按这个标准写就），历史学家就应该把他所掌握的科学
知识放到一边。"有些社会学家将科学当作社会现象，对于在
历史问题上利用现在的知识，他们的态度更加严苛，这些学者
中包括巴斯大学著名的科学知识社会小组。

同时，科学史的研究者中也不乏辉格式的捍卫者，这些
人当中尤其以爱德华·哈里森（Edward Harrison）、尼古拉
斯·贾丁（Nicholas Jardine）以及恩斯特·麦尔（Ernst Mayr）
等科学工作者们最为突出。我认为这是由于科学家在看待科学
史时需要着眼于现在的知识。我们认为自己的工作不只是对我
们所处时代类似议会民主或莫里斯的舞蹈的某种文化表达，而
是作为过去几千年来对世界的认识不断发展过程的最新阶段。
我们从过去的认知过程中获取对未来的期望和动机，认知仍是
不完美的，所以这些期望和动机也非完美。

当然，历史不应忽视那些过去具有影响力的人物，即使他
们后来被证明是错的。否则，我们也将无从得知怎样获得正确
的知识。但是，要想使故事有意义，我们必须能够辨别什么是
对、什么是错，而这只能以我们现有知识为基础来实现。[1]

我的问题是：为什么一定要非 A 即 B？为什么要与现在主义之类
的主张站在对立面？难道不能两者兼具吗？

为什么科学史不能既是辉格式或者现在主义的又兼顾一般历史的
特征？我们受制于此刻，但过去以传奇故事的方式插入我们现在的生

1　Weinberg, "Eye on the Present," p. 82.

活。这种情况是如何发生的呢？当代史学家们之所以对温伯格感到烦恼，部分原因可能是他似乎揭下了历史的神秘面纱。但我并不这样看。我还看到了托马斯·库恩的魔爪。如果只能从社会学角度理解科学，那么当务之急或许就是考察科学知识产生的社会环境。研究拉瓦锡，得先考察法国大革命时期的社会环境；研究爱因斯坦，得先参观一下伯尔尼的专利局；就是不能参考以实验为依据的科学内涵。引用《结构》中的话：

> 正如在相互竞争的政治制度之间做出选择一样，在相互竞争的范式之间做出选择，就等于在不相容的社会生活方式之间做选择。……当不同范式在范式选择中彼此竞争、互相辩驳时，每一个范式都同时是论证的起点和终点。每个学派都用他们自己的范式去为这一范式辩护。[1]

这个段落多精妙啊，范式都活了起来！它们激烈辩论，各抒己见。它们是"起点也是终点"。是否意味着范式之间是相互矛盾的？但是怎么可能呢？它们是不可通约的呀。那么是否意味着范式中缺乏内涵？（有人会认为，无论库恩式范式的含义是什么，都会导致缺乏包容性，缺乏对所有非社会学的科学概念的包容。）

我要讲一个温伯格书中的例子。埃拉托色尼（Eratosthenes）被认为是最早测出地球周长的人——现代技术测量的结果是约两万五千英里。对于那些认为地球是个平面的人来说，这相当令人震惊。[2]

1　Kuhn, *Structure* (1962), p. 93.

2　马修·隆德向我介绍了斯蒂芬·杰伊·古尔德（Stephen Jay Gould）的论文《平面地球的晚成》(*The Late Birth of a Flat Earth*)，"在书中，作者认为人们相信世界是平的，这是 19 世纪后期才产生的观念。实际上，似乎有人编造了这样的观念用以惩罚那些不相信进化论的蠢人们。"（隆德 2017 年 1 月 10 日写给作者的电子邮件。）

《厄勒芬廷的井》

埃拉托色尼（约公元前275—195年）将地球视作一个球体，并自信能够确定球体的大小。关于他这一主张最早的现存资料是来自大约5个世纪之后的克莱门德（Cleomedes，埃拉托色尼的手稿都没有被保存下来），被看作是古代科学的标志之一。他的理论用最简单的话概括就是：在夏至之日的正午时分，从赛伊尼（Syene）某处一口井的壁沿上向上望去，你会看到太阳就在你的头顶正上方。（这口井的确切位置没有人知晓。人们说法不一，其中一处在尼罗河中的厄勒芬廷岛上。）位于赛伊尼北部的亚历山大，在夏至之日日晷显示太阳偏离垂直方向7.12°。如果我们知道赛伊尼与亚历山大的距离，而7.12°约等于圆周的1/50，那么就可以计算出地球的周长。赛伊尼与亚历山大之间的距离乘以50就行了。

温伯格在研究埃拉托色尼的方法之后，对他估算的结果给予了肯定：

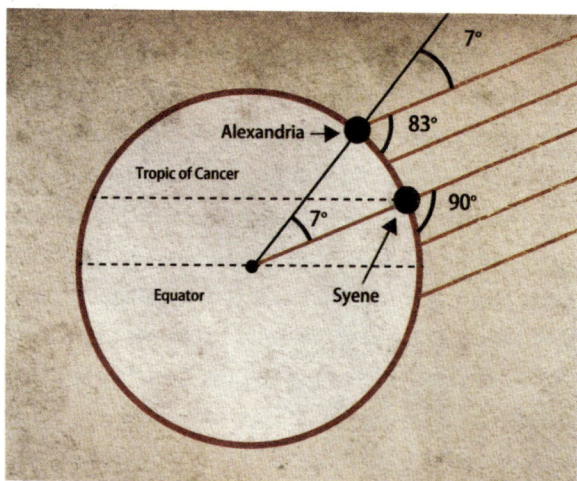

埃拉托色尼方法
的示意图

因为（与我们现今使用的英里或千米不同）缺乏标准定义，我们无从知道埃拉托色尼计算时所使用了怎样的长度单位，克莱门德很可能也不知道。虽然没有长度单位，但我们还是可以通过检查它使用的天文学知识，对他估算的结果准确性加以评判。地球的周长是亚历山大到赛伊尼距离的 47.9 倍，所以埃拉托色尼得出的结论，地球的周长是亚历山大到赛伊尼距离的 50 倍，是相当准确的，与当时所使用的长度距离单位无关。利用天文学知识，如果不算几何学的话，埃拉托色尼完成得相当出色。[1]

由此，埃拉托色尼的概念是合理的，但是还存在很多误差的可能性。比如丈量者通过步数计算两地距离时可能产生偏差，高估或低估

1　Weinberg, *To Explain the World*, pp. 75–76.

《培琉喜阿姆战役》

了到亚历山大的距离。[1]赛伊尼和亚历山大可能不在同一经度。（实际上，赛伊尼比亚历山大偏东约 3°。另一个古埃及的主要城市培琉喜阿姆（Pelusium）在位置上更接近赛伊尼的正北边，[2]但是据我们所知，埃拉托色尼并没有考虑在那里进行第二次测量。）而且赛伊尼也并非位于北回归线之上，这座城市在公元前 230 年应该位于北回归线以南 24

---

[1]　P. M. 弗雷泽（P. M. Fraser）认为，距离是由托勒密国王厄威革特（Euergetes）或菲洛佩特（Philopater）派出的步行者量出的。（*Ptolemaic Alexandria*, vol. 1, pp. 414–415.）

[2]　坐落在尼罗河三角洲上的培琉喜阿姆在公元前 525 年被波斯人占领，比埃拉托色尼的计算早大约三个世纪。2 世纪修辞学家波利艾努斯（Polyaenus）在《战略》（*Stratagems of War*）第 268—269 页描述了这场占领："埃及人以巨大的决心守卫着城市：以先进的强大机器对抗侵略者；从投弹器中射出利箭、石头和火焰。面对从天而降的枪林箭雨，坎比西斯（波斯皇帝）将狗、羊、猫、朱鹭等等埃及奉为神明的动物布于阵前。埃及人害怕伤害这些他们所崇敬的动物，立刻停止了作战；坎比西斯夺取了培琉喜阿姆，从而打开了进军埃及的门户。"

艾里斯·费尔南德斯，《考姆翁布的井》，2009 年，照片

英里的地方。[1]夏至之日阳光不会**垂直**照进那口著名的井里。尽管如此，温伯格总结道："埃拉托色尼是幸运的。赛伊尼没有精确地位于亚历山大正南方（它位于东经 32.9°，而亚历山大位于东经 29.9°），夏至正午的太阳也并非在赛伊尼的正上方，而是偏离垂直方向 0.4°。两个误差刚好部分抵消了。"[2]

我们如今知道埃拉托色尼的方法——测量影子和距离——是正确的，是有效地测量地球尺寸的方式。我们也知道他的一些假设是错误的。但假设和方法之间的相互作用我们只能在事后评估。也就是说，

1　Nicholas Nicastro, *Circumference*, p. 119.
2　"埃拉托色尼真正测量的，"他解释说，"是地球周长与亚历山大到北回归线的距离之比。在北回归线（克莱门德称为夏季热带圈）上的夏至日正午，太阳才会从头顶直射下来。亚历山大纬度为 31.2°，而北回归线的纬度为 23.5°，纬度比亚历山大低 7.7°，所以地球直径实际上是亚历山大到北回归线距离的 360° / 7.7° = 46.75 倍，这个倍数比埃拉托色尼算出的 50 倍只小一点点。"Weinberg, *To Explain the World*, p. 76.

只能是辉格式的评估。否则，我们怎么会了解科学中错误假设的讽刺意味呢？就如温伯格所写的："埃拉托色尼是幸运的。"可能吧。但是埃拉托色尼的错误假设相互抵消反而使他得到了正确的结果。而我们之所以能说他是幸运的，正是基于对正确结果的知识追溯。

我在普林斯顿读研究生时，诺顿·怀斯（Norton Wise）还是一名博士后。最终，他成为科学史和科学哲学项目的负责人（1991—2000年），这个项目在七十年代的负责人是库恩。我曾经在很多个夜晚与他长谈，是的，抱怨库恩。我们四十余年没有联系了，但是当我致电身在佛罗里达的他时，时间似乎没有让我们之间产生任何隔阂。诺顿比我要和善得多。在我们的谈话中，我再一次体会到他这种开诚布公的态度。

诺顿·怀斯：你还记得他抽烟的方式吗，库恩新点上一支香烟之后？
他开始说话，会在一句话中间停下，开始抽烟，他猛吸一口能一下子抽掉半根烟。那一口太猛了，然后他才会接着把话说完。这个场景我还记忆犹新。

埃罗尔·莫里斯：我记得那堆成山的烟头和烟灰。

怀斯：一场研讨会上就能抽那么多。

莫里斯：对。

怀斯：我也记得。我从没见过有人像他那样抽烟的。当然，肺气肿差点要了他的命。

莫里斯：我常常思考吸烟的魔力，它能将世界简化成三部分，有你，有香烟，其他全是烟灰缸。

怀斯：对我来说，吸烟是研讨会紧张感的外化。每个人都如临深渊，从开始一直贯穿整个研讨会。很明显这种紧张感是库恩带来的，对于讨论内容他做了充分的准备，并期待其他人也和他一样。当然很少有人——研讨会上没有人——像他那样对要讨论的材料烂熟于心。于是就产生了一种敌对关系。你遭到挑战，必须说点什么或者提出自己的观点。你的观点会立刻获得反馈，可能是同意，但通常是某种新的挑战。对我来说，这种模式意味着那些年我们的关系虽然亲密而激烈，但充满了对抗性。这很刺激，但有时令人烦躁，有时令人非常烦躁。自始至终，在他去世前不久，我和他之间始终进行着这种解释的竞赛——

一场"解释的竞赛"。很奇怪的表达，但是它恰如其分地形容了库恩。

怀斯：我怀疑我就是在那次研讨会上第一次意识到库恩的敌对性质。我正在解释威廉·汤姆森（开尔文勋爵）早期的电磁数学著作。库恩尖锐地反对我的解释，他说我没有遵循汤姆森发展其理论的思路，所以我的解释不可能是对的。我采取的是一个物理学家研究问题的方法——概论或基于后代知识的重新解读。这也是他一直以来强烈反对的方法。接下来的一个星期，我带着新的解释回来给他看，他再次试图推翻。但这一次，我做了充分的准备，我的研究做得相当专注而详细。这可能是我们彼此建立尊重的基础。作为他的学生，我们需要向他表明我们有能力应付这种对抗模式的交流，并且挑战他自己的理解。对一些人来说这种赢得尊重的方式效果卓著，但对另一些人来说完全就是灾难。

莫里斯：你所说的"对抗性"——我的经历非常不同。我得说那可比对抗要强烈得多，可以说带着点威胁的成分了。

怀斯：是的。

我们的讨论转向库恩和"辉格性"。

莫里斯：虽然你没用这个词，但我知道它就在你嘴边，因为作为他的
学生你肯定很熟悉。辉格式——这是最重要的指控。"我很想了解
这场关于汤姆森的讨论的细节——你是诺顿·怀斯，刚拿到学位
的物理学博士，带着物理学家而不是史学家的思维方式。你所提
出的是某种不合时宜的观点。

怀斯：完全正确。

莫里斯：事情的核心似乎有点奇怪。我不知道还能如何表达。他指责
别人是辉格式的时候，就像一个挥舞着警棍的卫兵。

怀斯：是的，对他来说就像警棍一样。我意识到自己必须换一种工作
模式，必须学会换种方式写作。我必须要学会解释为什么文字会
以这种顺序从上到下在纸上呈现。

莫里斯：你是指精读，对吗？

怀斯：是的。[1]

1　作为后续，怀斯写了一封邮件："对于汤姆的工作模式，你对两点特别感兴趣。首先，是关于他证明自己观点的能力，看似做了强有力的陈述但实际上并没有。其中一个实例出现在他关于节约能源的经典论文中（*The Essential Tension*, p. 100），他写道：'除非在这七个人的教育环境中固有的**自然哲学**理念对他们的部分研究内容具有深刻影响，否则很难想象为什么超过一半的先驱者都来自这个刚刚产生重要科学成果的地区。这还不是全部。如果是这样，**自然哲学**的影响可能还有助于解释为什么这个由五个德国人、一个丹麦人以及一个阿尔萨斯人组成的团体，包含了六分之五的先驱者，他们的节能方法会存在如此明显的概念缺陷。'换句话说，'对于自然哲学在其中所起的作用，我还没有来得及研究，虽然缺乏证据，但是这应该是真的，除非确实能证明并非如此。'我无法驾驭这样的写作方法，虽然我知道这样很有效。其次，我列举了我自己在研究威廉·汤姆森，即开尔文勋爵的电学理论时的经验，以表明为什么库恩对辉格式解释的批判在文本的细节阅读上会有这么大的影响。当时，我在研讨会上介绍了汤姆森的数学结果，即电力 F 在穿过介电常数为 k 的绝缘体表面时变为 F'，那么 F'/F = 1/k。这里有一些问题，因为汤姆森声称他的推理基于与表面热传导的类比，然而电导率变了，他的公式却没有相应的变化。我对他思想的解读是以一个现代物理学家对静电感应的理解为基础（含蓄地）。汤姆坚持（强烈而对抗地）认为我的观点不可能是正确的，因为我没有考虑到汤姆森的声明与公式之间的关系。我的解释是辉格式的，我学到了重要一课。然而，故事还没完，仍然是充满对抗性的。库恩发表了他自己对此的解释，而我反过来认为他说的不可能是对的，并直言不讳。之后，我花费了大量时间和努力，以证明为什么他是错的，并且递交了一份新的研究结果，这份报告很好地解决了问题，并深入探讨了汤姆森的研究模式。在我与库恩合作过程中智力上的斗争和心理上的斗争总是同时存在，辉格式和对抗性始终扮演着同样重要的角色。"（2009 年 1 月，写给作者的电子邮件。）

谁会有异议呢？精读是完全值得赞扬的。但精读并不意味着辉格式或非辉格式的。我们知道，仔细阅读有助于我们理解文本。而不可通约性是说，除非我们处在文本写作时所处的范式中，否则我们**不可能**理解它。我们争论的与其说是关于历史的，不如说是关于历史是否是可能的。

这将我带回到克里普克，以及《命名与必然性》。为什么克里普克与这些有关呢？因为他的工作就是试图建立新的联系——在语词与事物之间，在现在与过去之间。虽然很少有人这样描述他，但除了别的头衔，他还是一位历史哲学家。在哈佛大学读本科时，克里普克在一篇论文中发表了对英国的观念论历史学家 R. G. 柯林武德的一系列批评，后者以其主张历史是在头脑中的**再现**过程的观点而闻名——把自己投射到过去中去再现历史事件。克里普克有效地抨击了这种观点。那么那位试图**重现**希特勒思想的历史学家呢？

假设一位历史学家想要洞悉阿道夫·希特勒的心灵。他是否会以冰冷的理性思维去重新思考希特勒的思想，就像柯林武德所预想的那般？如果是这样，他将一无所获；例如，他重新想道，"犹太人造成了如今德国的衰落"，他或许（由于柯林武德认为历史学家必须带着**批判性**思维）会观察到希特勒在这一点上完全搞错了。但是真正的问题是情感上的，而柯林武德否认历史中有情感的成分：希特勒反犹主义的动机是什么？反犹主义获得大众支持的原因？这个问题的答案不在于理智，而主要是情感上的。即使加入感情的成分不会带来对柯林武德理论的修正；再现希特勒情感的历史学家将不再是历史学家了，在一个警惕的社会中，他会被当作公众监督的对象。[1]

库恩的思想会不会受了类似观念的影响？就如克里普克所写："这种观念论的构想被用于解决对过去事件的当代认知问题。"但他对此并不信服。"历史只是由对过去思想的再现组成，这种理论看上去就非常不可信，是不值得考虑的。"[2]

在《历史学家的谬误》中大卫·哈克特·费舍尔用一种强有力的**反证法**批判了柯林武德的观点。费舍尔引用了拉迪亚德·吉卜林的《勇敢船长》(*Captains Courageous*)中的句子：

> 当迪斯科想到鳕鱼时，他像鳕鱼一样思考……于是，迪斯科·特鲁普以一只20磅鳕鱼的视角审视了最近的天气、大风、洋流、食物、供给以及其他因素；实际上在那一个小时里，他作为一只鳕鱼，真的看上去有模有样。[3]

库恩就是迪斯科·特鲁普吗？亚里士多德·特鲁普20磅的鳕鱼？费舍尔继续写道：

> 如果要求一位历史学家在布鲁图杀死恺撒之前重现他的想法就等于要求他成为布鲁图。这是做不到的，就像迪斯科·特鲁普变不成一只20磅重的鳕鱼一样。因为不仅是布鲁图所想的内容与柯林武德不同——他思考的方式也不同。这种观点总

1　Kripke, "History and Idealism," p. 16.

2　"History and Idealism," pp. 11, 2.

3　*Captains Courageous* (1897), pp. 50, 108.

体上是反历史、反经验的，是荒谬的。[1]

关于过去，我们可以相信一些奇怪的观念，但是我们仍然可以指称过去的事物。[2]公元前 6 世纪数学家的信念对我们来说可能不得而知（或者至少对我们来说是难以理解的），但是当希帕索斯或者他的同代人说到$\sqrt{2}$时，我们所指称的是相同的东西。[3]实在是存在的。真理是存在的。历史也是存在的。

塞万提斯写道（塞缪尔·普特南译）："……历史所孕育的真理是时间的对手，事件的储存，过去的见证，现在的榜样和警诫，未来的教训。"当我们提到塞万提斯，我们沿着一条线索的链条追溯至过去。（就像我们命名塞万提斯时一样，我们建立起一条因果链延伸至未来。由于是关于未来的，我没有称其为历史链。）指称就像一纸地契，我们不能一下子将世界理解透彻，但我们可以不断探索。世界在演化的过程中留下了秘密的证据。我们可以利用我们所掌握的各种工具——DNA 线索、碳 14 鉴年法、弹道、指甲刮痕、毛发学、出生记录、照片、日记、目击证词、口述历史等——这就是调查实在论。我们可以像迷宫中的忒修斯那样追溯历史的脚步。幸运的话，我们能穿过错误思想的迷宫找到回归现实的路。

说回小金。我们相信，小金可以是金色、绿色或其他什么颜色但我们仍然能指称小金。随着时间的推移，我们对于小金（以及历史）的认识可能会变，但是这并不意味着我们无法再指称小金了。也不意

1　Fischer, *Historians' Fallacies*, pp. 196–197.

2　我们仍然可以怀疑克里普克的主张，即意图的历史链确保我们能够指称过去的事物。但这至少是一种尝试，试图表明我们可以如何指称事物。

3　$\sqrt{2}$所指称的东西在前希帕索斯和后希帕索斯时代是相同的，即使在这个过程中我们对于$\sqrt{2}$的认识发生了变化。

味着指称依赖于范式——或依赖于概念图式或学科矩阵。我想象着小学里正在进行一场糟糕的辩论。有些孩子说地球是平的。而我说地球是一个扁球体。我们争论不休。是平的。不，不是。是的，就是。不，不是。是的。不是。僵持不下。我们进了死胡同。库恩进来实施裁决。他告诉我们，这件事没有对错。你们在不同的范式中：平面地球范式和扁球体地球范式。"地球"这个词对你们每个人来说都有不同的意义，这些意义之间无法比较。一般性的指称是不存在的。但是等一下。这可是**地球**啊！一个物理实体，它就在太空中漂浮着呢。它是平的，还是一个扁球体？如果两者都不是，那你得告诉我它是**什么样**的。它总得有个形状吧。

我猜那个小学生如果足够生气，他可能会跟我干一架。当一切别的手段都失败了，还可以学学矮胖子对爱丽丝的回答。（"当**我**使用一个词的时候，"矮胖子用一种相当轻蔑的口吻说，"它的意思就是我给它选定的意思——一点不差。"）[4] 还有烟灰缸之争。用库恩狭隘的宇宙观是无法**切实**解决这类问题的。打一架可能在所难免。[5]

4　还记得爱丽丝和矮胖子最开始的交谈吗：

"他看起来可真像个鸡蛋。"她大声说道，站在下面举着双手准备接住他，因为她看上去随时可能掉下来。"你的话可真叫人生气，"长久的沉默之后，矮胖子说，他把目光从爱丽丝身上移开并说道，"被称作鸡蛋——真是够了！"

"我是说**看起来**像个鸡蛋，先生，"爱丽丝温和地解释说，"你知道，有些蛋还是很漂亮的，"她补充道，希望自己的话能变成一种恭维。（Carroll, *Annotated Alice*, pp. 207-208）

好吧，不可否认，矮胖子是个虚构人物。他是一个形状像鸡蛋的虚构人物。是的，他可以决定词语的意义——至少他自己这么认为——但是一个虚构的蛋形人物能够在事实上否认自己看起来像只鸡蛋吗？

5　对此，亚瑟·叔本华（Arthur Schopenhauer）在我最喜欢的论文之一《辩论艺术》（*The Art of Controversy*）中作了阐述。叔本华的过人天赋将这种玩世不恭发挥到了新的高度。他指出，若要赢得辩论有两个途径，逻辑的和辩证的。然后，他告诉我们通过逻辑赢得辩论是不可能的，因此他直接转向了辩证的方法，并提出赢得辩论的36式，**保你百战不殆**。尤其厉害的是第36式，高潮之处是烟灰缸之争的另一个版本：

最后一个技巧是，一旦意识到对手占了上风，你将要沦为惨败一方的时候，（接下页注）

　　再比方说，如果你真的相信真理是主观的或相对的，那么请你自问：一种行为最终有罪还是无辜在于想法吗？是相对的吗？主观的吗？陪审团判定你犯下了你根本没做过的罪行，而你是无辜的。（这完全有可能发生。司法制度充满了误判。）但我们相信事情自有真相。你要么做过，要么没做过。句号。[1]

　　如果你被绑在德州死刑室的电击椅上（如今改为死刑注射轮床），那么恐怕就不存在什么相对性了。假设你是无辜的。假设你从没到过案发现场。假设你当时确实躺在家中的床上。如果说对于你是有罪的还是无辜的不存在确切的答案，你会欣然接受这种主张吗？绝对的真理或谬误真的不存在吗？你会不会大喊，"不是我干的。不是我干的。"我猜想后现代主义的牧师的劝导（很可能是带着牧师领的托马斯·库恩本人）会给你带来很大的宽慰："一切都取决于你怎么看，不是吗？"或者"你在哪种范式之中？"

　　在我研究达拉斯警官罗伯特·伍德（Robert Wood）谋杀事件，以及兰道尔·戴尔·亚当斯被起诉和判决的过程中，把我对此事的看法和达拉斯警方的看法当作两种范式来对待有意义吗？诚然，我们看待证据的角度不同，对目击证人证词的理解不同，对犯罪行为的看法也

（接上页注）你就要表现得情绪化、无礼、粗暴。具体做法是从争议的主题上转移开来，就像从一场已然失败的游戏中脱身，将矛头指向对手本人，以某种方式攻击他的身体，我称之为**身体攻击**，用以区分于**人身攻击**，后者是指，把矛头从单纯对主题的客观讨论转移到对手做过的与主题相关的表态或陈述上来。但是由此他也彻底搁置了主题，通过展现攻击性和恶意把火力对准了对方的身体。从智力的荣誉之争变成了身体的荣誉之争。这个技巧相当流行，因为人人皆可一试，因此它的应用频率颇高。现在的问题是，对手有什么好的反制技巧吗？因为如果他也采用同样的策略，那么打斗在所难免，抑或是一场决斗，或是一场诽谤诉讼。（ *The Art of Controversy, and Other Posthumous Papers*, pp. 45-46. ）

1　我要说的不是一些**罕见的**巧合：有人拿枪指着我的脑袋；受害者恰好扑倒在我手中的尖刀之上。我要找的是一个清晰明了的示例。以纪录片《细细的蓝线》（ *The Thin Blue Line* ）为例。兰道尔·戴尔·亚当斯（Randall Dale Adams）陈述说——我躺在家中的床上，与之相对的是检察官的说法：亚当斯坐在车里，开枪打死了这名警员。就像克里普克对专名的分析一样，这个例子中不涉及人头脑中的东西。这与**犯罪动机无关**，与对过失杀人、非自愿或其他方式的杀人定义**无关**，与这样或那样的司法管辖权**无关**。它是真实世界中的事件。亚当斯到底是在家中的床上还是在车里

烟头

不同。假如有人说，这两种范式是无法比较的。它们之间**不可通约**。或者即使可以比较，也不能判定一个是真另一个是假。或者一个比另一个**更真实**。**绝对真理**是不存在的。或许他们会拿警方的程序和惯例来粉饰自己的主张。那就是另一个问题或学科矩阵了。处理犯罪现场证据的惯例多有不同，或者更现代一点说，属于不同的贸易区。烟灰缸的社会建构。

对我来说，库恩的终极罪行并不是支持非理性。我们可能或多或少都会犯这样的错误。在我看来他还犯了更糟的罪行。他所不断修改和所谓澄清的历史是一种模糊了道德和智慧的历史。有些评论家指出，早在我发起批判之前，库恩就已经意识到了问题所在。如果是这样，对我来说不仅不能减轻他的罪恶，反而使得情节更为恶劣。

哲学家约翰·伯吉斯（John Burgess）在访问中告诉我：

库恩与历史学家交谈时用的是一种方式，与哲学家交谈时是另一种方式。当他开始谈论社会建构的话题时问题就出现了——根据我的认识，星星不可能是社会建构的。星星们已经存在了几十亿年之久，人类社会的历史可没有几十亿年。因此，后者不可能建构前者。另一方面，如果你只说天文学是社会建构的，好吧，算是个微不足道的自明之理。谁会否认这个呢？在人类社会出现之前，没有天文学家，也没有天文学。如果说这里存在什么哲学问题，也都是这种模式的——不过是一些散漫的话术问题。抛出这些表达上的小伎俩实际上掩盖了问题，而没有启发思考。它所鼓励的是错误的逻辑跳转，从

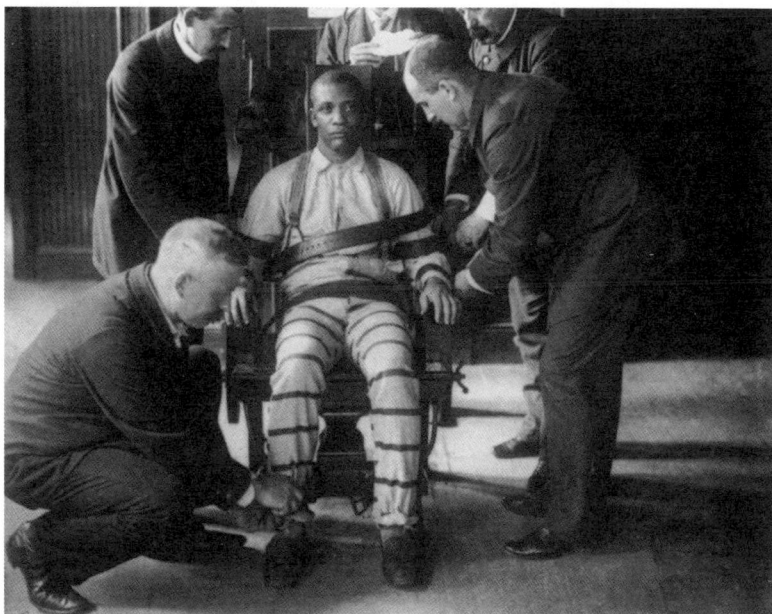

威廉·M. 范·德·韦登,《新新监狱的电击椅》,约 1900 年,明胶银印

"天文学是构建的"到"因此,天文学所涉及的东西也是构建的"——或者类似这样。在与哲学家交谈时,库恩会否认他持有这种离谱的观点。但是与历史学家交谈时,他又重回这种话术。

确定真理的困难常常与真理的相对性(或者真理不存在的信念)相混淆。这是两个完全不同的概念。我们可能在确定黑斯廷斯战役(Battle of Hastings)的具体时间和地点上存在困难,但是并不意味着要否认这场战役在某个特定时间和地点确实发生了。"过去,"如 L. P. 哈特雷(L. P. Hartley)所说,"就如异国他乡,那里的人们遵照不同的方式行事。"[1] 但是,当荷马(Homer)提到"太阳"时,他所说的

1　Hartley, *The Go-Between*, p. 17.

这个物体与 T. S. 艾略特（T. S. Eliot）所说的会有什么不同吗？如果牛顿给爱因斯坦看看他的《原理》而爱因斯坦给牛顿看看他的 "Zur Elektrodynamik bewegter Körper"（《论动体的电动力学》），他们无法彼此理解并读懂对方的理论吗？我认为不能。他们可能会讨论，或许还会在思想和原则上存在异议，有很多需要澄清的地方。但是他们不会麻木、呆板地无视对方的存在。科学事业的一部分就是将过去的理论翻译成与现代相容的理论。过去可能就如异国他乡，但我不相信那里的人说着我们无法理解的语言。

结　语

哲学（名词）：一条小径交错的道路，从无处而来，通向虚无。

　　　　　　　　　　　　　——安布罗斯·比尔斯，《魔鬼词典》

2010 年 10 月，阔别普林斯顿大学近 40 年之后，我受邀参加斯宾

让-莱昂·热罗姆，《真理拿着鞭子从井中出来惩罚人类》，1896 年，布面油画

塞·特拉斯克讲座。[1] 我准备做一个名为《烟灰缸》的讲座，说一说我被扔烟灰缸这回事儿。然后，我把与我在普林斯顿经历相关的论文翻出来研究。我那时非常热衷于攀岩，而（虽然这并非众所周知）普林斯顿恰好是世界上最好的攀岩地之一。哥特风格的装饰物使得那里的建筑物非常适合攀登。而我那时身形矫健，正是状态最好的时期。

1972 年 5 月，理查德·尼克松（Richard Nixon）下令封锁海防港（Haiphong harbor），并发起了"后卫行动"（Operation Linebacker）。这是自 1968 年的"滚雷行动"结束以来首次对越南北部进行持续轰炸。1968 年时任总统是林登·约翰逊（Lyndon Johnson），而尼克松以和平纲领胜选新任美国总统。在今天看来，这真是个冷酷的笑话。但在那时，这是赤裸裸的背信弃义。我在参加于国防分析研究所（Institute for Defense Analysis, IDA）前举行的示威活动时被捕，它是当时主要的国防项目承包商。我被押上了开往特伦顿的囚车。

在等待被收押时，我走到一扇窗户前，意识到从这里爬出去离开易如反掌，我就这样做了。我一直为自己的逃跑感到些许羞愧。我想："我本应该接受正式收押，采录指纹。我因示威活动被捕一事大概没能留下任何记录。"

最近，我在《普林斯顿日报》（*Daily of Princetonian*）的线上网站发现了一篇报道。报纸上印着我的名字，我很高兴——示威活动以及我的参与都留下了实实在在的记录。据说普林斯顿大学时任主席罗伯特·戈欣（Robert Goheen）曾表态说："这不是普林斯顿。"[2] 后来，他改了口风，坚称他所说的并非针对示威者，而是在说 IDA 在地理上并

1　在讲座开始前，工作人员介绍我时声称，我之所以离开普林斯顿是因为这份工作对我来说太困难了。唉，我不得不打断他的话，我向在座的各位解释说，这份工作对我来说或许太难，或许不会——但我被踢出了普林斯顿，就因为我不认同托马斯·库恩的理论。

2　Christopher Connell, "Robert Francis Goheen," *Princeton Alumni Weekly*, May 14, 2008.

The Daily PRINCETONIAN

Vol. XCVI, No. 70　　　　　Princeton, N.J., Monday, May 15, 1972　　　　©　　　　15 Cents

Police arrest 47 demonstrators, reopen IDA

Three-day total rises to 178 arrests; Rutgers students plan to swell ranks

By JAMIE HESS

Forty-seven more persons were arrested Friday morning as demonstrators returned to blockade the entrances to the Institute for Defense Analyses (IDA) for the third consecutive day.

Undaunted by the mass arrests, protestors have planned a "massive demonstration" for 7 a.m. today involving participants "from all over the Northeast" at the IDA building, located behind the Engineering Quadrangle.

About 20 to 25 Rutgers students and an equal number from New York are expected to participate this morning.

"Chicago Seven" defense lawyer William Kunstler is scheduled to appear at the demonstration at 9:30 a.m., according to the Anti-War Coordinating Committee.

Friday's arrests brought the three-day total at IDA to 178 involving 159 different persons—110 Princeton students, nine professors, four Princeton Theological Seminary students and 36 others, including 19 juveniles.

About 150 persons assembled at IDA's north gate by 8:30 a.m., one-third of whom participated in the blockade. A force of 45 borough, township and Mercer County officers arrested every blockader.

IDA security guards consequently were able to open the gate for the first time since Wednesday, making it possible for 25

waiting employes to enter the building through police lines.

Thursday, police arrested only 70 of the approximately 110 persons who linked arms in front of the gate, and the remaining demonstrators prevented the entry of IDA employes into the building.

Forty-six of those arrested were placed in three of four waiting paddy wagons and transported to the Mercer County Court House in Trenton, according to Borough police lieutenant Michael F. Carnevale.

Its "processing procedures and facilities are much better" than those at Borough Hall, he explained.

One juvenile, arrested at 8 for cutting one of the encircling fence's six strands of barbed wire, was taken to Borough Hall and booked.

The 41 non-juveniles were held in a courtroom in Trenton until 2:10 p.m. when they were released on a collective bail of $6750 — $150 for first offenders, up from $100 Thursday, and $250 for repeat offenders. The charge was "interfering with persons lawfully attempting to enter on the premises known as IDA."

The other five juveniles were taken from the courtroom to the Mercer County Youth House also in Trenton, where three males were allegedly beaten and forced to take scalding hot showers.

Youth House employes were unavailable yesterday for comment.

To protest the alleged treatment of the juveniles, students have organised a march and motorcade to leave Borough Hall at 6:15 tonight for the Youth House, where a rally is scheduled for 7 p.m.

All the juveniles face an as yet unscheduled appearance in Mercer County Juvenile Court on charges of juvenile delinquency. The 41 adults arrested Friday are scheduled to appear in Borough Court at 1:30 p.m. Wednesday, bringing to 139 the total number to appear then.

Two more professors — Associate Professor of Religion Victor S. Preller and Professor of History Stanley J. Stein — were arrested Friday along with Edward B. Meservey, a research assistant at Forrestal.

There were seven repeat offenders, including one triple offender.

Demonstrators did not begin arriving at IDA until shortly after 7 a.m., enabling a few employes who "wanted to see what it was like from the inside" to enter the building at 7.

At 8:29 the police, who had assembled in a parking lot separated from the IDA lot by a line of trees, moved into the lot. They were followed by the paddy-

wagons, which drew into a circle on the lawn adjoining the north gate.

The blockaders immediately linked arms and struck up a sustained chant of "IDA must go," as Borough Police Chief Peter J. McCrohan held up his first two fingers and shouted almost inaudibly that the blockaders had two minutes to disperse.

McCrohan then turned to the demonstrators not in the driveway and informed them they must stay off the pavement to avoid arrest. Prosecutor's officers stationed themselves at the pavement's edge, restraining and in some cases pushing the observers

(Continued on page five)

BOOK DONATION

Textbooks, or any other books, especially English-Spanish dictionaries, may be left in a box in the back entry hall of Maclean house. Books are needed for a four-year college program at Leesburg State Prison.

Judicial Committee dismisses Rudenstine disruption charge

By LAIRD HART

The Judicial Committee decided May 5 to dismiss charges of "serious violations of University policy on protests and demonstrations" brought against Dean Rudenstine by two undergraduates.

The committee voted 6-1 not to further examine charges of Douglas R. Noll '72 and Thomas C. Greiner Jr. '72, that "Dean Rudenstine's conduct was disruptive of the rights of peaceable assembly and free inquiry."

Noll and Greiner's charges referred to Rudenstine's statements at the Woodrow Wilson School lobby occupation April 21 warning of possible disciplinary and court action if demonstrators remained in the building past closing time, which Rudenstine believed to be midnight.

Noll and Greiner charged that Rudenstine ought to have been aware that people could stay in the building beyond midnight, and that, by his statements, Rudenstine both intimidated the demonstrators and "forced the discussion" to "issues other than those [the demonstrators] came to discuss."

Noll and Greiner explained in the charges that "whether the presentation by Dean Rudenstine of false information was delib-

erate or an honest mistake does not lessen the gravity of its effect."

The majority opinion of the Judicial Committee found that "in issuing a warning to the participants, [Rudenstine] was acting within the reasonable bounds of his authority."

The committee determined that "the information given in this case provided no basis for believing the charges could be sustained" against Rudenstine, because he "has an obligation to issue warnings of possible disciplinary action in order to protect the rights of individuals."

An administrative officer, the committee concluded, "must be left sufficient latitude of action, and complaints about his course of action within this latitude are not within the purview of the Judicial Committee, but should be made to his superior.

"On these grounds, the Committee can find no way to justify its acceptance of the charges made."

Minority opinion

M. Duncan Grant '72, the lone dissenter in the committee's 6-1 vote, explained in a three page minority opinion that "a lot of questions remain unanswered, and should be answered in a formal hearing."

Grant urged the committee to accept jurisdiction for four reasons.

First, Grant felt "other members of the committee have misunderstood the function of the pre-hearing conference . . . it appears to disagree that the ma-

(Continued on page four)

CORRECTION

The Princetonian erroneously reported in Friday's edition that Aaron S. Kaufman '72 was charged with assault and battery at the Institute for Defense Analyses. He was actually charged with resisting arrest. The Princetonian apologizes for the error.

475 persons crowd McCosh 50

Dellinger attacks Nixon policy

By GEORGE KEYDER

A relentless drizzle forced yesterday's "Mothers' Day Rally/Teach-In For Peace" to move indoors to McCosh 50, where over 475 persons listened to speeches by David Dellinger, Princeton faculty, students and townspeople.

Chicago Seven defendant Dellinger cautioned the audience not "to become innoculated into thinking this latest escalation will be the last."

"Right now we are facing the greatest crisis of the Vietnam war and one of the greatest crises in the history of the American people," said Dellinger.

He castigated Nixon's "ineffective gesture" in blockading North Vietnamese ports as well as the President's refusal to negotiate without the release of POWs and without the assurance that U.S. troops being withdrawn would be safe.

Dellinger called on the American people to "reassert democracy at the roots" by militant protest at "the army bases where people are refusing to fight and at draft centers where people refuse to be inducted."

He called for a march on Washington May 22 culminating in a sit-in at the Pentagon and at

undermines any legitimacy the government may have," and criticized Congress and the courts for not implementing action to stop the President.

"Our only recourse is citizens' militant action to save constitutional government in this country," he said.

Falk called upon everyone to "stop IDA's war crime," and "to use the Vietnamese people as a model of perseverance in our effort to stop the insane criminality of our leaders."

Professor of History Stanley J. Stein read a statement to the Princeton community from Amherst president John W. Ward.

Ward, who was arrested last week while blockading the entrance to a military base, said in his statement that he was at first torn between his role as college president and his role as a private citizen whose actions were separate from his college. However, in making the decision to protest, "even though you may be wrong," Ward concluded, "at least you will not have lost your own respect for yourself."

Borough Councilman Martin Lombardo demanded that "Nixon stop this craziness" and said he would ask the mayor to call an emergency meeting Tuesday evening to condemn the escalation.

Congress in a "massive response to not only deny Nixon troops but also the funds for making war."

Dellinger urged the audience to take "committed action" either in Washington or in Princeton.

Next Richard A. Falk, Milbank professor of International Law and Practice, termed the Nixon administration's mining and blockading effort "a diversionary action for the intensification of bombing," and "an atrocity of the first magnitude."

Falk said the "persistent illegality of Nixon's war policies

David Dellinger

肯·哈克曼，在"后卫行动"期间一架空中加油机在为飞往越南北方的隶属于第388战斗机联队的美军战机进行空中加油，1972年10月

Police break IDA blockade

(Continued from page one)

back from the blockade.

To a chant of "Racist cops, racist war, we won't take it any more," the police advanced in double file up to the blockade. McCrohan announced, "If you walk out, you'll have it easy," and about ten persons complied and marched into the paddywagon.

During the next few minutes, several more unlinked their arms and walked out; more·than a dozen dropped to the pavement and were dragged away. As others walked away, the last seven offered some resistance.

Several of the seven had to be grabbed around the neck to be separated, and once separated they began kicking. The final student to be arrested required four policemen to be subdued. After seven minutes had elapsed, every blockader was in one of three paddywagons.

As the fourth waited empty, the gate was unlocked, and 25 employes who had congregated in three groups in the parking lot, filed in through the police massed in the driveway.

University students arrested were Glenn E. Aguiar '74, Scott P. Anderson '72, Martin W. Bachop '73, Edward G. Berenson '71, Lawrence F. Camp '73, Gordon Curtis '73, Bradford R. DeGraf '75, Carolyn J. Douglas '75 and Philip L. Douglas '72.

Also arrested were Mary B. Gibson GS, Eric P. Goosby '74, Michael Gross GS, Robert M. Hamm '72, Jon M. Hobson '73, Lyle P. Hough '74, James E. Kelly '73, Thomas L. Lescault '74, Judith H. Loebl '73, James E. Ludvik '73, John M. McEnany '72, Mark E. McGovern '75, Geoffrey P. Miller '73, Errol M. Morris GS and Kenneth A. Moy '75.

Also arrested were Charles D. Piot '73, R. Andrew Reath '73, Jane E. Rose '74, Wladimiro Scheffer GS, Kathryn L. Shailer GS, W. Lawrence Stanton GS, John J. Tolson '72, Dennis T. Torigoe GS, David B. Wong GS and Ronald Zuckerman GS.

《普林斯顿日报》，对1972年5月15日在国防分析研究所前示威活动的后续报道不位于普林斯顿大学校内。显然，这是"取决于你说的'x'是什么意思"技巧的又一次实践。哲学家可能会得出这样的结论，他的话表明根本不存在指称这种东西。而我的结论会完全不同。我经常想，哲学实在论者们是否会更倾向于反战。

这些经历促使我成为了一名电影人。那段日子的所思所想现在仍然影响着我，对于如今的我依然非常重要。当然，关于谋杀、大规模的谋杀，这个问题多年来一直萦绕在我的心头。在我制作的关于罗伯特·麦克纳马拉的纪录片《战争迷雾》（*The Fog of War*）以及关于唐纳德·拉姆斯菲尔德（Donald Rumsfeld）的纪录片《已知的未知》（*The Unknown Known*）中，这个问题都有所体现。在普林斯顿时，我会坐在燧石图书馆里，阅读整卷整卷的纽伦堡战争罪的审判笔录。三十年之后，我有机会陪同麦克纳马拉（以及 2013 年出任美国驻联合国代表的萨曼莎·鲍尔）前往海牙国际刑事法院（International Criminal Court，ICC）。我们在法庭上播放了《战争迷雾》。

放映后，麦克纳马拉和我回答了相关问题，随后我们拜访了法庭档案保管员。麦克纳马拉告诉他："真希望我还是国防部长时他们就已经制定出这些管理战争罪的条例了。"档案保管员严肃地回答："先生，确实有的。"另一个比卡夫卡式的怪诞有过之而无不及的经历是，看着塞尔维亚前总统斯洛博丹·米洛舍维奇（Slobodan Milošević）出现在被防弹玻璃层层包围的被告席上。我所看到的所有诉讼程序都与对他的指控内容没有太大关系。正义无法伸张。大规模谋杀的凶手就在这里，但是罪行却好像消失了，或者至少是远去了。只剩下程序性的——有关程序的程序的程序，本轮之上的本轮的本轮。然而，知道米洛舍维奇的罪行正在受到正视，即使只是以模糊和不正确的方式，也是一种进步。记录历史，要求人们对已经发生的事件进行说明，让他们为自己的所作所为**负责**。

乔治·费德里科·沃茨,《希望》,1886 年,布面油画

　　1962 年,《科学革命的结构》首次出版。1963 年,约翰·肯尼迪（John F. Kennedy）遇刺身亡。许多人精神崩溃了。究竟发生了什么? 谁干的? 什么叫没有确切的答案? 这就是那个时代的**时代精神**。从那以后,事情变得越来越模糊。真理这个概念本身似乎在遭遇挑战。我们可能获知真相吗? 存在某些真相等着我们去获知吗? 最近我接受了亚伯拉罕·扎普鲁德孙女的采访,就是拍摄了扎普鲁德录像[1]的那个扎普鲁德。她彼时正在写作关于她祖父的录像、她的家庭以及她周围世界的书。关于我们如何自囿于一个没有答案的世界,而不是顽强地设法发掘历史难题的解答。

　　1972 年爆发了一场关于越战的激烈争论。而在若干年之后,我才

---

[1]　扎普鲁德用家用摄像机拍下了肯尼迪总统遇刺的完整过程。——译者注

意识到那场争论背后隐藏着另一场争论——真理是否是社会建构的，或者说真理是否最终归结到语言与实在的关系上。我强烈地感到，哪怕这个世界走向莫名的疯狂，但我们仍然相信——或许是希望——我们可以穿越疯狂，抵达真理，发现世界，发现我们自己。

　　制作《细细的蓝线》是我一生最重要的体验之一，我如今仍然对此非常、非常自豪——帮助一个因莫须有的罪名被判处死刑的人澄清罪责。寻找真相时你会遇到无数的阻力和障碍。你可能最终还是无缘于它；它是个难以捉摸的目标。但是我们应该记住，世界就在那里——就像一个未被发现的大陆。我们的任务是走出去，发现它。这是在普林斯顿及其后的经历带给我最深刻的教训。

致　谢

查尔斯·西尔弗为本书提供了很多想法。多年来，我们的谈话经常涉及克里普克、库恩、意义以及指称，使我受益匪浅。他的著作《意识的无用性》（*The Futility of Consciousness*）也给我很多启发。可以说，没有他的帮助，我可能无法构思并写出这本书。

我生命中最大的谜团之一就是我的妻子茱莉亚·西恩（Julia Sheehan）为什么会同意嫁给我。但无论如何，她答应了我，对此我将永远怀着感恩的心情。她曾告诉我说，坚持完成博士学业的最主要原因不过是免于耗费终生去努力完成它罢了。她是对的，和往常一样。我要感谢我的极具天赋的儿子汉密尔顿·莫里斯（Hamilton Morris）。以及我的精神科医生南希·拉帕波特（Nancy Rappaport），是她告诉我减少 10% 的自我厌恶会获得 30% 到 40% 的生产力提升。如果没有乔什·科尔尼（Josh Kearney）在编辑上的建议以及家长般的监督，这本书也不可能完成。在编辑这份手稿时他所忍受的折磨是无法用一两句话来概括的。罗恩·罗森鲍姆（Ron Rosenbaum）和约翰·卡纳迪（John Canaday）在阅读手稿时提出了很多有益的编辑建议。这个致谢名单里不得不提的还有我的办公室主任、编辑兼研究人员安·佩特龙（Ann Petrone），她已于 2015 年不幸离世。我会永远想念她。

我要感谢我的办公室研究员兼编辑：詹姆斯·麦克斯韦·拉金（James Maxwell Larkin）、朱莉·费舍尔（Julie Fischer）、克莱尔·金

（Clare Kim）和扎克·阿诺德（Zach Arnold），以及我的办公室主任凯伦·斯金纳（Karen Skinner）。我还要感谢《纽约时报》的乔治·科洛希拉斯基（George Kalogerakis），他曾将这篇文章的早期版本出版发行。还有芝加哥大学出版社的苏珊·比尔斯坦（Susan Bielstein），她在尝试理解我观点的过程中督促我在表达上更为清晰和简洁。劳拉·林格伦（Laura Lindgren）为这本书做了封面设计。自从在我执导的一则苹果公司的广告中有过合作之后，我就一直希望与她共事。很高兴终于有了这样的合作机会。大卫·赖斯（David Rice）帮忙翻译了哈塞和肖尔茨的句子 "Die Grundlagenkrisis der griechischen Mathematik." 詹姆斯·麦克斯韦·拉金帮忙翻译了汉斯·弗赖登塔尔（Hans Freudenthal）的论文 "Y avait-il une crise des fondements des mathematiques dans l'antiquite?"

我要感谢我的采访对象们：沃尔特·伯克特、M.诺顿·怀斯、约翰·伯吉斯、安德鲁·赫尔利、斯坦利·卡维尔、希拉里·普特南、史蒂文·温伯格、罗斯·麦克菲以及诺姆·乔姆斯基。与以下诸位的交谈使我受益匪浅：玛利亚·塔塔尔（Maria Tatar）、路易斯·梅纳德（Louis Menand）、劳伦斯·韦施勒（Lawrence Weschler）、布莱恩·莱特（Brian Leiter）、查尔斯·罗森伯格（Charles Rosenberg）、彼得·加里森（Peter Galison）、詹姆斯·柯南特、马克·豪泽（Marc Hauser）、大卫·凯泽（David Kaiser）、迈克尔·内多（Michael Nedo）、大卫·伍顿（David Wootton）、丽贝卡·莱莫夫（Rebecca Lemov）、娜塔莎·尼克尔森（Natasha Nicholson）、布莱恩·基尔姆（Brian Skyrms）、莱斯利·邓顿-唐纳（Leslie Dunton-Downer）、马修·伦德、安德鲁·巴里、大卫·哈克特·费舍尔、琳达·奥布斯特（Lynda Obst）、桑迪·科恩、梅丽莎·富兰克林（Melissa Franklin）、罗米娜·帕德罗（Romina Padro）、亚瑟·法恩以及林百里。当然，还有索尔·克里普克。如果没有他，也不可能有这本书。（克里普克可能并不同意我的说法。或许存在一个可能世界中有另一位哲学家想出了他的观点。这是可能的，但可能性不大。无论那个人是谁，总之不是克里普克。）

对于霍米·巴巴、哈佛大学马辛德拉中心、哈佛大学图书馆及其出色的工作人员、纽约市立大学研究生中心的索尔·克里普克中心以及施普林格（Springer）出版社所提供的支持，我深表感激。我要感谢邀请我于 2010 年 11 月在普林斯顿大学做斯宾塞·特拉斯克讲座的汤姆·莱文和普林斯顿大学其他教职员工。最后，感谢芝加哥大学出版社的匿名审稿人们。具有讽刺意味的是，这份手稿最初发给几位后库恩时代的科学史学家，结果证明了库恩就像一小撮砷。（我的妻子曾说过：不能拿希特勒当香料，也不能作调味料。一旦放一点点希特勒到你的汤里，它就变成了希特勒汤。对于库恩也适用。后库恩时代的人可能并不完全信奉他的哲学，但是只要一点点就足够让他们中毒了。）

人物简介

E. T. 贝尔：早期的数学史学家之一。实际上，我是通过读贝尔的《数学人》（*Men of Mathematics*）才开始对数学史产生兴趣的。可惜后来我发现他是一名反犹主义者。我纠结于要不要提及此事。但不时地提醒人们反犹主义的存在也很重要。在第一版的《数学人》中，贝尔写道："众所周知，犹太人言谈中充斥着攻击性的陈词滥调，有时这会成为反对雇用他们从事学术工作的理由。但很少有人注意到，当他们之间存在纯粹科学问题上的分歧或者彼此间存在嫉妒或恐惧时，一个犹太人对另一个犹太人恶毒的学术仇恨简直无人能出其右。"

乔治·贝克莱：命题"存在就是被感知（esse est percipi）"的始作俑者。在贝克莱或其他人身上，我永远也不会发现唯我论有什么确切的问题，除了它仍然允许某些东西是存在的，而不是否认全部。

安布罗斯·比尔斯：我最喜爱的美国作家，其次是坡。在他的《军人与平民的故事》（*Tales of Soldiers and Civilians*）中贯穿着一个主题——生命的全部就是一个被死亡粗暴打断的梦。他的另一本书《魔鬼词典》可以说是一本集讽刺、挖苦、影射于一体的汇编，但实在比《牛津英语词典》还要准确得多。比尔斯对逻辑的定义如下："严格遵循人类误解的局限性和无能来思考和推理的艺术。"

豪尔赫·路易斯·博尔赫斯：天才中的天才。毕竟，他想象出了一种没有名词的语言（以及世界）。博尔赫斯晚年完全失明，有一次他站在布宜诺斯艾利斯一个繁忙而宽阔的十字路口前。他希望有人能过来引导他穿过去。最终，有人牵起他的手，陪他一起穿过马路。那个人说："谢谢你，我真的很怕过这条路。你知道，我是个盲人。"

沃尔特·伯克特：还有什么比基于缺乏（或没有）证据的历史更振奋人心呢？一段不可见、不可知的过去组成的历史。

赫伯特·巴特菲尔德：辉格主义的辉格式批判。这会不会是巴特菲尔德自己发明出来的，以使得历史学家们无休止地相互谩骂直到永远？

刘易斯·卡罗尔：一个写作中充斥着打油诗、幻想以及看上去胡言乱语的作家。结果却成为 19 世纪最深刻的思想家之一。法国哲学家吉尔·德勒兹（Gilles Deleuze）写过大量关于卡罗尔的文章。德勒兹将文学变成了文字杂烩；而卡罗尔将文字杂烩变成文学。

R. G. 柯林武德：在《历史的观念》中，柯林武德提出，历史是过去在头脑中的重演。如果你想知道尤利乌斯·恺撒在想什么，就要像尤利乌斯·凯撒一样思考。（说起来容易做起来难。）他常被看成是英国观念论哲学家，而在我看来，他似乎是另一个版本的托马斯·库恩。如果你想知道亚里士多德在想什么，就要像亚里士多德一样思考。一个人在这项事业上能有多成功或者从事者是否买了去往精神病院的单程票，还有待观察。

大卫·多伊奇：一个实在论的理性声音。波普尔、道金斯以及量子力学多世界思想的拥趸。他愿意把他的猫交给薛定谔，吃掉它都没关系。

菲利普·K. 迪克：当代卡桑德拉（Cassandra）。没有哪种偏执的想法是他不喜欢的。如果有某种偏执的构思形式是迪克没想到的，那才令我迷惑呢。世界可能是虚拟的，这一信念并不是沃卓斯基（Wachowski）姐弟[1]的原创，迪克老早以前就已染指。然而，我最喜欢的迪克式梦魇还是在《尤比克》（*Ubik*）里。你以为你还活着，但实际上你已经死了，听听。

约翰·埃尔曼：一个少有人知的科学哲学家，他因太过擅长其工作而备受煎熬。从他的著作中我认识到科学史和科学哲学中的哲学问题是如何受到日常语言的影响，产生严重混淆的。例如，狭义相对论被称为狭义相对论，并不意味着闵可夫斯基（Minkowski）时空的间隔中有什么相对主义的成分。

艾尔伯特·爱因斯坦：聪明的黄金标准。对于"他又不是爱因斯坦"这个评价，他是唯一不适用的人。

保罗·费耶阿本德：悲惨主义者或不可通约主义者——哪个更差劲一些？我从普林斯顿离开去了伯克利。从一个煎锅里出来，又掉进了另一个煎锅。我可能无法刻薄地谈论不可通约性，但我当然可以谈论相信这一理论的人——或公认相信它的人。费耶阿本德大概是其中的领袖。他独自占据着一个防守位，这只不过是因为他从未选择防守。可以称之为彻底的神经质哲学：什么都没有意义，什么都是非理性的，什么都不合理——只相信你想相信的。他的传奇事迹包括让一个"专业的"巫师以他的名义讲课。

大卫·哈克特·费舍尔：一位研究历史学家的历史学家，写过许多流行的历史著作。其中我最喜欢《史学家的谬误》，起初我以为书中讨论的是研究历史的不可能性。类似这样。但他要说的完全不是这个意思。书中讨论的是研究历史时会遇到的危险。

P. M. 弗雷泽：拥有弗雷泽的三卷游记《托勒密的亚历山大》

---

1 2016年3月8日，弟弟安迪·沃卓斯基（Andy Wachowski）也宣布变性，并更名为莉莉·沃卓斯基（Lilly Wachowsk），自此，沃卓斯基姐弟就成为了沃卓斯基姐妹。——编者注

（*Ptolemaic Alexandria*），那种愉悦的心情我不知该如何形容。就像 AT&T 曾经的一则电话广告里说的，体验之棒仅次于亲临现场。（至少我记得是这么说的。）

诺伍德·罗素·汉森：你被一条后现代毒蛇咬了一口，有人告诉你毒性会很快发作且是致命的。你会怎么做？如果这条毒蛇是托马斯·库恩，我建议你马上读一点诺伍德·罗素·汉森的书。他是完美的解药。观察是理论负载的，这种思想本身很重要。但是认为不同理论框架下的观察是不可通约的就是无稽之谈了。

托马斯·霍布斯：名称外延意义的非摹状语理论的先驱，但最为著名的还是他关于人类的"进步"理论：即一个任由自己摆布的人会毁掉自己及其周围的一切。我一直希望用一个缩写来帮助我记忆霍布斯用来形容人类存在的那组词，孤独、贫困、污秽、野蛮又短暂：SPNBS。但是由于缺少元音，很影响助记的效果。托马斯·品钦（Thomas Pynchon）在小说《万有引力之虹》（*Gravity's Rainbow*）中也有类似的描述：一家名为"孤独、贫困、污秽、野蛮、短暂"的法律事务所。

乔里-卡尔·于斯曼：如果要我列出历史上最伟大的厌世小说，那么必然会有一席之地留给塞琳、纳撒尼尔韦斯特以及其他有着类似愤世嫉俗情绪的作家。但于斯曼的《逆天》可谓接近登峰造极。其中我最喜欢的一句话是："'一切都是梅毒，'德泽森特（小说主人公）说。"

亚历山大·柯瓦雷：旧派科学史和科学哲学家。我曾经非常喜爱柯瓦雷的著作，尤其是他的《牛顿研究》和《伽利略研究》，我还天真地以为那就是科学史和科学哲学该有的样子。我真蠢。

索尔·克里普克：最伟大的哲学家之一。没有他我们可怎么办？就像乔姆斯基对 B. F. 斯金纳以及行为主义学派的语言习得理论的回顾

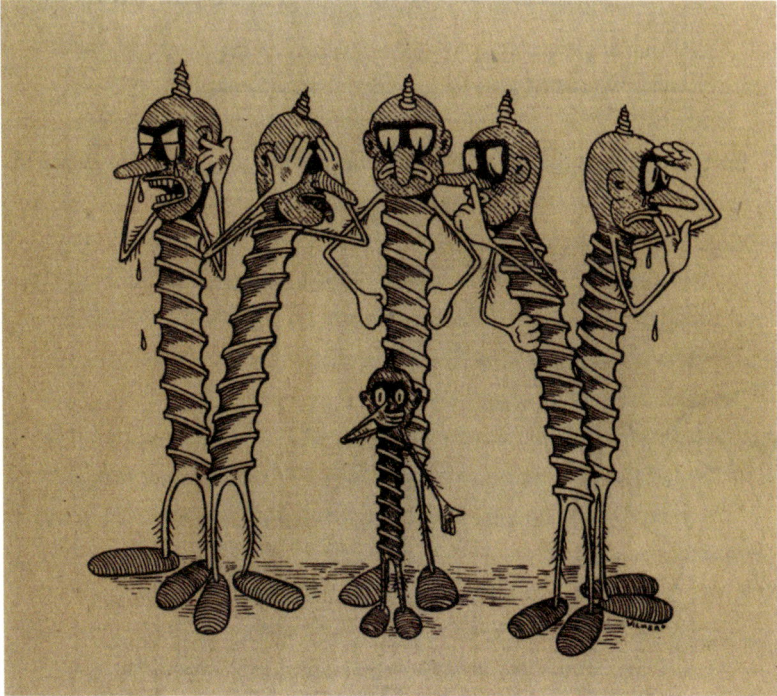

哈里·A.威尔默,《杀手柯基:梅毒的故事》插图,1945 年

一样,克里普克对塞尔的簇描述语理论的拆解为哲学拆解提供了范本。从他早期关于模态逻辑的著作以及关于柯林武德的本科论文,一直到近期关于哲学逻辑的著作,可以看出,就像罗素一样,他是一位杰出的散文文体家。黑色电影和马克·吐温的结合——克里普克关于哥德尔窃取施密特的不完全性证明的寓言简直就是《傻瓜威尔逊》(*Pudd'nhead Wilson*)中钱伯斯与汤姆的翻版。

托马斯·库恩:安布罗斯·比尔斯对十一月的定义是"在十二份厌倦中,这是第十一份"。早在十一月之前,我就开始对库恩感到厌倦了。

戈特弗里德·莱布尼茨:微积分(事实上,我们如今使用的是莱布尼茨的符号，而不是牛顿的）的创始人之一。他的"单子之间没有窗户"亦广为人知。但他最著名的大概还是他认为这个世界是所有可能世界中最好的。上帝在创世时，无限的可能性受到了约束：他所创造的世界必须是最好的。不幸的是，他没有具体说明是什么之中最好的。莱布尼茨在《神正论》（Theodicy）中对上帝的意图进行了揣测："很显然在造物时，上帝给予一个人类的考虑比一头狮子要多。然而，很难说比起整个狮子群体上帝更看重一个人类。即使是这样，也绝不意味着有限数量的人类的利益会优先于他对于无数生物普遍的无规则分布的考虑。"

罗伯特·麦克纳马拉：我最喜爱的战犯。我要爱这个男人。对于这样一个被罪恶感如此折磨并深知这种罪恶感来源的人，让人如何不爱呢？

马修·米西尔逊：一位信仰现实的科学家。他的米西尔逊-斯塔尔实验建立了"半保守"的 DNA 复制方法，是继沃森-克里克以来分子生物学的又一重要里程碑，我无法理解他为什么没有因此斩获诺贝尔奖。于是，我直接问他："你为什么没有因为米西尔逊-斯塔尔实验获得诺贝尔奖？"他回答："因为我不是评奖委员会的成员。"

罗伯特·穆齐尔：《没有个性的人》的作者，这是我最喜欢的小说之一。乌尔里希可以自称他的目的是废除现实，但穆齐尔显然对研究现实以及意识的本质很有兴趣。我对大规模谋杀的兴趣之所以还在继续，很大程度上要归功于穆齐尔塑造的恶魔杀手穆斯布鲁格尔一角。穆斯布鲁格尔困扰于自己的罪责，当他听到法庭对他的死刑判决时，说道："我很满意，即使我必须承认你判罚的是一个疯子。"乌尔里希说："如果人类整体在做一个梦，那这个梦就是穆斯布鲁格尔。"

艾萨克·牛顿：常常专注于万有引力及其他纷繁的理论问题，以至于在向爱人求婚时，他拉起对方的手却忘了自己原本要干什么，于是用姑娘的大拇指捅了捅烟斗里的烟灰。不消说，他余生都是以单身汉的身份度过的。（这个广为流传的故事，就像牛顿的狗戴蒙德一样，大概是虚构的。尽管如此，两个故事都相当传神，值得传扬。）

卡尔·波普尔：20 世纪最伟大的科学哲学家之一。他的著作中以《科学发现的逻辑》（ *The Logic of Scientific Discovery* ）以及《猜想与反驳》（ *Conjectures and Refutations* ）最为著名。波普尔表明，真理取决于谬误的可能性——你无法从真理中完全剔除谬误。真理只是暂时的。换句话说：谬误无处不在。有两个例子我特别喜欢。一个是关于乘法的，19 世纪伟大的代数学家之一恩斯特·库默尔（ Etnst Kummer ）问他的学生们，9 × 7 是多少？一个学生说是 61；另一个说是 69。库默回答道："再想想吧，先生们，不可能两个都对，只能是其中之一。"这个主题的变种是：位于俄亥俄州的乌托邦社区琐珥的最后一位居民，在临终的榻上说道："想想看，有这么多教派，它们不可能全是对的，却有可能全是错的。"

希拉里·普特南：一位研究哲学家的哲学家，一个异常正直的人。他告诉我，我没能从事哲学研究是美国哲学界的一大损失。我想事情并不像他说的那么严重，但是他的话令人欣慰。他这个人因不断改变的立场而富有传奇色彩。我们讨论了摄影的话题——摄影记录的只是表象，还是"更为深入"？我提出了一个思想实验：亚历山大·加德纳为刚刚接受了换脸手术的亚伯拉罕·林肯拍了一张照片。那么这是谁的照片呢？林肯还是戴维斯？我认为这是林肯的照片。普特南持不同意见。一年后，他告诉我我的看法是对的。

伯特兰·罗素：当被授予诺贝尔文学奖时，罗素很疑惑，为什么是文

学奖?！他不是知名的逻辑学家和哲学家吗？确实如此。但他确实
也是优秀的作家，而且风格幽默得令人难以置信。即使到了晚年，
他的所写所思都远比其他任何人要更为清晰透彻。他在八十五岁
左右时曾巧妙地回击过斯特劳森对他摹状词理论的抨击。"在斯
特劳森先生的观点中，我完全看不到任何有效的论证。至于问题
是出于我自身的衰老还是其他什么原因，看来要留给读者去判
断了。"

　　如果要我选出最喜欢罗素的哪句话，那将会非常困难。在
《论指称》中有一段："根据排中律法则……要么'当今的法国国
王是个秃头'，要么'当今的法国国王不是秃头'。然而，如果我
们将秃顶的人列一个名单，不秃顶的列另一个名单，我们在两个
名单上都看不到当今的法国国王。善于综合的黑格尔学派可能会
得出结论说他戴了一顶假发。"或者是像孩子一样因心一身的区分
而困扰："什么是心灵？无关物质。什么是物质？无关心灵。"在他
为维特根斯坦写的讣告中，罗素大胆地质疑他的学生是个疯子或
骗子："起初我疑惑他是个天才还是怪人，但很快我就决定选择前
者。他早期的一些观点使得我很难对其下定论。例如，他一度坚
持认为，所有存在的命题都是无意义的。有一次，在一间会议室
我请他考虑一下以下命题：'当下，这个房间里没有河马。'他拒绝
相信这句话，于是我在桌子底下找了一遍没有找到任何河马；但
他依然拒绝相信。"唐纳德·拉姆斯菲尔德定会为他感到骄傲。

亚瑟·叔本华：没有人会认为叔本华是个脱口秀演员，事实上，《作为
意志和表象的世界》也不是一场喜剧秀。但对我而言，叔本华是
有史以来最搞笑的作家之一。他关于如何赢得辩论的论文滑稽十
足。重要的是，要时刻记住逻辑总是要让位于辩证法的。有效的
逻辑性论证总是少得可怜。剩下的，也就是其他的一切在很大程

度上全是灾难。

威廉·莎士比亚、柏拉图、亚里士多德：哈姆雷特在断气前说道："此外仅余沉默而已"，这是一个怪诞的错误表述。余下的不是沉默。余下的是评论。从大约公元1600年至今，对于这句话的解读层出不穷。大量的解释堆积如山，使"此外仅余沉默而已"这个小短句相形见绌。（就如一条毛毛虫和银河系的对比。）

美国演员爱德温·布思饰哈姆雷特，约1870年，照片

类似的问题也出现在柏拉图和亚里士多德的身上，只是他们的这种情况已经堆积在那里几千年之久了。我准备给读者留下这样一个问题：如果雅典陌生人在你家门外按铃，你会邀请他进来共进晚餐吗？

查尔斯·西尔弗：查尔斯·西尔弗从伯克利获得了博士学位，而我被扫地出门。他总是说我才是幸运的那一个。我对哲学的理解能力有限，但我对哲学系的理解可以说没有。查理是我在哲学领域认识的最聪明、最有才干的人之一，我所知道的所有哲学知识几乎都是从他那里学到的。

史蒂文·温伯格：20世纪伟大的物理学家之一。温伯格开创了电弱统一理论——但也犯了一个不可饶恕的错误，信仰真理和物理现实。

库恩派是永远不会宽恕他的。

路德维希·维特根斯坦：金伯利·考尼什的那本臭名昭著的书《林茨的犹太人》中印着一张 20 世纪初期奥地利林茨市的实科中学的学生合影。据说照片中有两位大名鼎鼎的人物，或者你愿意的话也可以说是声名狼藉的人物：路德维希·维特根斯坦和阿道夫·希特勒。是否属实？争论来来回回，我也不知道。但他们两人确实在相似的时间，大约 1903 年，在这间学校注册过。给别人展示这张照片时，我时常会问一个看似夸张的问题："他们两个谁在 20 世纪造成了更大的破坏？"好吧，好吧，是希特勒。但是你可以再想一想。

阿道夫·希特勒（第一排）与奥地利林茨实科中学的同学们，约 1900 年，照片

参考文献

Altman, W. H. F. "A Tale of Two Drinking Parties: Plato's Laws in Context." *Polis: The Journal for Ancient Greek Political Thought* 27, no. 2 (2010): 240–64. doi: 10.1163/20512996-90000169.

Anscombe, G. E. M. "The Question of Linguistic Idealism." In *The Collected Philosophical Papers of G. E. M. Anscombe.* Vol. 1, *From Parmenides to Wittgenstein,* 112–33. Minneapolis: University of Minnesota Press, 1981.

Augustine. *City of God.* Volume 5, Books 16–18.35. Translated by Eva M. Sanford and William M. Green. Loeb Classical Library 415. Cambridge, MA: Harvard University Press, 1965.

Austin, J. L. *Sense and Sensibilia.* Edited by G. J. Warnock. New York: Oxford University Press, 1964.

Ayer, A. J., and Rush Rhees. "Symposium: Can There Be a Private Language?" *Proceedings of the Aristotelian Society,* Supplementary Volumes 28 (1954): 63–94. doi: 10.1093/aristoteliansupp/28.1.63.

Barrow, John D., and Frank J. Tipler. *The Anthropic Cosmological Principle.* New York: Oxford University Press, 1986.

Bartley, W. W., III. "Lewis Carroll's Lost Book on Logic." *Scientific American* 227, no. 1 (1972): 38–47. doi: 10.1038/scientificamerican0772-38.

Beckford, William. *Vathek.* Edited by Roger H. Lonsdale. Translated by Samuel Henley. London: Oxford University Press, 1970.

Bell, E. T. *The Development of Mathematics.* 1937. Facsimile of 2nd ed. New

York: Dover, 1992.

Bentham, Jeremy. *The Panopticon Writings*. Edited by Miran Božovič. London: Verso, 1995.

Berkeley, George. *Principles of Human Knowledge*. Edited by Colin Murray Turbayne. Indianapolis: Bobbs-Merril, 1970.

Berlinski, David. *Infinite Ascent: A Short History of Mathematics*. New York: Modern Library, 2008.

Biletzki, Anat, and Anat Matar. "Ludwig Wittgenstein." In *Stanford Encyclopedia of Philosophy*. Stanford University. Article published November 8, 2002. https://plato.stanford.edu/entries/wittgenstein.

Bird, Alexander. "Kuhn on Reference and Essence." *Philosophia Scientae*, no. 8-1 (2004): 39–71. doi: 10.4000/philosophiascientiae.588.

Borges, Jorge Luis. *Collected Fictions*. Translated by Andrew Hurley. New York: Penguin, 1999.

——. "Un Film Abrumador." *Sur* 2, no. 83 (August 1, 1941): 88–89.

——. *Selected Non-Fictions*. Edited by Eliot Weinberger. Translated by Esther Allen, Suzanne Jill Levine, and Eliot Weinberger. New York: Penguin, 1999.

Bowlby, John. *Charles Darwin: A New Life*. New York: W. W. Norton, 1992.

Branch, Taylor. "New Frontiers in American Philosophy." *New York Times Magazine*, August 14, 1977.

Brown, Roger. *Words and Things*. Glencoe, IL: Free Press, 1958.

Burgess, John P. "The Origin of Necessity and the Necessity of Origin." Presented as the Second Annual Saul Kripke Lecture, Saul Kripke Center, CUNY Graduate Center, November 13, 2012. https://youtu.be/1L-tWQzL344.

——. "Saul Kripke: Naming and Necessity." In *Central Works of Philosophy*. Vol. 5, *The Twentieth Century; Quine and After*, edited by John Shand, 166–86. Montreal: McGill–Queen's University Press, 2006.

——. *Saul Kripke: Puzzles and Mysteries*. Cambridge: Polity, 2013.

Burkert, Walter. *Lore and Science in Ancient Pythagoreanism*. Translated by Edwin L. Minar Jr. Cambridge, MA: Harvard University Press, 1972.

Burnet, John. *Early Greek Philosophy*. 2nd ed. London: Adam and Charles Black, 1908.

Butterfield, Herbert. *The Englishman and His History*. Cambridge: Cambridge University Press, 1944.

— . *The Origins of Modern Science, 1300–1800*. 1949; London: G. Bell, 1957.

— . *The Whig Interpretation of History*. 1931; New York: W. W. Norton, 1965.

Carr, Edward Hallett. *What Is History?* 1961; New York: Vintage, 1967.

Carroll, Lewis. *The Annotated Alice: The Definitive Edition; Alice's Adventures in Wonderland and Through the Looking-Glass*. Original illustrations by John Tenniel. Introduction and notes by Martin Gardner. New York: W. W. Norton, 2000.

Cavell, Stanley. *Little Did I Know: Excerpts from Memory*. Stanford, CA: Stanford University Press, 2010.

Cedarbaum, Daniel. "Paradigms." *Studies in History and Philosophy of Science* 14, no. 3 (1983): 173–213. doi: 10.1016/0039-3681(83)90012-2.

Cervantes, Miguel de. *Don Quixote*. Translated by Samuel Putnam. New York: Modern Library, 1998.

Chesterton, G. K. *The Club of Queer Trades*. New York: Harper, 1905.

— . *Orthodoxy*. Chicago: Moody, 2009.

— . *The Wisdom of Father Brown*. New York: John Lane, 1915.

Chomsky, Noam. *Cartesian Linguistics: A Chapter in the History of Rationalist Thought*. 3rd ed. Cambridge: Cambridge University Press, 2009.

— . "The Dewey Lectures 2013: What Kind of Creatures Are We?" *Journal of Philosophy* 110, no. 12 (December 2013).

— . "Notes on Denotation and Denoting." In *From Grammar to Meaning: The Spontaneous Logicality of Language*, edited by Ivano Caponigro and Carlo Cecchetto, 38–45. Cambridge: Cambridge University Press, 2013.

——. *Of Minds and Language: A Dialogue with Noam Chomsky in the Basque Country*. Edited by Massimo Piattelli-Palmarini, Juan Uriagereka, and Pello Salaburu. Oxford: Oxford University Press, 2009.

——. *Reflections on Language*. New York: Pantheon, 1975.

——. "A Review of B. F. Skinner's Verbal Behavior." In *Readings in the Psychology of Language*, edited by Leon A. Jakobovits and Murray S. Miron, 142–43. Englewood Cliffs, NJ: Prentice Hall, 1967.

——. *The Science of Language: Interviews with James McGilvray*. Cambridge: Cambridge University Press, 2012.

——. *Syntactic Structures*. Janua Linguarum. Series Minor, 4. The Hague: Mouton, 1969.

Chomsky, Noam, Gary A. Olson, and Lester Faigley. "Language, Politics, and Composition: A Conversation with Noam Chomsky." *Journal of Advanced Composition* 11, no. 1 (1991): 1–35. http://www.jstor.org/stable/20865759.

Clegg, Brian. "The Dangerous Ratio." http://nrich.maths.org/2671

Collingwood, R. G. *The Idea of History*. Rev. ed. Edited by Jan van der Dussen. Oxford: Oxford University Press, 1994.

Conant, James F. "On Wittgenstein." *Philosophical Investigations* 24, no. 2 (April 2001): 96–107. doi: 10.1111/1467-9205.00138.

Connell, Christopher. "Robert Francis Goheen '40 *48: Memories of a Leader Who Mastered the Art of Listening." *Princeton Alumni Weekly*, May 14, 2008, 28–29.

Darwin, Charles. "Letter to Asa Gray," May 22, 1860. University of Cambridge Darwin Correspondence Project. https://www.darwinproject.ac.uk/letter/DCP-LETT-2814.xml.

——. *On the Origin of Species: The Illustrated Edition*. Edited by David Quammen. New York: Sterling Signature, 2011.

——. *The Voyage of the Beagle: The Illustrated Edition of Charles Darwin's Travel Memoir and Field Journal*. Minneapolis: Zenith, 2015.

Davidson, Donald. *Inquiries into Truth and Interpretation*. Oxford: Clarendon Press, 1984.

———. "On the Very Idea of a Conceptual Scheme." *Proceedings and Addresses of the American Philosophical Association* 47 (1973): 5–20. doi:10.2307/3129898.

Davis, Lydia. "Loaf or Hot-Water Bottle: Closely Translating Proust." *Yale Review* 92, no. 2 (2004): 51–70. doi: 10.1111/j.0044-0124.2004.00804.x.

———. "Why a New Madame Bovary?" *Paris Review* (blog), September 15, 2010. https://www.theparisreview.org/blog/2010/09/15/why-a-new-madame-bovary/

Debroy, Bibek. *Sarama and Her Children: The Dog in Indian Myth*. New Delhi: Penguin, 2008.

Delsuc, Frédéric, Gillian C. Gibb, Melanie Kuch, Guillaume Billet, Lionel Hautier, John Southon, Jean-Marie Rouillard, et al. "The Phylogenetic Affinities of the Extinct Glyptodonts." *Current Biology* 26, no. 4 (2016): R155–56. doi: 10.1016/j.cub.2016.01.039.

Deutsch, David. *The Fabric of Reality: The Science of Parallel Universes—and Its Implications*. New York: Penguin, 1998.

Dick, Philip K. "How to Build a Universe that Doesn't Fall Apart Two Days Later." In *The Shifting Realities of Philip K. Dick: Selected Literary and Philosophical Writings*, edited by Lawrence Sutin, 259–80. New York: Pantheon, 1995.

Donne, John. *The Complete Poetry and Selected Prose of John Donne*. Edited by Charles M. Coffin. New York: Modern Library, 1994.

Dudley, Underwood. "Legislating Pi." *Math Horizons* 6, no. 3 (1999): 10–13. http://www.jstor.org/stable/25678199.

Dyson, Freeman. *The Sun, the Genome, the Internet: Tools of Scientific Revolutions*. New York: New York Public Library, 1999.

Earman, John. "Carnap, Kuhn, and the Philosophy of Scientific Methodology." In *World Changes: Thomas Kuhn and the Nature of Science*, edited by Paul Horwich, 9–36. Pittsburgh: University of Pittsburgh Press, 2010.

— . "Who's Afraid of Absolute Space?" *Australasian Journal of Philosophy* 48, no. 3 (1970): 287–319. doi: 10.1080/00048407012341291.

Earman, John, and Arthur Fine. "Against Indeterminacy." *Journal of Philosophy* 74, no. 9 (1977): 535–38. doi: 10.2307/2025796.

Edleston, J. *Correspondence of Sir Isaac Newton and Professor Cotes: Including Letters of Other Eminent Men.* London: J. W. Parker, 1850.

Epstein, Angela. "Believe It or Not, Your Lungs Are Six Weeks Old and Your Taste Buds Just Ten Days. So How Old Is Your Body?" *Daily Mail*, October 13, 2009.

Falkner, Thomas. *A Description of Patagonia, and the Adjoining Parts of South America: Containing an Account of the Soil, Produce, Animals, Vales, Mountains, Rivers, Lakes, &c. of those Countries; the Religion, Government, Policy, Customs, Dress, Arms, and Language of the Indian Inhabitants; and Some Particulars Relating to Falkland's Islands.* Hereford: C. Pugh, 1774.

Fariña, Richard A., Sergio F. Vizcaíno, and Gerardo de Iuliis. *Megafauna: Giant Beasts of Pleistocene South America.* Bloomington: Indiana University Press, 2012.

Fernicola, Juan Carlos, Sergio F. Vizcaíno, and Gerardo de Iuliis. "The Fossil Mammals Collected by Charles Darwin in South America During His Travels on Board the HMS Beagle." *Revista de La Asociación Geológica Argentina* 64, no. 1 (2009): 147–59. http://www.scielo.org.ar/pdf/raga/v64n1/v64n1a16.pdf.

Feyerabend, Paul. "Consolations for the Specialist." In *Criticism and the Growth of Knowledge*, edited by Imre Lakatos and Alan Musgrave, 197–230. Cambridge: Cambridge University Press, 1970.

Fideler, David R., ed. *The Pythagorean Sourcebook and Library: An Anthology of Ancient Writings Which Relate to Pythagoras and Pythagorean Philosophy.* Translated by Kenneth Sylvan Guthrie. Grand Rapids, MI: Phanes Press, 1987.

Fischer, David Hackett. *Historians' Fallacies: Toward a Logic of Historical Thought.* New York: Harper & Row, 1970.

Floyd, Juliet. "Wittgenstein on Philosophy of Logic and Mathematics." In *The Oxford Handbook of Philosophy of Mathematics and Logic*, edited by Stewart Shapiro, 75–129. Oxford: Oxford University Press, 2005. doi: 10.5840/ gfpj200425215.

Fowler, David. *The Mathematics of Plato's Academy: A New Reconstruction.* 2nd ed. Oxford: Clarendon Press, 1999.

Fraser, P. M. *Ptolemaic Alexandria.* 3 vols. Oxford: Clarendon Press, 1972.

Frege, Gottlob. "On Sense and Reference." In *Translations from the Philosophical Writings of Gottlob Frege*, edited and translated by Peter Geach and Max Black, 56–78. Oxford: Basil Blackwell, 1952. Originally published as "Über Sinn und Bedeutung," *Zeitschrift für Philosophie und philosophische Kritik* (1892): 25–50.

García Márquez, Gabriel. "The Art of Fiction No. 69." *Interview by Peter H. Stone. Paris Review* 82 (Winter 1981): 44–73.

Ginsberg, Allen. "The Terms in Which I Think of Reality." In *Collected Poems, 1947–1997*, 58. New York: Harper, 2006.

Godfrey-Smith, Peter. *Theory and Reality: An Introduction to the Philosophy of Science.* Chicago: University of Chicago Press, 2003.

Goldfarb, Warren. "Kripke on Wittgenstein on Rules." *Journal of Philosophy* 82, no. 9 (1985): 471–88. doi: 10.2307/2026277.

Gould, Stephen Jay. "The Late Birth of a Flat Earth." In *Dinosaur in a Haystack: Reflections in Natural History*, 38–50. New York: Harmony, 1995.

Greenside, Henry. "Creation and Conservation of Charge during Electron-Positron Particle Production from a Photon." Course materials for Physics 162, "Electricity, Magnetism, and Light," Spring semester, 2015. http://www.phy.duke.edu/~hsg/162/images/electron-positron-production-by-photon.html.

Hacking, Ian. "Putnam's Theory of Natural Kinds and Their Names Is Not the Same as Kripke's." *Principia: An International Journal of Epistemology* 11, no. 1 (2007): 1–24. https://periodicos.ufsc.br/index.php/principia/article/view/14845/13562.

— . *Representing and Intervening: Introductory Topics in the Philosophy of Natural Science*. Cambridge: Cambridge University Press, 1983.

Hanson, Norwood Russell. "An Anatomy of Discovery." *Journal of Philosophy* 64, no. 11 (1967): 321–52. doi: 10.2307/2024301.

— . "A Note on Kuhn's Method." *Dialogue* 4, no. 3 (1965): 371–75. doi: 10.1017/S0012217300035976.

— . *Patterns of Discovery: An Inquiry into the Conceptual Foundations of Science*. Cambridge: Cambridge University Press, 1958.

Harris, Randy Allen. *Rhetoric and Incommensurability*. West Lafayette, IN: Parlor Press, 2005.

Hartley, L. P. *The Go-Between*. Reprint; New York: NYRB Classics, 2002.

Hasse, Helmut, and Heinrich Scholz. "The Foundation Crisis of Greek Mathematics." Translated by David Rice. Originally published as "Die Grundlagenkrisis der griechischen Mathematik." *Kant-Studien* 33, no. 1 (1928): 4–34.

Heath, Thomas L. *A History of Greek Mathematics*. Vol. 1, *From Thales to Euclid*. New York: Dover, 1981.

Hickey, Lance. "Hilary Putnam." In *American Philosophers*, 1950–2000, edited by Philip Breed Dematteis and Leemon B. McHenry, 226–36. Dictionary of Literary Biography, vol. 279. Detroit: Gale Group, 2003.

Hobbes, Thomas. *Elements of Philosophy the First Section, Concerning Body*, Written in Latine by Thomas Hobbes of Malmesbury ; and Now Translated into English; to Which Are Added Six Lessons to the Professors of Mathematicks of the Institution of Sr. Henry Savile, in the University of Oxford. London: R. & W. Leybourn, 1656.

Hoberman, Ruth. *Museum Trouble: Edwardian Fiction and the Emergence of Modernism*. Charlottesville: University of Virginia Press, 2011.

Holmes, Frederic Lawrence. *Meselson, Stahl, and the Replication of DNA: A History of "the Most Beautiful Experiment in Biology."* New Haven, CT: Yale University Press, 2001.

Horwich, Paul. "Kripke's Wittgenstein." In *Meaning without Representation: Essays on Truth, Expression, Normativity, and Naturalism*, edited by Steven Gross, Nicholas Tebben, and Michael Williams, 359–76. Oxford: Oxford University Press, 2015. doi: 10.1093/acprof:oso/9780198722199.003.0017.

—, ed. *World Changes: Thomas Kuhn and the Nature of Science.* Pittsburgh: University of Pittsburgh Press, 2010.

Hume, David. *The History of England: From the Invasion of Julius Caesar to the Revolution in 1688.* Chicago: University of Chicago Press, 1975.

Huysmans, Joris-Karl. *À Rebours.* Paris: Fasquelle, 1972.

Iamblichus. *Iamblichus' Life of Pythagoras; or, Pythagoric Life: Accompanied by Fragments of the Ethical Writings of Certain Pythagoreans in the Doric Dialect and a Collection of Pythagoric Sentences from Stobaeus and Others.* Translated by Thomas Taylor. Rochester, VT: Inner Traditions International, 1986.

Jardine, Nick. "Whigs and Stories: Herbert Butterfield and the Historiography of Science." *History of Science* 41, no. 2 (2003): 125–40. http://adsabs.harvard.edu.ezp-prod1.hul.harvard.edu/abs/2003HisSc..41..125J.

Kafka, Franz. *Metamorphosis and Other Stories.* 1915. Translated by Michael Hofmann. New York: Penguin Classics, 2008.

Kant, Immanuel. *Critique of Pure Reason.* Translated by Norman Kemp Smith. London: Macmillan, 1964.

Khayyam, Omar. *Ruba'iyat of Omar Khayyam.* Berkeley: Asian Humanities Press, 1991.

Kindi, Vasso P. "Kuhn's The Structure of Scientific Revolutions Revisited." *Journal for General Philosophy of Science* 26, no. 1 (1995): 75–92. doi: 10.1007/BF01130927.

ype库恩砸来的烟灰缸

Kipling, Rudyard. *'Captains Courageous': A Story of the Grand Banks*. New York: Macmilllan, 1897.

——. *The Collected Poems of Rudyard Kipling*. Wordsworth Poetry Library. Hertfordshire: Wordsworth, 1999.

Kline, Morris. *Mathematics: The Loss of Certainty*. New York: Oxford University Press, 1980.

Koestler, Arthur. *The Sleepwalkers: A History of Man's Changing Vision of the Universe*. New York: Macmillan, 1959.

Koyré, Alexandre. *Études galiléennes*. Paris: Hermann, 1939.

——. *From the Closed World to the Infinite Universe*. Baltimore: Johns Hopkins University Press, 1957.

——. *Metaphysics and Measurement: Essays in the Scientific Revolution*. London: Chapman & Hall, 1968.

——. *Newtonian Studies*. London: Chapman & Hall, 1965.

Kripke, Saul. "Frege's Theory of Sense and Reference: Some Exegetical Notes." In *Philosophical Troubles: Collected Papers*. Vol. 1, 254–91. New York: Oxford University Press, 2011.

——. "History and Idealism: The Theory of R. G. Collingwood." *Collingwood and British Idealism Studies* 23 (2017): 9–29.

——. "Identity and Necessity." In *Philosophical Troubles: Collected Papers*, vol. 1. New York: Oxford University Press, 2011.

——. *Naming and Necessity*. Cambridge, MA: Harvard University Press, 1980. Originally published as "Naming and Necessity," in *Semantics of Natural Language*, 2nd ed., edited by Donald Davidson and Gilbert Harman (Synthese Library 40), 253–355. Dordrecht: D. Reidel, 1972.

——. *Philosophical Troubles: Collected Papers*. Vol. 1. New York: Oxford University Press, 2011.

——. *Wittgenstein on Rules and Private Language: An Elementary Exposition*. Cambridge, MA: Harvard University Press, 1982.

Kuhn, Thomas S. *Black-Body Theory and the Quantum Discontinuity, 1894–1912*. Oxford: Clarendon Press, 1978.

——. "Dubbing and Redubbing: The Vulnerability of Rigid Designation." *Minnesota Studies in the Philosophy of Science* 14 (1990): 298–318.

——. *The Essential Tension: Selected Studies in Scientific Tradition and Change*. Chicago: University of Chicago Press, 1977.

——. "Reflections on My Critics." In *The Road since Structure: Philosophical Essays, 1970-1993, with an Autobiographical Interview*, 123–75. Chicago: University of Chicago Press, 2000.

——. "Remarks on Receiving the Laurea." In *Galileo a Padova, 1592–1610: Celebrazioni del IV centenario, 7 dicembre 1991–7 dicembre 1992*, vol. 1, *L'Anno Galileiano*, 103–6. Trieste: Edizioni LINT, 1995.

——. *The Road since Structure: Philosophical Essays, 1970–1993, with an Autobiographical Interview*. Edited by James Conant and John Haugeland. Chicago: University of Chicago Press, 2000.

——. *The Structure of Scientific Revolutions. Also issued as International Encyclopedia of Unified Science*, vol. 2, no. 2. Chicago: University of Chicago Press, 1962.

——. *The Structure of Scientific Revolutions*. 2nd ed. Chicago: University of Chicago Press, 1970.

——. *The Structure of Scientific Revolutions: 50th Anniversary Edition. With an introductory essay by Ian Hacking*. Chicago: University of Chicago Press, 2012.

——. "The Trouble with the Historical Philosophy of Science." In *The Road since Structure: Philosophical Essays, 1970-1993, with an Autobiographical Interview*, 105—20. Chicago: University of Chicago Press, 2000.

——. "What Are Scientific Revolutions?" In *The Road since Structure: Philosophical Essays, 1970–1993, with an Autobiographical Interview*, 13–32. Chicago:

University of Chicago Press, 2000.

Kusch, Martin. *A Sceptical Guide to Meaning and Rules: Defending Kripke's Wittgenstein*. Montreal: McGill–Queen's University Press, 2006.

Lakatos, Imre. "Falsification and the Methodology of Scientific Research Programmes." In *Criticism and the Growth of Knowledge*, edited by Imre Lakatos and Alan Musgrave, 91–196. Cambridge: Cambridge University Press, 1970.

Lakatos, Imre, and Alan Musgrave, eds. *Criticism and the Growth of Knowledge*. Cambridge: Cambridge University Press, 1970.

Leibniz, Gottfried Wilhelm. *Theodicy, Abridged*. Edited by Diogenes Allen. Translated by E. M. Huggard. Library of Liberal Arts. Indianapolis: Bobbs-Merrill, 1966.

Levine, Alex, and Steven Weinberg. "T. S. Kuhn's 'Non-Revolution': An Exchange." *New York Review of Books* 46, no. 3 (February 18, 1999): 49f.

Locke, John. *An Essay Concerning Human Understanding*. London: T. Tegg & Son, 1836.

Maier, Dave. "Errol Morris on Wittgenstein, or Someone Like Him in Certain Respects." 3 Quarks Daily, June 13, 2001. http://www.3quarksdaily.com/3quarksdaily/2011/06/errol-morris-on-wittgenstein-or-someone-like-him-in-certain-respects.html.

Manguel, Alberto. *With Borges*. London: Telegram, 2006.

Martin, Michael F. *Vietnamese Victims of Agent Orange and U.S.-Vietnam Relations*. CRS Report No. RL34761. Washington, DC: Congressional Research Service, 2008. http://handle.dtic.mil/100.2/ADA490443.

Martínez, Alberto A. *The Cult of Pythagoras: Math and Myths*. Pittsburgh: University of Pittsburgh Press, 2012.

Masterman, Margaret. "The Nature of a Paradigm." In *Criticism and the Growth of Knowledge*, edited by Imre Lakatos and Alan Musgrave, 59–90. Cambridge: Cambridge University Press, 1970.

Maxwell, James Clerk. *The Scientific Letters and Papers of James Clerk Maxwell*. Vol. 1, *1846–1862*. Edited by P. M. Harman. Cambridge: Cambridge University Press, 1990.

McDowell, John. "Wittgenstein on Following a Rule." *Synthese* 58, no. 3 (1984): 325–63. doi: 10.1007/BF00485246.

McNamara, Robert S. "The Post–Cold War World: Implications for Military Expenditure in the Developing Countries." *World Bank Economic Review* 5, suppl. 1 (1991): 95–126. doi: 10.1093/wber/5.suppl_1.95.

Meselson, Matthew S. "McGill 2013 Honorary Doctorate Address." Speech presented at McGill University commencement, Montreal, QC, May 27, 2013. Video: https://youtu.be/NQPS6kxlMaI. Transcript: http://www.belfercenter.org/publication/matthew-meselson-addresses-mcgill-graduates.

Mill, John Stuart. *A System of Logic, Ratiocinative and Inductive: Being a Connected View of the Principles of Evidence and the Methods of Scientific Investigation*. 8th ed. New York: Harper & Brothers, 1881.

Miller, Alexander. "Realism." In *Stanford Encyclopedia of Philosophy*. Stanford University, Article published July 8, 2002. https://plato.stanford.edu/entries/realism.

Morris, Errol. *Believing Is Seeing: Observations on the Mysteries of Photography*. New York: Penguin, 2011.

Musil, Robert. *The Man without Qualities*. New York: Alfred A. Knopf, 1995.

Neugebauer, Otto. *The Exact Sciences in Antiquity*. 2nd ed. New York: Dover, 1969.

Nicastro, Nicholas. *Circumference: Eratosthenes and the Ancient Quest to Measure the Globe*. New York: St. Martin's, 2008.

Norton, John D. "Dense and Sparse Meaning Spaces," PhilSci-Archive. May 12, 2012. http://philsci-archive.pitt.edu/9110/.

Orwell, George. *Nineteen Eighty-Four*. Everyman's Library. New York: Alfred A.

Knopf, 1992.

Pessin, Andrew, and Sanford Goldberg. *The Twin Earth Chronicles: Twenty Years of Reflection on Hilary Putnam's "The Meaning of 'Meaning.'"* Armonk, NY: M. E. Sharpe, 1996.

Pierre, DBC. *Vernon God Little.* New York: Canongate, 2003.

Pinker, Steven. *The Language Instinct: How the Mind Creates Language.* New York: Perennial, 2000.

Plato. *The Collected Dialogues of Plato, Including the Letters.* Edited by Edith Hamilton and Huntington Cairns. Bollingen Series 71. Princeton, NJ: Princeton University Press, 1971.

Plutarch. *Plutarch's Lives.* Vol. 1, *Theseus and Romulus; Lycurgus and Numa; Solon and Publicola.* Translated by Bernadotte Perrin. Loeb Classical Library 46. Cambridge, MA: Harvard University Press, 1914.

Poe, Edgar Allan. "The Murders in the Rue Morgue." In *The Collected Works of Edgar Allan Poe*, edited by Thomas Ollive Mabbott, vol. 2, pp. 521–74. Cambridge, MA: Belknap Press of Harvard University Press, 1978.

Polyaenus of Lampsacus. *Polyænus's Stratagems of War: Translated from the Original Greek, by Dr. Shepherd, F.R.S.* 2nd ed. London: Printed for George Nicol, 1796.

Putnam, Hilary. "The Development of Externalist Semantics." In *Naturalism, Realism, and Normativity*, edited by Mario De Caro, 199–212. Cambridge, MA: Harvard University Press, 2016.

——. "How Not to Talk About Meaning: Comments on J. J. C. Smart." In *Philosophical Papers*, vol. 2, *Mind, Language and Reality*, 117–31. Cambridge: Cambridge University Press, 1975.

——. "Is Semantics Possible?" In *Philosophical Papers*, vol. 2, *Mind, Language and Reality*, 139–52. Cambridge: Cambridge University Press, 1975.

——. "The Meaning of 'Meaning.'" In *Philosophical Papers*, vol. 2, *Mind, Lan-*

guage and Reality, 215–71. Cambridge: Cambridge University Press, 1975.

— . *The Philosophy of Hilary Putnam*. Edited by Randall E. Auxier, Douglas R. Anderson, and Lewis Edwin Hahn. Library of Living Philosophers, vol. 34. Chicago: Open Court, 2015.

— . *Reason, Truth and History*. Cambridge: Cambridge University Press, 1981.

Putnam, Samuel. *Paris Was Our Mistress: Memoirs of a Lost and Found Generation*. New York: Viking, 1947.

Quine, Willard Van Orman. *Word and Object*. 1960; Cambridge, MA: MIT Press, 1969.

Read, Rupert, and Wes Sharrock. "Thomas Kuhn's Misunderstood Relation to Kripke-Putnam Essentialism." *Journal for General Philosophy of Science* 33, no. 1 (2002): 151–58. doi: 10.1023/A:1020755503087.

Rescher, Nicholas. *On Leibniz*. Pittsburgh: University of Pittsburgh Press, 2003.

Russell, Bertrand. *The Autobiography of Bertrand Russell*. Boston: Little, Brown, 1967–1969.

— . *The Collected Stories of Bertrand Russell*. Edited by Barry Feinberg. London: George Allen & Unwin, 1972.

— . *The Impact of Science on Society*. New York: Simon & Schuster, 1953.

— . *Introduction to Mathematical Philosophy*. London: G. Allen & Unwin, 1920.

— . *Nightmares of Eminent Persons, and Other Stories*. New York: Simon & Schuster, 1955.

— . "On Denoting." *Mind* 14, no. 56 (1905): 479–93. http://www.jstor.org/stable/3840617.

— . *The Problems of Philosophy*. New York: Oxford University Press, 1997.

— . *Unpopular Essays*. London: Routledge, 1995.

Sandywell, Barry. *Dictionary of Visual Discourse: A Dialectical Lexicon of Terms*. London: Routledge, 2016.

Schalansky, Judith. *Pocket Atlas of Remote Islands: Fifty Islands I Have Not Visit-*

ed and Never Will. Translated by Christine Lo. New York: Penguin, 2014.

Schopenhauer, Arthur. *The Art of Controversy, and Other Posthumous Papers.* Translated by T. Bailey Saunders. New York: Macmillan, 1896.

Searle, John. "Proper Names." *Mind* 67, no. 266 (1958): 166–73. http://www.jstor.org/stable/2251108.

Seife, Charles. *Zero: The Biography of a Dangerous Idea.* New York: Viking, 2000.

Seymour-Smith, Martin. *The 100 Most Influential Books Ever Written: The History of Thought from Ancient Times to Today.* New York: Citadel, 1998.

Shakespeare, William. *Hamlet: An Authoritative Text, Intellectual Backgrounds, Extracts from the Sources, Essays in Criticism.* Edited by Cyrus Henry Hoy. 2nd ed. Norton Critical Edition. New York: W. W. Norton, 1992.

— . *Henry IV: Text Edited from the First Quarto; Contexts and Sources, Criticism.* Edited by Gordon McMullan. 3rd ed. Norton Critical Edition. New York: W. W. Norton, 2003.

— . *Macbeth: Authoritative Text, Sources and Contexts, Criticism.* Edited by Robert S. Miola. 2nd ed. Norton Critical Edition. New York: W. W. Norton, 2004.

Shapin, Steven. "Why Scientists Shouldn't Write History." *Wall Street Journal*, February 13, 2015. http://www.wsj.com/articles/book-review-to-explain-the-world-by-steven-weinberg-1423863226.

Shipman, G. R. "How to Talk to a Martian." *Astounding Science Fiction* 9 (October 1953): 112–20.

Siegel, Daniel M. *Innovation in Maxwell's Electromagnetic Theory: Molecular Vortices, Displacement Current, and Light.* Cambridge: Cambridge University Press, 2003.

— . "The Origin of the Displacement Current." *Historical Studies in the Physical and Biological Sciences* 17, no. 1 (1986): 99–146. doi:10.2307/27757576.

Silver, Charles. *The Futility of Consciousness: An Investigation.* Self-published,

Amazon Digital Services, 2012. Kindle.

Singer, Mark. "Profiles: Predilections." *New Yorker* 64, no. 51 (February 6, 1989): 38.

Spender, Stephen. *World within World: The Autobiography of Stephen Spender.* Berkeley: University of California Press, 1966.

Strauss, Leo. *The Argument and the Action of Plato's Laws.* Chicago: University of Chicago Press, 1983.

Suskind, Ron. "Faith, Certainty, and the Presidency of George W. Bush." *New York Times*, October 17, 2004.

Sutton, Paul L. "The History of Agent Orange Use in Vietnam: An Historical Overview from the Veteran's Perspective." Presented at the United States–Vietnam Scientific Conference on Human Health and Environmental Effects of Agent Orange/Dioxins, Hanoi, Vietnam, March 3–6, 2002.

Thackeray, William Makepeace. *Vanity Fair: A Novel without a Hero.* Boston: Estes & Lauriat, 1882.

Tolstoy, Leo. *The Sebastopol Sketches.* Translated by David McDuff. New York: Penguin Classics, 1986.

von Fritz, Kurt. "The Discovery of Incommensurability by Hippasus of Metapontum." *Annals of Mathematics* 46, no. 2 (1945): 242–64. doi: 10.2307/1969021.

Ward, Laurence. *The London County Council Bomb Damage Maps, 1939–1945.* London: Thames & Hudson, 2016.

Weinberg, Steven. *Dreams of a Final Theory.* New York: Pantheon, 1992.

— . *To Explain the World: The Discovery of Modern Science.* New York: Harper, 2015.

— . "Eye on the Present—The Whig History of Science." *New York Review of Books* 62, no. 20 (December 17, 2015): 82–84.

— . *The First Three Minutes: A Modern View of the Origin of the Universe.* New York: Basic Books, 1977.

— . "The Revolution That Didn't Happen." *New York Review of Books* 45, no. 15 (October 8, 1998): 48–52.

— . "Sokal's Hoax." *New York Review of Books* 43, no. 13 (August 8, 1996): 11–15.

Whorf, Benjamin Lee. *Language, Thought, and Reality: Selected Writings of Benjamin Lee Whorf.* Cambridge, MA: MIT Press, 1956.

Wilson, Edmund. "The Triple Thinkers." In *Literary Essays and Reviews of the 1930s and 40s,* 7–276. New York: Library of America, 2007.

Wisconsin Historical Society. "Vietnam and Opposition at Home." In *Turning Points in Wisconsin History.* http://www.wisconsinhistory.org/turningpoints/tp-040.

Wittgenstein, Ludwig. *The Blue and Brown Books: Preliminary Studies for the "Philosophical Investigations."* Oxford: Basil Blackwell, 1958.

— . *On Certainty.* Edited by G. E. M. Anscombe and G. H. von Wright. Translated by Denis Paul and G. E. M. Anscombe. With corrections and indices. Oxford: Basil Blackwell, 1969.

— . *Philosophical Investigations: The German Text, with an English Translation.* Rev. 4th ed. Translated by G. E. M. Anscombe, P. M. S. Hacker, and Joachim Schulte. 1953; Oxford: Wiley-Blackwell, 2009.

— . *Philosophical Occasions: 1912–1951.* Edited by James Klagge and Alfred Nordmann. Indianapolis: Hackett, 1993.

— . *Remarks on the Foundations of Mathematics.* Edited by G. H. von Wright, Rush Rhees, and G. E. M. Anscombe. Translated by G. E. M. Anscombe. Rev. ed. Cambridge, MA: MIT Press, 1978.

Wootton, David. *The Invention of Science: A New History of the Scientific Revolution.* New York: Harper, 2015.

Yeats, W. B. *The Collected Poems of W. B. Yeats.* New York: Macmillan, 1964.

Zweig, Stefan. *Messages from a Lost World: Europe on the Brink.* Translated by Will Stone. London: Pushkin, 2016.

出版后记

写作一本妙趣横生的哲学理论书籍并不容易，特别是这样的一本书还带有融哲学普及和现实关切于一体的思考，作者埃罗尔·莫里斯以其娴熟的手法将各种材料制作在一起，完成了一次精妙的写作艺术创作。这部作品一如莫里斯其他形式的作品那样，充满强烈的个人风格，深刻关切着语言与真相之间的关系。

在这部短小精悍的书中，有作者精心编排的，用于例证的大量文学和影视作品；也有作者与普特南、克里普克、乔姆斯基、温伯格等人的，反映各哲学流派立场的对话；还有还原了当下场景的，反越战运动的文字描述。所有这些材料都为着同一个目标被挑选、被记录，那就是证明：我们的外部有一个真实的世界，一个科学和历史的世界。在这样的哲学立场中，科学的世界是可以沟通的，历史的事件是可以得到说明的，道德的行为是可以接受评判的。

这样一部作品在后现代语境中具有特殊的价值，后浪很荣幸能够参与制作，感谢所有为本书出版提供过帮助的人。

服务热线：133-6631-2326　188-1142-1266

服务信箱：reader@hinabook.com

后浪出版公司

2020 年 12 月

© 民主与建设出版社，2020

图书在版编目（CIP）数据

库恩砸来的烟灰缸：对范式革命的反思 / (美) 埃罗尔·莫里斯 (Errol Morris) 著；崔丽敏译. -- 北京：民主与建设出版社，2020.11
书名原文：The Ashtray
(Or the Man Who Denied Reality)
ISBN 978-7-5139-3254-7

Ⅰ. ①库… Ⅱ. ①埃… ②崔… Ⅲ. ①哲学—研究 Ⅳ. ①B0

中国版本图书馆CIP数据核字(2020)第210934号

THE ASHTRAY
Copyright © Errol Morris, 2018
All rights reserved.

本书中文简体版权归属银杏树下（北京）图书有限责任公司。

版权登记号：01-2020-6904

库恩砸来的烟灰缸：对范式革命的反思
KU'EN ZALAI DE YANHUIGANG:DUI FANSHI GEMING DE FANSI

著　　者	〔美〕埃罗尔·莫里斯	译　者	崔丽敏
策划出版	银杏树下	出版统筹	吴兴元
责任编辑	王　颂	特约编辑	马　健　曾雅婧
营销推广	ONEBOOK	封面设计	黄怡祯
装帧制造	墨白空间		

出版发行　民主与建设出版社有限责任公司
电　　话　（010）59417747　59419778
社　　址　北京市海淀区西三环中路 10 号望海楼 E 座 7 层
邮　　编　100142
印　　刷　北京盛通印刷股份有限公司
版　　次　2020 年 12 月第 1 版
印　　次　2020 年 12 月第 1 次印刷
开　　本　889 毫米 × 1194 毫米　1/32
印　　张　8.5
字　　数　192 千字
书　　号　ISBN 978-7-5139-3254-7
定　　价　64.00 元

注：如有印、装质量问题，请与出版社联系。